J. Kaiser · T. Lühl · U. Subatzus | Die Arbeits- und Wirtschaftsrechtsklausur
im Assessorexamen

Die Arbeits- und Wirtschaftsrechtsklausur im Assessorexamen

Von

Jan Kaiser
Ehem. Richter am Landgericht Lüneburg
Wirtschaftsjurist (Univ. Bayreuth)
Geschäftsführender Gesellschafter der Kaiserseminare
Seminarleiter bei den Kaiserseminaren

Thorsten Lühl
Rechtsanwalt
Seminarleiter bei den Kaiserseminaren

Ulrich Subatzus
Richter am Landgericht Lüneburg
Ehem. Rechtsanwalt und Fachanwalt für Arbeitsrecht
Seminarleiter bei den Kaiserseminaren

2021

Verlag Franz Vahlen

Zitiervorschlag: *Kaiser/Lühl/Subatzus* ArbeitsR/WirtschaftsR § Rn.

www.vahlen.de

ISBN 978 3 8006 6495 5

© 2021 Verlag Franz Vahlen GmbH
Wilhelmstraße 9, 80801 München
Druck: Himmer GmbH Druckerei & Verlag
Steinerne Furt 95, 86167 Augsburg

Satz: R. John + W. John GbR, Köln
Umschlaggestaltung: Martina Busch Grafikdesign, Homburg Saar

vahlen.de/nachhaltig

Gedruckt auf säurefreiem, alterungsbeständigem Papier
(hergestellt aus chlorfrei gebleichtem Zellstoff)

Vorwort

Dieses Skript basiert auf der über viele Jahre hinweg von uns betriebenen Auswertung von Arbeits- bzw. Wirtschaftsrechtsklausuren in Hessen, Baden-Württemberg, Bayern und anderen Bundesländern sowie den Erfahrungen, die wir als Dozenten der Kaiserseminare in unzähligen Wochenendseminaren gesammelt haben. Wir wissen, was im Assessorexamen läuft, welche höchstrichterlichen Entscheidungen für die Prüfungsämter interessant sind und was manchen unserer Teilnehmern und Teilnehmerinnen Schwierigkeiten bereitet. Trotz des gewaltigen Umfangs sowohl des Arbeits- als auch des Wirtschaftsrechts: Es gibt keinen Grund, die Flinte ins Korn zu werfen!

Unser Anspruch ist es, Sie gezielt auf die Examensklausuren vorzubereiten. Das ist auch im Arbeits- und Wirtschaftsrecht möglich, weil viele Probleme, die in der Praxis äußerst bedeutsam sind, in Klausuren keine Rolle spielen. Denken Sie daran: Es gibt einen Unterschied zwischen Realität und »Klausurrealität«. Eine Station bei einem Fachanwalt für Arbeitsrecht oder einer Kammer für Handelssachen zu absolvieren ist eine gute Sache, aber für sich genommen keine gezielte Examensvorbereitung. Gezielte Vorbereitung bedeutet nämlich nicht nur, sich mit wissenschaftlicher Gründlichkeit in einzelne Problemstellungen zu vertiefen. Vielmehr geht es darum, einen Überblick über die gesetzlichen Regelungen zu gewinnen (»Wo steht das?«), systematisches Verständnis zu entwickeln (»Was soll das?«) und sich mit der aktuellen Rechtsprechung vertraut zu machen (»Was ist neu?«). Aufgabe dieses Skriptes ist daher nicht, Ihnen eine umfassende Darstellung des Wirtschafts- und Arbeitsrechts vorzulegen, sondern diejenigen Problemlagen darzustellen, die für Sie in der Examensklausur relevant werden können.

Vertraut machen heißt in diesem Zusammenhang übrigens nicht nur, sich einen Leitsatz einzuprägen. Entscheidend für die Klausur ist, dass Sie das rechtliche Problem verstehen, welches zu der jeweiligen Entscheidung geführt hat. Deshalb lautet unsere dringende Empfehlung: Lesen Sie die in den Fußnoten angegebenen Urteile nach! Das ist nicht »nice to have«, sondern essentiell für eine gezielte Examensvorbereitung! Der positive Nebeneffekt dabei wird sein, dass sich Ihre Sprache mit der Zeit automatisch der des BGH bzw. BAG anpasst und Ihre Klausuren immer »höchstrichterlicher« klingen werden. Denken Sie daran: Wer demnächst Volljurist bzw. Volljuristin sein will, muss auch unter Zeitdruck professionell formulieren können. Nicht zuletzt, um im Examen ein ordentliches Ergebnis einzufahren! Daneben ist es auch im Arbeits- und Wirtschaftsrecht unabdingbar, dass Sie ausreichend Klausuren schreiben, um den Umgang mit den verschiedenen Klausurtypen, das Umsetzen kluger Gedanken in lesbare Sätze und die Zeiteinteilung zu trainieren.

Es gibt also viel zu tun, aber wir sind uns sicher: Sie kriegen das hin! Und es gibt ein Leben nach dem Examen!

Freiburg, Köln und Lüneburg im Januar 2021

Die Verfasser

Inhaltsverzeichnis

Bearbeiter der Teile:

1. Teil. Arbeitsrecht: Ulrich Subatzus

2. Teil. Wirtschaftsrecht: Thorsten Lühl

Abkürzungsverzeichnis

aA	anderer Ansicht; anderer Auffassung
abl.	ablehnend
Abs.	Absatz
aE	am Ende
aF	alte Fassung
AG	Aktiengesellschaft; Amtsgericht
AGB	allgemeine Geschäftsbedingungen
AGG	Allgemeines Gleichbehandlungsgesetz
AktG	Aktiengesetz
AnfG	Gesetz über die Anfechtung von Rechtshandlungen eines Schuldners außerhalb des Insolvenzverfahrens (Anfechtungsgesetz)
ArbG	Arbeitsgericht
ArbGG	Arbeitsgerichtsgesetz
ArbZG	Arbeitszeitgesetz
arg.	Argumentum
Art.	Artikel
Aufl.	Auflage
AuR	Arbeit und Recht (Zeitschrift)
BB	Der Betriebsberater (Zeitschrift)
BbiG	Berufsbildungsgesetz
BDSG	Bundesdatenschutzgesetz
BeckRS	Beck-Rechtsprechung
BEEG	Gesetz zum Elterngeld und zur Elternzeit (Bundeselterngeld- und Elternzeitgesetz)
BEM	Betriebliches Eingliederungsmanagement
Beschl.	Beschluss
BetrVG	Betriebsverfassungsgesetz
BGB	Bürgerliches Gesetzbuch
BGHZ	Entscheidungen des Bundesgerichtshofes in Zivilsachen
BUrlG	Mindesturlaubsgesetz für Arbeitnehmer (Bundesurlaubsgesetz)
bzgl.	bezüglich
BZRG	Gesetz über das Zentralregister und das Erziehungsregister (Bundeszentralregistergesetz)
bzw.	beziehungsweise
DB	Der Betrieb (Zeitschrift)
dh	das heißt
DS-GVO	Verordnung (EU) 2016/679 des Europäischen Parlaments und des Rates vom 27. April 2016 zum Schutz natürlicher Personen bei der Verarbeitung personenbezogener Daten, zum freien Datenverkehr und zur Aufhebung der Richtlinie 95/46/EG (Datenschutz-Grundverordnung)
DStR	Deutsches Steuerrecht (Zeitschrift)
DWK	Drittwiderspruchsklage
EFZG	Gesetz über die Zahlung des Arbeitsentgelts an Feiertagen und im Krankheitsfall (Entgeltfortzahlungsgesetz)
EGMR	Europäischer Gerichtshof für Menschenrechte
EMRK	Europäische Menschenrechtskonvention
EUR	Euro

f. . . . . folgende
ff. . . . . fortfolggende

GbR . . . . Gesellschaft bürgerlichen Rechts
gem. . . . . gemäß
GesR . . . . Gesellschaftsrecht
GewO . . . . Gewerbeordnung
GG . . . . Grundgesetz
GK . . . . Grundkurs
GmbH . . . . Gesellschaft mit beschränkter Haftung
GmbHG . . . . Gesetz betreffend die Gesellschaften mit beschränkter Haftung
GRUR . . . . Gewerblicher Rechtsschutz und Urheberrecht (Zeitschrift)
GRUR-RR . . . . Gewerblicher Rechtsschutz und Urheberrecht, Rechtsprechungs-Report
GVG . . . . Gerichtsverfassungsgesetz

HGB . . . . Handelsgesetzbuch
hL . . . . herrschende Lehre
hM . . . . herrschende Meinung
Hs. . . . . Halbsatz

idR . . . . in der Regel
idS . . . . in diesem Sinne
InsO . . . . Insolvenzordnung
iRd . . . . im Rahmen der (des)
iSd . . . . im Sinne der(s)
iSv . . . . im Sinne von
iVm . . . . in Verbindung mit

JA . . . . Juristische Arbeitsblätter (Zeitschrift)
JPA . . . . Justizprüfungsamt
JuS . . . . Juristische Schulung (Zeitschrift)

KBS . . . . Kaufmännisches Bestätigungsschreiben
KG . . . . Kommanditgesellschaft; Kammergericht
KSchG . . . . Kündigungsschutzgesetz

LAG . . . . Landesarbeitsgericht

mAnm . . . . mit Anmerkung(en)
MarkenG . . . . Gesetz über den Schutz von Marken und sonstigen Kennzeichen (Markengesetz)
MDR . . . . Monatsschrift für Deutsches Recht (Zeitschrift)
MiLoG . . . . Gesetz zur Regelung eines allgemeinen Mindestlohns (Mindestlohngesetz)
MoMiG . . . . Gesetz zur Modernisierung des GmbH-Rechts und zur Bekämpfung von Missbräuchen
MuSchG . . . . Gesetz zum Schutz von Müttern bei der Arbeit, in der Ausbildung und im Studium (Mutterschutzgesetz
mwN . . . . mit weiteren Nachweisen

NJOZ . . . . Neue Juristische Online-Zeitschrift
NJW . . . . Neue Juristische Wochenschrift (Zeitschrift)
Nr. . . . . Nummer
NZA . . . . Neue Zeitschrift für Arbeitsrecht
NZA-RR . . . . NZA – Rechtsprechungs-Report
NZG . . . . Neue Zeitschrift für Gesellschaftsrecht

NZI	Neue Zeitschrift für Insolvenz- und Sanierungsrecht
NZM	Neue Zeitschrift für Miet- und Wohnungsrecht
OHG	offene Handelsgesellschaft
OLG	Oberlandesgericht
OLGR	OLG-Report
OWiG	Gesetz über Ordnungswidrigkeiten
PartGG	Gesetz über die politischen Parteien (Parteiengesetz)
PC	Personal Computer
PflegeZG	Gesetz über die Pflegezeit (Pflegezeitgesetz)
Pkw	Personenkraftwagen
Rn.	Randnummer
RSB	Rechtsschutzbedürfnis
s.	siehe
S.	Satz
sog.	sogenannt(e)
StGB	Strafgesetzbuch
str.	strittig
stRspr	ständige Rechtsprechung
TzBfG	Gesetz über Teilzeitarbeit und befristete Arbeitsverträge (Teilzeit- und Befristungsgesetz)
UKlaG	Unterlassungsklagengesetz
UG	Unternehmergesellschaft
umstr.	umstritten
UmwG	Umwandlungsgesetz
Urt.	Urteil
UWG	Gesetz gegen den unlauteren Wettbewerb
v.	von, vom
vgl.	vergleiche
WEG	Gesetz über das Wohnungseigentum und das Dauerwohnrecht
WM	Zeitschrift für Wirtschafts- und Bankrecht
WRP	Wettbewerb in Recht und Praxis (Zeitschrift)
zB	zum Beispiel
Ziff.	Ziffer
zit.	zitiert
ZMR	Zeitschrift für Miet- und Raumrecht
ZPO	Zivilprozessordnung
ZTR	Zeitschrift für Tarifrecht
ZVertriebsR	Zeitschrift für Vertriebsrecht

Literaturverzeichnis

Baumbach, A./Hopt, K. J., Handelsgesetzbuch: HGB, Kommentar, 39. Aufl. 2020 (zit.: Baumbach/Hopt/Bearbeiter)

Baumbach, A./Hueck, A., GmbHG, Kommentar, 22. Aufl. 2019 (zit.: Baumbach/Hueck/ *Bearbeiter*)

Braun, E., InsO Insolvenzordnung, Kommentar, 8. Aufl. 2020 (zit.: Braun/*Bearbeiter*)

Bornemann, A. (Hrsg.), Frankfurter Kommentar zur InsO, 9. Aufl. 2018, (zit.: FK-InsO/ *Bearbeiter*)

Emmerich, V./Lange, K. W., Unlauterer Wettbewerb, 11. Aufl. 2019 (zit.: Emmerich/Lange/ *Bearbeiter* Unl. Wettbewerb)

Kaiser, H./Kaiser, J./Kaiser, T., Die Anwaltsklausur Zivilrecht, 8. Aufl. 2019 (zit.: *Kaiser/ Kaiser/Kaiser* Anwaltsklausur ZivilR)

Kaiser, H./Kaiser, J./Kaiser, T., Materielles Zivilrecht im Assessorexamen, 9. Aufl. 2018 (zit.: *Kaiser/Kaiser/Kaiser* MatZivilR)

Kaiser, H./Kaiser, J./Kaiser, T., Die Zivilgerichtsklausur im Assessorexamen, Bd. I, 8. Aufl. 2018 (zit.: *Kaiser/Kaiser/Kaiser* Zivilgerichtsklausur I)

Kaiser, H./Kaiser, J./Kaiser, T., Die Zwangsvollstreckungsklausur im Assessorexamen, 8. Aufl. 2019 (zit.: *Kaiser/Kaiser/Kaiser* Zwangsvollstreckungsklausur)

Kiel, H./Lunk, S./Oetker, H. (Hrsg.), Münchener Handbuch zum Arbeitsrecht, Bd. 2, 4. Aufl. 2018 (zit.: MHdB ArbR/*Bearbeiter*)

Kindler, P., Grundkurs Handels- und Gesellschaftsrecht, 9. Aufl. 2019 (zit.: *Kindler* GK HandelsR)

Köhler, H./Bornkamm, J./Feddersen, J., Gesetz gegen den unlauteren Wettbewerb, Kommentar, 38. Aufl. 2020 (zit.: Köhler/Bornkamm/Feddersen/*Bearbeiter*)

Kübler, B. M./Prütting, H./Bork, R., InsO – Kommentar zur Insolvenzordnung, Stand März 2020 (zit.: Kübler/Prütting/Bork/*Bearbeiter*)

Medicus, D./Petersen, J., Bürgerliches Recht (zit.: Medicus/Petersen BürgerlR)

Müller-Glöge, R./Preis, U./Schmidt, I., Erfurter Kommentar zum Arbeitsrecht, 20. Aufl. 2020 (zit.: ErfK/*Bearbeiter*)

Nordemann-Schiffel, A./Nordemann, A./Nordemann, J. B., Handbuch Wettbewerbsrecht – Markenrecht, 11. Aufl. 2012 (zit.: *Nordemann* WettbR/MarkenR)

Palandt, O., Kommentar zum Bürgerlichen Gesetzbuch, 79. Aufl. 2020 (zit.: Palandt/*Bearbeiter*)

Säcker, F. J./Rixecker, R./Oetker, H./Limperg, B., Münchener Kommentar zum BGB, 8. Aufl. 2020 (zit.: MüKoBGB/*Bearbeiter*)

Saenger, I., Gesellschaftsrecht, 5. Aufl. 2020 (zit.: *Saenger* GesR)

Schmidt, K., Gesellschaftsrecht – Unternehmensrecht II, Kommentar, 4. Aufl. 2002 (zit.: K. Schmidt GesR)

Thomas, H./Putzo, H., Zivilprozessordnung: ZPO, Kommentar, 41. Aufl. 2020 (zit.: Thomas/Putzo/*Bearbeiter*)

Uhlenbruck, W., Insolvenzordnung, Kommentar, Bd. 1, 15. Aufl. 2019 (zit.: Uhlenbruck/ *Bearbeiter*)

Ulmer, P./Schäfer, C., Gesellschaft bürgerlichen Rechts und Partnerschaftsgesellschaft, Kommentar, 7. Aufl. 2017 (zit.: MüKoBGB/*Bearbeiter*)

1. Teil. Arbeitsrecht

§ 1 Zulässigkeitsprobleme

In der Zulässigkeit einer arbeitsrechtlichen Assessorklausur sind nur selten »echte« Probleme **1** versteckt. In der Regel geht es hier eher darum, keine Punkte liegen zu lassen, indem man die nachfolgenden Stichpunkte »abarbeitet« – natürlich nur da, wo der Klausursachverhalt dies hergibt und in der gebotenen Kürze!

A. Rechtsweg

Der Rechtsweg zu den Arbeitsgerichten richtet sich nach §§ 2 ff. ArbGG. **Arbeitnehmer ist** **2** **gem. § 611a BGB, wer im Dienste eines anderen zur Leistung weisungsgebundener, fremdbestimmter Arbeit in persönlicher Abhängigkeit verpflichtet ist.** Das Weisungsrecht kann Inhalt, Durchführung, Zeit und Ort der Tätigkeit betreffen. Selbstständig ist nach dem allgemeinen Rechtsgedanken des § 84 I 2 HGB hingegen, wer im Wesentlichen frei seine Tätigkeit gestalten und seine Arbeitszeit bestimmen kann.[1] **Der Arbeitnehmer unterliegt dem Weisungsrecht (»Direktionsrecht«) des Arbeitgebers aus § 106 GewO[2] und hat die Dienste im Zweifel in Person zu leisten (§ 613 BGB).** Die Bezeichnung des Vertrages (Arbeits-, Dienst- oder Werkvertrag) ist nicht entscheidend, aber bei der Gesamtabwägung zu berücksichtigen, wenn die vertraglich vereinbarte Tätigkeit typologisch sowohl in einem Arbeitsverhältnis als auch selbstständig erbracht werden kann (Vertragstypenwahl).[3]

Zu beachten ist, dass auch **Gesellschafter in einem Arbeitsverhältnis zu der Gesellschaft** **3** **stehen können,** deren Gesellschafter sie sind. Dies gilt nicht, wenn der Gesellschafter aufgrund seiner Gesellschafterstellung letztlich die Leitungsmacht hat, dh wenn ihm mehr als 50% der Stimmrechte zustehen. Auch der Minderheitsgesellschafter ist bei Bestehen einer Sperrminorität im Regelfall kein Arbeitnehmer.[4] Eine Rahmenvereinbarung über den Einsatz als **Schiedsrichter im Profi-Fußball** ist kein Arbeitsvertrag, wenn sich der Schiedsrichter aussuchen kann, ob er eine ihm angebotene Partie leiten möchte oder nicht. Es fehlt an der für ein Arbeitsverhältnis typischen Verpflichtung zur Arbeitsleistung.[5]

Nicht als Arbeitnehmer gelten gem. § 5 I 3 ArbGG Personen, die kraft Gesetzes, Satzung **4** oder Gesellschaftsvertrags allein oder als Mitglieder des Vertretungsorgans zur Vertretung einer juristischen Person oder einer Personengesamtheit berufen sind, wie etwa (trotz seiner Weisungsgebundenheit) der **Geschäftsführer einer GmbH.** Beachten Sie, dass die **Zuständigkeit der Arbeitsgerichte wiederaufleben** kann, wenn der Geschäftsführer seine Organstellung verloren hat. Zwar wird durch den Abschluss eines Geschäftsführervertrages grundsätzlich ein bereits bestehendes Arbeitsverhältnis beendet. Dies gilt jedoch nur, wenn der Geschäftsführervertrag schriftlich iSv § 623 BGB geschlossen wird und wenn die Parteien, die den Geschäftsführerdienstvertrag schließen, mit den Arbeitsvertragsparteien identisch sind.[6] Anderenfalls handelt es sich um ein **»ruhendes Arbeitsverhältnis«,** das wieder auflebt, wenn der Geschäftsführer als solcher abberufen und damit wieder Arbeitnehmer iSv § 5 ArbGG ist. In diesem Fall sind die Arbeitsgerichte auch für Ansprüche zuständig, die während der Zeit als Geschäftsführer entstanden sind.[7]

---

1 BAG NZA 2014, 1293; Palandt/*Weidenkaff* BGB Einf. v. § 611 Rn. 7 ff.
2 Palandt/*Weidenkaff* BGB § 611 Rn. 45.
3 BAG NZA 2010, 877.
4 BAG NZA 2014, 1293.
5 LAG Hessen NZA-RR 2018, 414.
6 BAG NZA 2014, 540.
7 BAG NZA 2015, 1342.

5 Der Rechtsweg zu den Arbeitsgerichten ist nach § 2 I Nr. 3 lit. a und d ArbGG auch für bürgerliche **Rechtsstreitigkeiten zwischen einem Leiharbeitnehmer und einem Entleiher** aus dem Leiharbeitsverhältnis oder aus unerlaubten Handlungen eröffnet, soweit sie mit dem Leiharbeitsverhältnis in Zusammenhang stehen, obwohl zwischen dem Leiharbeitnehmer und dem Entleiher kein Arbeitsverhältnis besteht. Ziel des Arbeitsgerichtsgesetzes ist es, **alle bürgerlich-rechtlichen Streitigkeiten, die in greifbarer Beziehung zu einem Arbeitsverhältnis stehen,** auch prozessual im Rahmen der Arbeitssachen zu erfassen.[8] Dies gilt jedoch nicht für einen Anspruch auf Zahlung eines im Arbeitsvertrag mit der Verleiherin vereinbarten Bonus. Für diesen ist die Entleiherin nicht Arbeitgeberin, weil sich ein Zahlungsanspruch allein gegen die Verleiherin richtet. Für eine Klage gegen die Entleiherin (die ohnehin keine Aussicht auf Erfolg hätte) ist der Rechtsweg zu den Gerichten für Arbeitssachen nicht eröffnet.[9]

6 Ist die **Arbeitnehmereigenschaft streitig**, sind drei Fallgruppen zu unterscheiden:

7 Wenn der Anspruch lediglich auf eine arbeitsrechtliche Anspruchsgrundlage, also eine Vorschrift, die nur für Arbeitnehmer gilt, gestützt werden kann, ist der Rechtsweg zu den Arbeitsgerichten eröffnet. Die Arbeitnehmereigenschaft ist »doppelrelevant«, nämlich für die Rechtswegzuständigkeit und für die Begründetheit der Klage (**sog. Sic-non-Fall**). Schlüssiger Vortrag zur Arbeitnehmereigenschaft ist im Hinblick auf den Rechtsweg nicht erforderlich, es genügt die Rechtsbehauptung Arbeitnehmer zu sein. Beispiele sind die Kündigungsschutzklage, die Klage auf Feststellung des Bestehens eines Arbeitsverhältnisses (sog. Statusklage) oder die Klage auf Zahlung von Urlaubsabgeltung oder Entgeltfortzahlung.

8 Wenn der Anspruch entweder auf eine arbeitsrechtliche Grundlage oder auf eine bürgerlich-rechtliche Grundlage gestützt werden kann, ist der Rechtsweg zu den Arbeitsgerichten nur eröffnet, wenn zur Arbeitnehmereigenschaft schlüssig vorgetragen ist (**sog. Aut-aut-Fall**). Beispiel ist die Klage auf Zahlung des vereinbarten Entgelts, wenn der Kläger es für Arbeitsentgelt hält, der Beklagte hingegen von einem freien Dienstverhältnis ausgeht.

9 Wenn der Anspruch sowohl auf eine arbeitsrechtliche als auch auf eine bürgerlich-rechtliche Grundlage gestützt werden kann, ist der Rechtsweg zu den Arbeitsgerichten ebenfalls nur eröffnet, wenn zur Arbeitnehmereigenschaft schlüssig vorgetragen ist (**sog. Et-et-Fall**). Beispiel ist die Klage gegen eine fristlose Kündigung, denn § 626 BGB gilt sowohl für Arbeitsverhältnisse als auch für freie Dienstverhältnisse.

> **Klausurtipp:** Die Arbeitnehmereigenschaft ist nur zu erörtern, wenn sie problematisch ist – und das ist selten der Fall. Im Regelfall reicht in Ihren Entscheidungsgründen etwa folgender Satz:
>
> > Der Rechtsweg zu den Gerichten für Arbeitssachen ist gem. § 2 I ArbGG eröffnet, weil es sich um eine bürgerliche Rechtsstreitigkeit aus dem Arbeitsverhältnis (§ 2 I lit. 3a ArbGG) bzw. eine bürgerliche Rechtsstreitigkeit über das Bestehen oder Nichtbestehen eines Arbeitsverhältnisses (§ 2 I lit. 3b ArbGG) handelt.

B. Örtliche Zuständigkeit

10 Die örtliche Zuständigkeit bestimmt sich nach § 46 II ArbGG iVm §§ 12 ff. ZPO. Außerdem ist auch das **Gericht des gewöhnlichen Arbeitsortes gem. § 48 Ia ArbGG** zuständig. Von besonderer Bedeutung ist S. 2 dieser Vorschrift. Bei Außendienstmitarbeitern, die nicht nur in einem Arbeitsgerichtsbezirk tätig sind, sondern einen größeren Bereich zu betreuen haben, gilt ihr Wohnsitz als Arbeitsort, wenn sie dort Arbeitsleistungen erbringen (Termine vereinbaren, Aufträge bearbeiten, Berichte schreiben – »Home Office«). Einen zeitlich bestimmten Mindestumfang muss die am Wohnort verrichtete Tätigkeit nicht haben.

---

8 BAG NZA 2011, 653.
9 BAG BeckRS 2018, 9248.

Klausurtipp: Das JPA will von Ihnen wissen, ob Sie die – einigermaßen versteckte – Vorschrift des **§ 48 Ia ArbGG** kennen und richtig anwenden können. Also zeigen Sie es dem Korrektor und **vermeiden Sie überflüssige Rückgriffe auf die §§ 12 ff. ZPO!** Vor allem Diskussionen über den Gerichtsstand des Erfüllungsorts und der Niederlassung sind in der Regel völlig fehl am Platz! **Gerichtsstandsvereinbarungen im Arbeitsvertrag** sind gem. § 38 I ZPO iVm § 46 II ArbGG **unwirksam!**

C. Feststellungsklagen

Fast jede Arbeitsrechtsklausur enthält mindestens einen Feststellungsantrag, denn der Kläger 11 setzt sich regelmäßig gegen einen Beendigungstatbestand (Kündigung, Befristung) zur Wehr, wofür die Feststellungsklage das Mittel der Wahl ist. Folgende Feststellungsklagen sind zu unterscheiden:

I. Die Kündigungsschutzklage

Die Kündigungsschutzklage ist in § 4 KSchG geregelt. Streitgegenstand einer Kündigungs- 12 schutzklage ist die Beendigung des Arbeitsverhältnisses durch eine konkrete, mit dieser Klage angegriffene Kündigung zu dem in ihr vorgesehenen Termin. **Dabei prüft das Arbeitsgericht zweierlei, nämlich ob zwischen den Parteien zum vorgesehenen Auflösungstermin (noch) ein Arbeitsverhältnis bestand und ob dieses durch die Kündigung beendet wird (sog. erweiterter punktueller Streitgegenstandsbegriff).** Wird der Kündigungsschutzklage stattgegeben (Tenor: »Es wird festgestellt, dass das Arbeitsverhältnis der Parteien durch die Kündigung des Beklagten vom 12.12.2018 nicht aufgelöst worden ist«) steht fest, dass das Arbeitsverhältnis der Parteien weder durch die ausdrücklich angegriffene Kündigung noch durch mögliche andere Beendigungstatbestände aufgelöst worden ist. Daraus folgt, dass in einer **Kündigungsschutzklage** nach § 4 S. 1 KSchG – für den beklagten Arbeitgeber in der Regel erkennbar – **zugleich der Angriff gegen solche Kündigungen** liegt, die dem Arbeitnehmer noch **während des Laufs der von der ersten Kündigung ausgelösten Auflösungsfrist zugehen und innerhalb dieser Frist oder zeitgleich mit ihrem Ablauf Wirkung entfalten sollen.**[10]

Auch die außerordentliche Kündigung gem. § 626 BGB ist mit der Kündigungsschutzklage 13 anzugreifen (§ 13 I 2 KSchG). Die Kündigungsschutzklage ist in der Zulässigkeit unproblematisch. Das Feststellungsinteresse iSv § 256 I ZPO folgt aus § 7 KSchG (Fiktion der Wirksamkeit der nicht rechtzeitig angegriffenen Kündigung), der gem. § 13 KSchG auch für außerordentliche Kündigungen gilt sowie aus dem Dauerschuldcharakter des Arbeitsverhältnisses, das keine Unsicherheiten verträgt. Das Feststellungsinteresse geht auch nicht automatisch dadurch verloren, dass der Arbeitgeber die Kündigung »zurücknimmt«.

Als gestaltende Willenserklärung kann die Kündigung nicht zurückgenommen werden. 14 Die entsprechende Erklärung stellt daher lediglich ein **Angebot auf Fortsetzung des Arbeitsverhältnisses** zu den bisherigen Bedingungen dar,[11] das der Arbeitnehmer annehmen kann, aber nicht muss. Der Arbeitnehmer kann billigenswerte Gründe haben, den Rechtsstreit trotz des Angebots weiterzuführen und entscheiden zu lassen, etwa weil zwischen den Parteien streitig ist, ob er tatsächlich Arbeitnehmer ist, ob er Sonderkündigungsschutz genießt[12] oder weil er einen Auflösungsantrag gem. § 9 KSchG stellen will.[13]

II. Die allgemeine Feststellungsklage

Neben der Kündigungsschutzklage gibt es die **allgemeine Feststellungsklage** gem. § 46 II 15 ArbGG iVm § 256 ZPO. In Klausuren findet sich häufig eine Kombination (**objektive Klagehäufung gem. § 260 ZPO**) aus Kündigungsschutzantrag (s. unten bei 1.) und allgemeinem Feststellungsantrag (s. unten bei 2.), zB:

---

10 BAG NZA 2015, 635.
11 Palandt/*Weidenkaff* BGB Vorb v. § 620 Rn. 38.
12 BAG NZA 2011, 166.
13 BAG NJW 1983, 1628.

> 1. Es wird festgestellt, dass das Arbeitsverhältnis der Parteien durch die Kündigung des Beklagten vom 11.12.2020 nicht aufgelöst ist.
>
> 2. Es wird festgestellt, dass das Arbeitsverhältnis der Parteien auch nicht durch andere Beendigungstatbestände aufgelöst ist, sondern fortbesteht.

16 Grund für diese zulässige Kombination ist, dass die Kündigungsschutzklage nur bestimmte Kündigungen erfasst, nämlich die ausdrücklich angegriffene und solche, die noch während der Kündigungsfrist zugehen und innerhalb dieser Frist oder zeitgleich mit ihrem Ablauf Wirkung entfalten sollen (erweiterter punktueller Streitgegenstand).[14] Nicht erfasst werden Kündigungen, die erst nach Ablauf der Kündigungsfrist zugehen und/oder Wirkung entfalten sollen. **Der allgemeine Feststellungsantrag wird zusätzlich gestellt, um möglicherweise übersehene und vom Kündigungsschutzantrag nicht erfasste weitere Kündigungen zu erfassen** und daher gelegentlich bildhaft als »**Schleppnetzantrag**« bezeichnet. Obwohl nach § 4 KSchG eigentlich nur eine Kündigungsschutzklage den Fiktionseintritt gem. § 7 KSchG verhindern kann, wahrt nach der Rechtsprechung auch der allgemeine Feststellungsantrag die Klageerhebungsfrist, weil der beklagte Arbeitgeber erkennen kann, dass der Arbeitnehmer sich auch gegen alle weiteren Beendigungstatbestände wehren will, sodass die Einhaltung der Dreiwochenfrist für die Einführung der konkreten Kündigung in den Prozess reine Förmelei wäre.

17 **Wenn der Arbeitnehmer von einer weiteren Kündigung Kenntnis erhält, muss er diese in den Prozess einführen und unter teilweiser Einschränkung des Feststellungsantrages (§ 264 Nr. 2 ZPO) auch bezüglich dieser Kündigung einen Kündigungsschutzantrag stellen.** Gemäß § 6 KSchG kann sich der Arbeitnehmer dann bis zum Schluss der mündlichen Verhandlung erster Instanz zur Begründung der Unwirksamkeit der weiteren Kündigung auch auf innerhalb der Klagefrist nicht geltend gemachte Gründe berufen. Wenn der Arbeitnehmer eine weitere Kündigung in den Prozess eingeführt und auch diesbezüglich einen Kündigungsschutzantrag gestellt hat, wird diese Kündigung vom allgemeinen Feststellungsantrag nicht mehr erfasst.[15] **Wenn keine weiteren Beendigungstatbestände in Rede stehen** (zB angebliche Eigenkündigung des Arbeitnehmers, Aufhebungsvertrag, Anfechtung usw.) **fehlt** dem allgemeinen Feststellungsantrag **das gem. § 256 I ZPO erforderliche Feststellungsinteresse.**[16]

Klausurtipp: In einer **Anwaltsklausur** sollten Sie als Arbeitnehmervertreter aus Gründen der anwaltlichen Sorgfalt einen allgemeinen Feststellungsantrag in die Klage aufnehmen und dies im Rahmen der Zweckmäßigkeitserwägungen damit begründen, dass ihr Mandant dadurch vor weiteren im Verlaufe des Prozesses zu erwartenden Kündigungen geschützt werden und der Antrag gegebenenfalls in einen Kündigungsschutzantrag umgestellt werden soll.

In einer **Urteilsklausur** kann es vorkommen, dass der Kündigungsschutzantrag mit dem Zusatz »**sondern fortbesteht**« versehen wird. Dann ist durch **Auslegung** anhand der Klagebegründung zu ermitteln, ob es sich um einen – stark verkürzt formulierten – **selbstständigen Feststellungsantrag gem. § 256 ZPO** oder nur um ein »**unselbstständiges Anhängsel**« handelt.[17] Die Auslegung orientiert sich an der prozessualen Situation aus Sicht des Klägers: **Wenn Kündigungen in Rede stehen, die vom erweiterten Streitgegenstand des Kündigungsschutzantrages nicht erfasst sind, handelt es sich um einen selbstständigen Feststellungsantrag.** Gibt es hingegen nur eine Kündigung oder werden alle Kündigungen vom erweiterten Streitgegenstand erfasst, handelt es sich um ein prozessual unbedeutendes »Anhängsel«.

Gelegentlich wird der allgemeine Feststellungsantrag in der mündlichen Verhandlung **zurückgenommen** (ins Protokoll der mündlichen Verhandlung gucken!), nachdem der Arbeitgeber erklärt hat, dass neben der angegriffenen Kündigung keine weiteren Beendigungstatbestände in Rede stehen. In diesem Fall erübrigen sich Ausführungen zur vorstehenden Problematik!

---

14 BAG NZA 2018, 1127.
15 Palandt/*Weidenkaff* BGB Vorb v. § 620 Rn. 72.
16 BAG NZA 1997, 844.
17 BAG NZA 2002, 1207.

III. Die sog. Statusklage

Als Feststellungsklage kommt ferner eine **Klage auf Feststellung des Bestehens eines Arbeitsverhältnisses** (sog. »Statusklage«) in Betracht, wenn die Arbeitnehmereigenschaft streitig ist.[18] Das Feststellungsinteresse iSv § 256 I ZPO ergibt sich bei der Statusklage daraus, dass bei Bestehen eines Arbeitsverhältnisses auf das Vertragsverhältnis der Parteien unabhängig von den getroffenen Vereinbarungen die zwingenden gesetzlichen Vorschriften anzuwenden sind, die ein Arbeitsverhältnis gestalten.   **18**

IV. Die Zwischenfeststellungsklage

Eine weitere Feststellungsklage ist die **Zwischenfeststellungsklage gem. § 256 II ZPO**. Die Voraussetzung für die Zwischenfeststellungsklage ist, dass ein Rechtsverhältnis zwischen den Parteien streitig ist, von dem die Entscheidung des Rechtsstreits ganz oder zum Teil abhängig ist und das über den Streitgegenstand hinaus von Bedeutung sein kann. **Die Statusklage (→ Rn. 18) ist ein typischer Fall der Zwischenfeststellungsklage!** Die Vorgreiflichkeit ersetzt das ansonsten für die Feststellungsklage erforderliche Feststellungsinteresse. Gegen die Zulässigkeit der Klage wird in der Klausur oft eingewandt, der Kläger könne Leistungsklage erheben (zB auf Lohnzahlung), weshalb die Zwischenfeststellungsklage unzulässig sei (»Vorrang der Leistungsklage«). Dieser Einwand greift in der Regel jedoch nicht durch, weil sich die Rechtskraftwirkung bei der Leistungsklage nur auf die Entscheidung über den prozessualen Anspruch bezieht, nicht aber auf die den Leistungsbefehl tragenden Feststellungen. Die Zwischenfeststellungsklage gem. § 256 II ZPO ermöglicht hingegen die Ausdehnung der Rechtskraft auch auf das der Leistungsklage vorgreifliche Rechtsverhältnis und die tragenden Entscheidungsgründe.[19] Mit anderen Worten: Wenn der Kläger mit seiner Zahlungsklage Erfolg hat, steht immer noch nicht rechtskräftig fest, dass er Arbeitnehmer ist. Diese rechtskräftige Feststellung, die für künftige Ansprüche aus dem Arbeitsverhältnis (zB auf Entgeltfortzahlung oder Urlaubsgewährung) vorgreiflich ist, kann nur durch eine Zwischenfeststellungsklage erreicht werden!   **19**

V. Die Befristungskontrollklage

Der Kündigungsschutzklage nachgebildet ist die sog. **Befristungskontrollklage** (auch Entfristungsklage genannt) gem. § 17 TzBfG. Das erforderliche Feststellungsinteresse iSv § 256 I ZPO folgt auch hier aus § 7 KSchG, den § 17 TzBfG für anwendbar erklärt, und dem Dauerschuldcharakter des Arbeitsverhältnisses, das keine Unsicherheiten verträgt.   **20**

D. »Normale« ZPO-Probleme und Bruttolohnklage

Beachten Sie, dass auch in Arbeitsrechtsklausuren die »üblichen« prozessualen Fragen auftauchen können, die Sie aus der »normalen« Zivilrechtsklausur kennen. Dazu gehören zB **die Parteifähigkeit einer BGB-Gesellschaft,**[20] **die Streitgenossenschaft,**[21] **die objektive Klagehäufung**[22] **und die Widerklage.**[23]   **21**

Klagen auf Arbeitsentgelt sind wegen des Bestimmtheitserfordernisses aus § 253 II ZPO grundsätzlich auf den **Bruttobetrag** (gegebenenfalls abzüglich bereits gezahlter Nettobeträge) zu richten. Eine **Nettolohnklage** kommt in Betracht, wenn die Parteien ausnahmsweise eine **Nettolohnvereinbarung** getroffen haben. Eine **Schwarzgeldabrede ist keine Nettolohnvereinbarung**, denn mit ihr bezwecken die Arbeitsvertragsparteien, Steuern und Sozialversicherungsbeiträge zu hinterziehen, nicht jedoch deren Übernahme durch den Arbeitgeber. Die Fiktion des § 14 II 2 SGB IV findet im Arbeitsrecht keine Anwendung.[24] Außerdem ist eine   **22**

---

18 Palandt/*Weidenkaff* BGB Einf. v. § 611 Rn. 5.
19 BAG NZA 2004, 1406.
20 *Kaiser/Kaiser/Kaiser* Zivilgerichtsklausur I Rn. 328.
21 *Kaiser/Kaiser/Kaiser* Zivilgerichtsklausur I Rn. 331 ff.
22 *Kaiser/Kaiser/Kaiser* Zivilgerichtsklausur I Rn. 319 ff.
23 *Kaiser/Kaiser/Kaiser* Zivilgerichtsklausur I Rn. 453 ff.
24 BAG NZA 2010, 881.

Nettolohnklage zulässig, wenn der Arbeitgeber Steuern und Sozialversicherungsbeiträge bereits abgeführt hat oder es sich um laufendes Arbeitsentgelt handelt, bei dem die Höhe der Steuern und Sozialversicherungsbeiträge feststeht.

Klausurtipp: Auch arbeitsrechtliche Klausuren sind grundsätzlich zulässig. Etwas anderes kann gelten, wenn mehrere Klaganträge bzw. Klage und Widerklage Gegenstand der Klausur sind. Lesen Sie hierzu die sechs Grundregeln in *Kaiser/Kaiser/Kaiser* Zivilgerichtsklausur I Rn. 304 ff.! Beachten Sie unbedingt: Die Wahrung der 3-Wochen-Frist gem. § 4 KSchG, § 17 TzBfG ist keine Frage der Zulässigkeit, sondern der Begründetheit (→ § 2 Rn. 3)!

§ 2 Begründetheitsprobleme

Bei der Darstellung der Probleme, die in der Begründetheit der Klausur bzw. der Klage auf **1** Sie zukommen können, orientiert sich die folgende Darstellung an den zu stellenden Feststellungsanträgen (A.) sowie den Leistungs- und Gestaltungsanträgen (B.). Ein eigener Abschnitt (C.) ist dem Betriebsübergang gem. § 613a BGB gewidmet, der in Klausuren immer wieder in verschiedenen Konstellationen relevant wird. Schließlich geht es um die Besonderheiten des arbeitsgerichtlichen Urteils (D.).

A. Feststellungsanträge

I. Wirksamkeit von Kündigungen

In vielen arbeitsrechtlichen Klausuren geht es unter anderem um die Frage, ob das Arbeits- **2** verhältnis der Parteien durch eine Kündigung aufgelöst ist bzw. wird.

1. Gemeinsame Examensprobleme der ordentlichen und außerordentlichen Kündigung

a) Die Präklusionswirkung von § 7 KSchG

Nach § 7 KSchG gilt eine schriftliche Kündigung als von Anfang an rechtswirksam, wenn sie **3** entgegen § 4 S. 1 KSchG nicht innerhalb von drei Wochen gerichtlich angegriffen wurde (prozessuale Frist mit materieller Präklusionswirkung). Dabei gilt § 7 KSchG für alle ordentlichen Kündigungen des Arbeitgebers,[1] unabhängig davon, ob das KSchG Anwendung findet oder nicht und – wegen § 13 KSchG – auch für alle außerordentlichen Kündigungen.[2] Es gilt also der Grundsatz: **Wenn gegen eine Kündigung (egal ob ordentlich oder außerordentlich) nicht rechtzeitig Klage erhoben wurde, gilt sie als wirksam und die Klage gegen sie ist unbegründet (nicht unzulässig!).** Ausgenommen davon sind gem. § 4 S. 1 KSchG Kündigungen, die entgegen § 623 BGB nicht schriftlich erklärt werden. Sie können auch nach Ablauf der 3-Wochen-Frist noch erfolgreich angriffen werden.

Als **klausurrelevant** hat sich insbesondere folgende Konstellation erwiesen: Zwei Kündi- **4** gungsschreiben, die denselben Kündigungsvorgang betreffen und in Form und Wortlaut völlig identisch sind, lediglich ein unterschiedliches Datum tragen und dem Arbeitnehmer einmal per Einschreiben mit Rückschein und einmal als Einwurf-Einschreiben zugingen, sind als eine einzige – **doppelt verlautbarte** – **Kündigungserklärung** anzusehen, nicht als zwei Kündigungen. Es reicht also, wenn der Arbeitnehmer eine der beiden »Verlautbarungen« mit einer Kündigungsschutzklage angreift.[3]

> **Klausurtipp: Zur Fristwahrung ist erforderlich, aber auch ausreichend,** dass der Arbeitnehmer durch eine **rechtzeitige Anrufung des Arbeitsgerichts seinen Willen,** sich gegen die Wirksamkeit einer Kündigung wehren zu wollen, **genügend klar zum Ausdruck bringt.** Dieser Wille kann während der dreiwöchigen Klagefrist **auch auf andere Weise als durch einen Kündigungsschutzantrag** für den Kündigenden hinreichend klar zum Ausdruck kommen, beispielsweise indem der Arbeitnehmer eine **Leistungsklage** erhoben hat, deren Anspruch zwingend die Unwirksamkeit der ausgesprochenen Kündigung voraussetzt (zB Klage auf Annahmeverzugslohn oder Entgeltfortzahlung nach Erhalt einer fristlosen Kündigung).[4] Ebenfalls fristwahrend ist **die Erhebung einer allgemeinen Feststellungsklage** iSv § 256 I ZPO, mit der der Fortbestand des Arbeitsverhältnisses geltend gemacht und die Wirksamkeit jeglichen potentiellen Auflösungstatbestands in Abrede gestellt wird.[5] Selbstverständlich verkneifen Sie sich in einer **Anwaltsklausur** als Prozessbevollmächtigter des Arbeitnehmers ein solches Vorgehen und formulieren gleich **einen formvollendeten Kündigungsschutzantrag!**

1 BAG NZA 2017, 1524.
2 BAG NZA 2007, 972.
3 BAG NZA 2008, 636.
4 BAG NZA 2015, 1511.
5 BAG NZA 2014, 443.

5 **Die Klagefrist beginnt grundsätzlich mit Zugang der Kündigung (§ 187 I BGB).** Eine Ausnahme besteht, wenn ein **Vertreter ohne Vertretungsmacht** die Kündigung ausspricht, der Kündigungsempfänger das Fehlen der Vertretungsmacht nicht beanstandet und der vertretene Arbeitgeber die Kündigung nachträglich genehmigt (§§ 180, 177 BGB). In diesem Fall beginnt die Frist erst mit Zugang der Genehmigung.[6]

6 Bei Kündigungen, die der **vorherigen Zustimmung einer Behörde** bedürfen (Sonderkündigungsschutz gem. § 17 MuSchG, § 18 BEEG, §§ 168 ff. SGB IX, → Rn. 34 ff.), beginnt die Frist gem. **§ 4 S. 4 KSchG** ausnahmsweise erst von der Bekanntgabe der Entscheidung der Behörde an. Nach der Rechtsprechung findet **§ 4 S. 4 KSchG** jedoch nur Anwendung, wenn der Arbeitgeber bei Ausspruch der Kündigung **Kenntnis vom bestehenden Sonderkündigungsschutz** hat, denn anderenfalls würde er keine behördliche Entscheidung (Zustimmung) beantragen und die Klagefrist würde nicht zu laufen beginnen. Ist dem Arbeitgeber bei Ausspruch der Kündigung der Sonderkündigungsschutz (etwa wegen Schwerbehinderung des Arbeitnehmers) nicht bekannt, so beginnt die Klagefrist trotz § 4 S. 4 KSchG mit Zugang der Kündigung zu laufen und der Arbeitnehmer muss – zur Vermeidung der Präklusionswirkung des § 7 KSchG – innerhalb von drei Wochen nach Zugang der Kündigung Kündigungsschutzklage erheben.[7]

7 Beachten Sie, dass die Wirksamkeitsfiktion des § 7 KSchG grundsätzlich nur die Frage betrifft, ob das Arbeitsverhältnis aufgelöst ist bzw. wird, nicht aber wann dies geschieht. Daher kann die **Nichteinhaltung der Kündigungsfrist** grundsätzlich auch außerhalb der 3-Wochen-Frist des § 4 S. 1 KSchG geltend gemacht werden.[8] Dies gilt allerdings nur dann, wenn sich die mit zu kurzer Frist ausgesprochene Kündigung dahingehend **auslegen** lässt, dass sie das Arbeitsverhältnis mit der zutreffenden Frist beenden soll. Da empfangsbedürftige Willenserklärungen nach dem Empfängerhorizont auszulegen sind, müssen für eine solche Auslegung konkrete Anhaltspunkte vorliegen, wie etwa der Zusatz »fristgemäß« oder »Hilfsweise soll die Kündigung zum nächstmöglichen Termin gelten«. Fehlt ein solcher Zusatz, scheidet eine Auslegung regelmäßig aus, denn, so das BAG:[9] »Es ist nicht die Aufgabe des Arbeitnehmers, darüber zu rätseln, zu welchem anderen als in der Kündigungserklärung angegebenen Termin der Arbeitgeber die Kündigung gewollt haben könnte.« Müsste die Kündigung – mangels entsprechender Auslegbarkeit – gem. § 140 BGB **umgedeutet** werden, um zur zutreffenden Kündigungsfrist zu gelangen, so kann dies nur bei rechtzeitiger Klageerhebung geschehen. Die Umdeutung setzt nämlich gem. § 140 BGB ein nichtiges Rechtsgeschäft voraus. Eine etwaige Nichtigkeit der Kündigung wäre jedoch infolge der Nichteinhaltung der Klagefrist durch die Wirksamkeitsfiktion des § 7 KSchG »geheilt«, sodass – mangels nichtigen Rechtsgeschäfts – eine Umdeutung nicht mehr möglich ist.[10]

8 Bei der Prüfung, ob rechtzeitig Klage erhoben wurde, geht es in Klausuren häufig um die (regelmäßig unproblematische und daher kurz abzuhandelnde) Frage der »demnächsten Zustellung« gem. § 46 II ArbGG, § 167 ZPO und die **Berechnung der 3-Wochen-Frist,** wobei das Prüfungsamt den letzten Tag der Frist mit Vorliebe auf einen Sonnabend, Sonntag oder gesetzlichen Feiertag fallen lässt (**§ 193 BGB**). In diesem Zusammenhang ist gegebenenfalls auch die fristwahrende Wirkung des allgemeinen Feststellungsantrags (»Schleppnetzantrag«) zu thematisieren (→ § 1 Rn. 16). Außerdem ist in einigen Klausuren zu prüfen, **ob ein von einem Arbeitnehmer selbst verfasstes Schreiben an das Arbeitsgericht die Voraussetzungen einer Klageschrift gem. § 46 II ArbGG, § 253 II ZPO erfüllt** und damit die Klagefrist wahrt. Hier ist ein großzügiger Maßstab anzulegen, erforderlichenfalls ist das Gewollte durch Auslegung zu ermitteln (dazu sogleich).

9 Gerne lässt das Prüfungsamt auch den »**falschen**« Arbeitgeber verklagen, zB anstelle einer GmbH & Co. KG deren persönlich haftende Gesellschafterin, die GmbH. In diesen Fällen wird das Prüfungsamt die Beklagte einwenden lassen, die Klage gegen den »richtigen« Arbeit-

6 BAG NZA 2013, 524.
7 BAG NZA 2008, 1055.
8 BAG NZA 2006, 1405.
9 BAG NZA 2013, 1076; 2010, 1409.
10 BAG NZA 2010, 1409.

geber sei verspätet erhoben worden und die Kündigung damit wirksam. Dieser Einwand greift regelmäßig nicht durch, denn es ist **durch Auslegung zu ermitteln, welche Partei verklagt sein soll.** Selbst bei äußerlich eindeutiger, aber offenkundig unrichtiger Bezeichnung ist grundsätzlich diejenige Person als Partei anzusehen, die erkennbar mit der Parteibezeichnung gemeint ist.[11] Maßgeblich für die Beurteilung sind die gesamten erkennbaren Umstände, insbesondere auch die der Klageschrift beigefügten Unterlagen (Arbeitsvertrag, Kündigung etc.). **Die Berichtigung einer offensichtlich unrichtigen Parteibezeichnung ist während des gesamten Verfahrens möglich.**[12]

Falls die Klage tatsächlich verspätet erhoben worden sein sollte, ist eine Zulassung der **10** **verspäteten Klage nach § 5 KSchG zu prüfen.** Sie ist dem Arbeitnehmer zu gewähren, wenn er trotz Anwendung aller ihm nach Lage der Umstände zuzumutenden Sorgfalt verhindert war, die Klage rechtzeitig zu erheben. Eine derart schuldlose Fristversäumung liegt nicht vor, wenn ein im Ausland lebender Arbeitnehmer in Deutschland einen Briefkasten vorhält, ohne diesen regelmäßig kontrollieren zu lassen.[13] Die nachträgliche Zulassung einer Kündigungsschutzklage setzt – neben der Klageerhebung – einen entsprechenden Antrag des Arbeitnehmers voraus. Ausreichend ist, wenn erkennbar wird, dass die Zulassung einer verspäteten Klage erstrebt wird (ein »Wiedereinsetzungsantrag« wäre entsprechend auszulegen). Allein die Tatsache einer verspäteten Klageerhebung reicht jedoch nicht aus, um einen Zulassungsantrag annehmen zu können. Gemäß § 85 II ZPO, § 46 II ArbGG **muss sich die Partei ein Verschulden ihres Prozessbevollmächtigten zurechnen lassen.**[14] Bei einer Übermittlung fristwahrender Schriftsätze per **Telefax** genügt der Rechtsanwalt seiner **Pflicht zur Ausgangskontrolle** nur dann, wenn er seine Angestellten anweist, anhand des **Sendeprotokolls** zu überprüfen, ob die Übermittlung vollständig und an den richtigen Empfänger erfolgt ist oder sich dessen durch **telefonische Rückfrage** beim Empfänger zu versichern.[15]

b) Die Kündigungserklärung

Die Kündigungserklärung ist eine **einseitige, gestaltende Willenserklärung** iSv den §§ 116 ff. **11** BGB. Sie ist **bedingungsfeindlich** und gem. § 623 BGB nur wirksam, wenn sie **schriftlich** erfolgt. Schriftlich bedeutet, dass sie vom Erklärenden **eigenhändig unterschrieben** sein muss. Hierzu bedarf es nicht der Lesbarkeit des Namenszugs. Es genügt ein **die Identität des Unterschreibenden ausreichend kennzeichnender Schriftzug, der individuelle und entsprechend charakteristische Merkmale aufweist, die eine Nachahmung erschweren.** Der Schriftzug muss sich als Wiedergabe eines Namens darstellen und die Absicht einer vollen Unterschriftsleistung erkennen lassen, selbst wenn er flüchtig niedergelegt und von einem starken Abschleifungsprozess gekennzeichnet ist.[16] Eine ausschließlich **per Telefax** übermittelte Kündigungserklärung **ist nicht »schriftlich« iSv § 126 BGB!**[17]

Wenn eine Partei **mehrmals – und zwar trotz Vorhaltungen der anderer Partei – ernsthaft** **12** **mündlich kündigt,** es sich also nicht um eine einmalige, spontane Äußerung handelt, so verhält sie sich treuwidrig iSv § 242 BGB, wenn sie sich später auf den von ihr selbst zu vertretenden Formmangel beruft (*»venire contra factum proprium«* – in der Klausur von Amts wegen zu prüfen!).[18] Vereinbaren die Parteien, dass die Kündigung durch einen eingeschriebenen Brief zu erfolgen hat, so ist die Kündigung durch einen einfachen Brief in der Regel dennoch wirksam. In allgemeinen Geschäftsbedingungen (Arbeitsvertrag) kann gem. §§ 309 Nr. 13, 310 IV 2 BGB keine strengere Form als die in § 623 BGB vorgesehene vereinbart werden. Sollte die Vereinbarung der Kündigung per Einschreiben (ausnahmsweise) wirksam sein, ist durch Auslegung zu ermitteln, ob sie konstitutiven Charakter hat oder nur der Beweissicherung dient, wobei die Auslegungsregel des § 125 S. 2 BGB zu beachten ist. Denken und argumentieren sie auch hier klausurtaktisch: Wenn die Kündigung bereits aus formellen

---

11 *Kaiser/Kaiser/Kaiser* Zivilgerichtsklausur I Rn. 314.
12 BAG NZA 2010, 636.
13 BAG NZA 2018, 1157.
14 BAG NZA 2011, 1445; Palandt/*Weidenkaff* BGB Vorb v. § 620 Rn. 71.
15 BAG NJW 2016, 2522.
16 BAG NZA 2013, 524.
17 BAG NZA 2016, 361.
18 BAG NZA 1998, 420; LAG Rheinland-Pfalz BeckRS 2012, 70135.

Gründen unwirksam ist, sind weitere Erwägungen (zB zum Kündigungsgrund) überflüssig. Dieses Ergebnis wird regelmäßig nur dann gewollt sein, wenn die Klausur weitere Schwerpunkte enthält, zB weitere Kündigungen oder Ansprüche.

13 Kündigungen werden – in der Praxis, vor allem aber in Klausuren – häufig **von Bevollmächtigten (zB Rechtsanwälten, Prokuristen oder Personalleitern) unterschrieben**. Bei Unterzeichnung der Kündigung mit dem Zusatz »i.A.« ist durch Auslegung nach objektivem Empfängerhorizont gem. §§ 133, 157 BGB zu ermitteln, ob der Unterzeichner tatsächlich nur »im Auftrag«, also als Bote, handeln wollte (dann fehlt es an einer dem Arbeitgeber zurechenbaren schriftlichen Kündigung, dh, die Kündigung ist wegen Verstoßes gegen § 623 BGB unwirksam) oder ob er in Wahrheit »in Vertretung« handeln wollte. Dabei ist zu berücksichtigen, dass im allgemeinen, nichtjuristischen Sprachgebrauch nicht immer hinreichend zwischen »Auftrag« und »Vertretung« unterschieden wird. Oftmals werden die Zusätze »i.V.« und »i.A.« lediglich verwendet, um unterschiedliche Hierarchieebenen auszudrücken.[19] Wenn Ihre Auslegung – was regelmäßig der Fall sein wird – ergibt, dass hier ein Vertreter gehandelt hat, wird es aus Sicht des Prüfungsamtes erst richtig interessant, denn jetzt müssen Sie an das **Zurückweisungsrecht gem. § 174 BGB** denken! Hierbei ist zunächst wichtig, dass die Zurückweisung einer Kündigungserklärung nach einer Zeitspanne von **mehr als einer Woche** ohne das Vorliegen besonderer Umstände des Einzelfalls **nicht mehr unverzüglich** ist iSv § 174 S. 1 BGB.[20]

14 **Besonders examensrelevant ist § 174 S. 2 BGB.** Hier ist zu beachten, dass **mit bestimmten Funktionen** (zB Prokurist, Generalbevollmächtigter oder Leiter der Personalabteilung) üblicherweise ein **Kündigungsrecht verbunden** ist. Daraus folgt, dass ein Personalleiter beim Ausspruch einer Kündigung grundsätzlich keine Originalvollmacht vorlegen muss. Allerdings verlangt die Rechtsprechung, dass der Kündigungsempfänger (Arbeitnehmer) nicht nur wissen muss, dass der Inhaber einer bestimmten Funktion kündigungsbefugt ist, sondern auch, dass derjenige, der die Kündigung unterschrieben hat, diese Funktion tatsächlich innehat. Mit anderen Worten: **Der Arbeitnehmer muss nicht nur wissen, dass der Personalleiter kündigungsbefugt ist, sondern auch, wer Personalleiter ist.** Hierüber muss ihn der Arbeitgeber informieren, der **Arbeitnehmer ist nicht gehalten, insoweit selbst »nachzuforschen«.** Etwas anderes gilt nur bei Prokuristen, denn hier wird die erforderliche Kenntnis des Kündigungsempfängers von der Bevollmächtigung nach der Eintragung der Prokura in das Handelsregister durch § 15 II HGB fingiert.[21] Ist ein **Personalleiter zugleich Prokurist**, so folgt seine unbeschränkte Vertretungsmacht in Personalangelegenheiten bereits der Personalleitereigenschaft. Ob er darüber hinaus auch als Prokurist alleinvertretungsberechtigt ist, spielt keine Rolle.[22] Der Direktor eines Hotels, das zu einer Hotelkette mit besonders bestellter Personaldirektorin gehört, hat hingegen keine Stellung inne, bei der er zwingend sämtliche Personalangelegenheiten in eigener Verantwortung erledigt und die mit einem Kündigungsrecht verbunden zu sein pflegt. Ein Inkenntnissetzen iSd § 174 S. 2 BGB liegt dann aufgrund der Stellung als Hoteldirektor nicht vor.[23]

15 **Inhaltlich muss die Kündigung »bestimmt und unmissverständlich«** sein, dh, der Empfänger einer ordentlichen Kündigung muss erkennen können, wann das Arbeitsverhältnis enden soll. Fehlt es hieran, so ist die Kündigung unwirksam. Bei einer ordentlichen Kündigung reicht ein Hinweis auf die maßgebliche gesetzliche Regelung aus, wenn der Erklärungsempfänger dadurch unschwer ermitteln kann, zu welchem Termin das Arbeitsverhältnis enden soll.[24] Selbst eine Kündigung **»zum nächstzulässigen Termin«** ist hinreichend bestimmt, wenn dem Erklärungsempfänger die Dauer der Kündigungsfrist bekannt oder sie für ihn ohne umfassende tatsächliche Ermittlungen oder die Beantwortung schwieriger Rechtsfragen bestimmbar ist.[25]

---

19 BAG NZA 2016, 232; Palandt/*Weidenkaff* BGB § 623 Rn. 7.
20 BAG DB 2012, 579.
21 BAG NZA 2011, 683.
22 BAG NJW 2014, 3595.
23 LAG Rheinland-Pfalz NZA-RR 2015, 634.
24 BAG NZA 2013, 1137.
25 BAG NZA 2015, 162.

Die Kündigung eines Arbeitsverhältnisses wird nach § 130 I BGB erst wirksam, wenn sie dem **16** Kündigungsempfänger **zugegangen** ist, dh wenn sie **so in den Machtbereich des Kündigungsempfängers** gelangt ist, dass dieser **unter gewöhnlichen Umständen** unter Berücksichtigung der Verkehrsauffassung **von ihrem Inhalt Kenntnis nehmen kann.** Dabei ist es für den Zugang unerheblich, ob und wann er die Erklärung tatsächlich zur Kenntnis genommen hat und ob er daran durch Krankheit, zeitweilige Abwesenheit oder andere besondere Umstände einige Zeit gehindert war. Ein an die Heimatanschrift des Arbeitnehmers gerichtetes Kündigungsschreiben kann diesem deshalb selbst dann zugehen, wenn der Arbeitgeber von **einer urlaubsbedingten Ortsabwesenheit** weiß.[26] Wird das Kündigungsschreiben einer Person übergeben, die mit dem Kündigungsempfänger in einer Wohnung lebt und die aufgrund ihrer Reife und Fähigkeiten geeignet erscheint, das Schreiben an ihn weiterzuleiten, ist diese nach der Verkehrsanschauung als **Empfangsbote** des Kündigungsempfängers anzusehen. Dies ist in der Regel bei **Ehegatten** der Fall,[27] aber auch bei **JVA-Bediensteten**, wenn sich der Arbeitnehmer in Untersuchungshaft befindet.[28] Ist der **Kündigungsempfänger nicht (voll) geschäftsfähig**, gilt § 131 BGB. Beachten Sie, dass es nicht ausreicht, wenn die Willenserklärung zufällig in den Machtbereich des gesetzlichen Vertreters gelangt ist. Vielmehr muss sie auch an ihn gerichtet oder zumindest für ihn bestimmt sein.[29]

c) Die Anhörung des Betriebsrates gem. § 102 BetrVG

Wenn im Unternehmen ein Betriebsrat vorhanden ist, muss dieser gem. § 102 BetrVG vor **17** Ausspruch jeder Kündigung gehört werden. **Eine Kündigung ohne vorherige Anhörung ist unwirksam.** Die Betriebsratsanhörung ist eine rechtsgeschäftsähnliche Handlung. Eine **Zurückweisung** durch den Betriebsrat **analog § 174 BGB scheidet** gleichwohl **aus**, weil dies mit dem Gebot der vertrauensvollen Zusammenarbeit unvereinbar wäre.[30] Die Beteiligung des Betriebsrats dient in erster Linie dem Zweck, ihm die Gelegenheit zu geben, seine Überlegungen zur Kündigungsabsicht des Arbeitgebers vorzubringen. Ein **Mitentscheidungsrecht** des Betriebsrates **besteht** hingegen **nicht** und kann auch nicht wirksam von den Arbeitsvertragsparteien vereinbart werden.[31] Erforderlich, aber auch ausreichend ist, dass der Arbeitgeber dem Betriebsrat diejenigen Gründe mitteilt, auf die er die Kündigung stützen will, also die für die Kündigung aus seiner Sicht ausschlaggebenden Umstände (Grundsatz der »subjektiven Determinierung«). Diese müssen vollständig, also regelmäßig auch unter Einbeziehung der Sozialdaten (Betriebszugehörigkeit, Lebensalter, Unterhaltspflichten, Schwerbehinderung), der Art der beabsichtigten Kündigung (ordentlich/außerordentlich), der Dauer der Kündigungsfrist und etwaiger den Arbeitnehmer entlastender Momente, mitgeteilt werden.[32] Die Kündigungsgründe müssen vom Arbeitgeber **so detailliert** dargelegt werden, dass sich der **Betriebsrat ohne zusätzliche eigene Nachforschungen ein Bild über ihre Stichhaltigkeit** machen und beurteilen kann, ob es sinnvoll ist, Bedenken zu erheben oder Widerspruch gegen die Kündigung einzulegen.[33]

Die Verpflichtung des Arbeitgebers zu einer genauen und umfassenden Unterrichtung des **18** Betriebsrates entfällt, wenn der **Betriebsrat bereits erschöpfend über die Kündigungsgründe unterrichtet** ist, zB durch vorangegangene Verhandlungen über einen Interessenausgleich/Sozialplan. In einem solchen Fall kann der Arbeitgeber den Betriebsrat pauschal auf die vorliegenden Informationen verweisen.[34] Eine weitere Einschränkung besteht, wenn die **Kündigung innerhalb der »Wartefrist« des § 1 I KSchG** ausgesprochen werden soll. Weil das Kündigungsschutzgesetz noch nicht gilt und der Arbeitgeber keinen Kündigungsgrund iSv § 1 II KSchG braucht, muss er dem Betriebsrat nur mitteilen, dass er den Arbeitnehmer

---

26 BAG NZA 2012, 1320.
27 BAG NZA 2011, 847.
28 BAG NZA 2018, 1335.
29 BAG NJW 2011, 872.
30 BAG NZA 2013, 669.
31 BAG NZA 2009, 915.
32 BAG NZA 2016, 99.
33 BAG NZA-RR 2010, 583.
34 BAG NZA 1993, 1075.

innerhalb der Wartezeit kündigen will, nicht hingegen, was ihn zu dieser Entscheidung (»subjektives Werturteil«) veranlasst hat.[35]

19 Wenn der Betriebsrat ordnungsgemäß informiert wurde, kann der Arbeitgeber die dem Betriebsrat mitgeteilten Gründe im Kündigungsschutzprozess erläutern und konkretisieren. **Auf Kündigungsgründe, die dem Betriebsrat nicht mitgeteilt wurden, kann sich der Arbeitgeber hingegen nicht berufen (sog. materielle Präklusion).** Wenn der Betriebsrat zB nur zu einer außerordentlichen Kündigung angehört wurde, kann die Kündigung nicht in eine ordentliche Kündigung umgedeutet werden. Etwas anderes gilt nur, wenn der Betriebsrat der beabsichtigten außerordentlichen Kündigung ausdrücklich und vorbehaltlos zugestimmt hat, weil in diesem Fall davon auszugehen ist, dass er einer ordentlichen Kündigung erst recht zugestimmt hätte.[36]

20 Wenn dem Arbeitgeber nach Ausspruch der Kündigung weitere Kündigungsgründe bekannt werden, die bei Zugang der Kündigung bereits vorlagen, muss der Arbeitgeber den Betriebsrat erneut anhören, bevor er die Gründe im Kündigungsschutzprozess einführt (sog. **Nachschieben von Kündigungsgründen**).[37] Einer erneuten Kündigung bedarf es nicht.[38] Gründe, die erst nach Zugang der Kündigung entstanden sind, können hingegen nicht nachgeschoben werden, weil es für die Wirksamkeit der Kündigung allein auf den Zeitpunkt ihres Zugangs ankommt. Will sich der Arbeitgeber zur Beendigung des Arbeitsverhältnisses auf diese neuen Gründe stützen, muss er – nach erneuter Anhörung des Betriebsrats – eine neue Kündigung aussprechen. Es gilt der Grundsatz: **Zu jedem Kündigungsgrund, auf den sich der Arbeitgeber im Kündigungsschutzprozess beruft, muss er den Betriebsrat zuvor angehört haben.**

21 Informiert der Arbeitgeber den Betriebsrat **bewusst unrichtig oder irreführend,** so ist die Anhörung – wie im Falle einer vollständig unterbliebenen Anhörung – unwirksam. **Mängel bei der Beschlussfassung des Betriebsrats** haben grundsätzlich selbst dann **keine Auswirkungen** auf die Ordnungsgemäßheit seiner Anhörung, wenn der Arbeitgeber zum Kündigungszeitpunkt weiß oder erkennen kann, dass der Betriebsrat die Angelegenheit nicht fehlerfrei behandelt hat. Solche Fehler – etwa die Abgabe der Stellungnahme durch ein dafür unzuständiges Mitglied des Betriebsrats – gehen schon deshalb nicht zulasten des Arbeitgebers, weil dieser keine rechtliche Möglichkeit eines Einflusses auf die Beschlussfassung des Betriebsrats hat. Etwas anderes kann ausnahmsweise dann gelten, wenn **erkennbar keine Stellungnahme des Gremiums »Betriebsrat«,** sondern etwa nur eine persönliche Äußerung des Betriebsratsvorsitzenden vorliegt oder der Arbeitgeber den Fehler des Betriebsrats durch unsachgemäßes Verhalten selbst veranlasst hat.[39]

22 Das **Anhörungserfordernis** gem. § 102 BetrVG **entfällt,** wenn der Arbeitnehmer »**leitender Angestellter**« iSv § 5 III BetrVG ist. Die in § 5 III BetrVG genannten Merkmale sind restriktiv auszulegen, dh nicht jeder, der im Unternehmen »was zu sagen hat« (zB Teamleiter, Abteilungsleiter), ist deshalb gleich leitender Angestellter. Leitende Angestellte iSv § 5 III BetrVG nehmen eigenverantwortlich unternehmerische Teilaufgaben wahr und handeln dabei im Wesentlichen weisungsfrei bzw. können die Entscheidungen der Unternehmensführung maßgeblich beeinflussen. Weil sie der Unternehmensführung so nahestehen, dass sie sozusagen **Teil der »erweiterten Unternehmensführung«** sind, sollen sie dem Einfluss des Betriebsrats entzogen werden.

23 Zur selbstständigen Einstellung und Entlassung von im Betrieb oder in der Betriebsabteilung beschäftigten Arbeitnehmern berechtigt (§ 5 III 2 Nr. 1 BetrVG) ist nur derjenige, der allein, dh ohne Zustimmung/Genehmigung eines anderen, die genannten Personalentscheidungen selbst treffen darf und dessen **Personalkompetenz von erheblicher unternehmerischer Be-**

---

35 BAG NZA 2013, 1412.
36 BAG BeckRS 2009, 54457 = AP BGB § 626 Nr. 217; Palandt/*Weidenkaff* BGB Vorb v. § 620 Rn. 56.
37 BAG NZA 2013, 1416.
38 BAG NZA 1986, 674.
39 BAG NZA 2013, 665.

deutung ist, also eine größere Anzahl von Arbeitnehmern oder für das Unternehmen besonders wichtige Arbeitnehmer betrifft.[40]

Nach § 5 III 2 Nr. 2 BetrVG ist leitender Angestellter, wer nach Arbeitsvertrag und Stellung 24
im Unternehmen oder im Betrieb **Generalvollmacht oder Prokura** hat und die Prokura auch
im Verhältnis zum Arbeitgeber nicht unbedeutend ist. Erforderlich ist, dass der Generalbe-
vollmächtigte/Prokurist »unternehmerische Führungsaufgaben« übernimmt. Bevollmächtigte,
die lediglich beratend oder planend tätig sind (sog. Stabsfunktionen) oder die angewiesen
sind, für alle Zeichnungen einen weiteren Bevollmächtigten hinzuzuziehen (sog. Titularpro-
kuristen), sind keine leitenden Angestellten iSv § 5 III 2 Nr. 2 BetrVG, weil ihre Vollmacht im
Verhältnis zum Arbeitgeber nur eine untergeordnete Rolle spielt.[41]

Sie können jedoch gem. § 5 III 2 Nr. 3 BetrVG leitende Angestellte sein, denn Nr. 3 ist als 25
Grund-/Auffangtatbestand konzipiert. Die »bedeutenden« Aufgaben müssen von ihrem Gewicht her mit denen in Nr. 1 und Nr. 2 vergleichbar sein, dh **es muss um besonders einfluss-
reiche Mitarbeiter mit besonders wichtigen Führungsaufgaben gehen.**

d) Datenschutz (Videoüberwachung, Privatdetektiv etc.)

Die Frage, ob und zu welchem Zweck der Arbeitgeber personenbezogene Daten seiner Ar- 26
beitnehmer erheben, speichern und nutzen darf, richtet sich nach der **Datenschutz-
Grundverordnung (DS-GVO)**, die vom **Bundesdatenschutzgesetz (BDSG) ergänzt** wird.
Das BAG hat in den letzten Jahren eine ganze Reihe von Entscheidungen zum BDSG aF (dh
in der bis zum 25.5.2018 geltenden Fassung) getroffen. Weil davon auszugehen ist, dass diese
demnächst in Klausuren auftauchen, sind Grundkenntnisse auch in diesem Bereich unerläss-
lich!

Der Begriff »**personenbezogene Daten**« ist in Art. 4 I DS-GVO (zuvor § 3 BDSG aF) defi- 27
niert. Personenbezogene Daten sind danach **alle Informationen, die sich auf eine identifi-
zierte oder identifizierbare natürliche Person beziehen.**

Gemäß § 26 I 1 BDSG (§ 32 BDSG aF) dürfen personenbezogene Daten von Beschäftigten 28
für Zwecke des Beschäftigungsverhältnisses verarbeitet werden, wenn dies für die **Entscheidung über die Begründung** eines Beschäftigungsverhältnisses oder nach Begründung des
Beschäftigungsverhältnisses für dessen **Durchführung oder Beendigung** oder zur **Ausübung oder Erfüllung** der sich aus einem Gesetz oder einem Tarifvertrag, einer Betriebs-
oder Dienstvereinbarung (Kollektivvereinbarung) ergebenden Rechte und Pflichten der Inte-
ressenvertretung der Beschäftigten erforderlich ist.

Gemäß § 26 I 2 BDSG dürfen personenbezogene Daten von Beschäftigten **zur Aufdeckung** 29
von Straftaten nur dann verarbeitet werden, wenn zu dokumentierende tatsächliche Anhaltspunkte den **Verdacht** begründen, dass die betroffene Person im Beschäftigungsverhältnis
eine Straftat begangen hat, die Verarbeitung zur Aufdeckung erforderlich ist und das schutzwürdige Interesse der oder des Beschäftigten an dem Ausschluss der Verarbeitung nicht
überwiegt, insbesondere Art und Ausmaß im Hinblick auf den Anlass nicht unverhältnismäßig sind.

In der Arbeitsrechtsklausur kann es darauf ankommen, ob aufgrund eines Verstoßes gegen die 30
DS-GVO und/oder das BDSG ein – von Amts wegen zu berücksichtigendes – **Beweisverwertungsverbot** besteht. Insoweit gilt: **Ist die Datenverarbeitung** gegenüber dem betroffenen Arbeitnehmer nach DS-GVO und BDSG **zulässig**, liegt keine Verletzung seines Rechts
auf informationelle Selbstbestimmung vor und damit auch **kein Beweisverwertungsverbot**.
Die Speicherung legal erhobener Daten wird auch **nicht durch bloßen Zeitablauf unverhältnismäßig**. Sie ist zulässig, bis der Zweck ihrer Erhebung entweder erreicht oder aufgegeben oder nicht mehr erreichbar ist.[42]

---

40 BAG NZA 2003, 56.
41 BAG NZA 2009, 1296.
42 BAG NZA 2018, 1329.

31 Sind Informationen (Beweismittel) hingegen unter Verletzung der vorgenannten Vorschriften gewonnen worden (zB durch **Einsatz eines »Keyloggers«**), so ist der Grundsatz der freien Beweiswürdigung (§ 286 ZPO) verfassungskonform dahingehend auszulegen, dass dieses Vorbringen im Hinblick auf das Recht des Klägers auf informationelle Selbstbestimmung (Art. 2 I iVm Art. 1 I GG) nicht verwertet werden darf.[43]

32 Für die **Videoüberwachung von Arbeitnehmern** durch den Arbeitgeber hat das BAG auf der Grundlage von § 32 BDSG aF folgende, auch nach der neuen Rechtslage (§ 26 BDSG) fortgeltende **Grundsätze** aufgestellt: Eingriffe in das Recht der Arbeitnehmer am eigenen Bild durch Videoüberwachung sind nur zulässig, wenn der **konkrete Verdacht** einer strafbaren Handlung oder einer anderen schweren Verfehlung zulasten des Arbeitgebers besteht, weniger einschneidende Mittel zur Aufklärung des Verdachts ergebnislos ausgeschöpft sind, die Videoüberwachung damit **das praktisch einzig verbleibende Mittel** darstellt und sie **insgesamt nicht unverhältnismäßig** ist. Die bloße **Mutmaßung**, irgendein Arbeitnehmer könnte Straftaten begangen haben, **reicht nicht aus.**[44]

33 Diese Voraussetzungen gelten auch für die verdeckte **Überwachung eines Arbeitnehmers**, den der Arbeitgeber des Erschleichens von Arbeitsunfähigkeitsbescheinigungen und der unerlaubten Konkurrenztätigkeit verdächtigt, **durch einen Privatdetektiv.**[45] Liegen diese Voraussetzungen nicht vor, können die aus der Überwachung gewonnenen Erkenntnisse nicht verwertet werden und es besteht ein **Schmerzensgeldanspruch des Arbeitnehmers** (→ Rn. 141).

e) »Sonderkündigungsschutz«

34 Unter dem Stichwort Sonderkündigungsschutz werden diejenigen Vorschriften zusammengefasst, die dem **Schutz besonderer Personengruppen** dienen und **den allgemeinen Kündigungsschutz nach dem KSchG ergänzen.**

35 So ist die Kündigung gegenüber einer Frau während der **Schwangerschaft** bis zum Ablauf von vier Monaten nach einer **Fehlgeburt** nach der zwölften Schwangerschaftswoche und bis zum Ende der Schutzfrist nach der **Entbindung**, mindestens jedoch bis zum Ablauf von vier Monaten nach der Entbindung gem. § **17 MuSchG** unzulässig, wenn dem Arbeitgeber zur Zeit der Kündigung die Schwangerschaft, die Fehlgeburt oder die Entbindung bekannt war oder innerhalb zweier Wochen nach Zugang der Kündigung mitgeteilt worden ist. Das Überschreiten dieser Frist ist unschädlich, wenn es auf einem von der Frau nicht zu vertretenden Grund beruht und die Mitteilung unverzüglich nachgeholt wird.

36 Eine verschuldete Versäumung der Zwei-Wochen-Frist liegt vor, wenn die Arbeitnehmerin untätig bleibt, obwohl sie **positive Kenntnis** von ihrer Schwangerschaft hat oder wenn **zwingende Anhaltspunkte** gegeben sind, die das Vorliegen einer Schwangerschaft praktisch unabweisbar erscheinen lassen. Eine mehr oder weniger vage Schwangerschaftsvermutung reicht dagegen regelmäßig nicht aus.[46] Auch ein Verstoß gegen § 15 I 1 MuSchG nimmt der Schwangeren nicht den besonderen Kündigungsschutz (nur »Sollvorschrift«).[47]

37 **Die zuständige Behörde kann die Kündigung in Ausnahmefällen für zulässig erklären (§ 17 II MuSchG).** Voraussetzung für die Anwendung der Ausnahmeregelung des § 4 S. 4 KSchG (→ Rn. 6) ist die Kenntnis des Arbeitgebers von der Schwangerschaft der Arbeitnehmerin zum Zeitpunkt des Zugangs der Kündigung. Erlangt er erst nach Zugang der Kündigung diese Kenntnis, findet § 4 S. 4 KSchG keine Anwendung.[48]

38 Der **Sonderkündigungsschutz für schwerbehinderte und ihnen gleichgestellte behinderte Menschen** ist in **§§ 168 ff. SGB IX** (lesen!) geregelt. Gemäß § 168 SGB IX bedarf die Kündigung des Arbeitsverhältnisses eines schwerbehinderten Menschen (§ 2 II SGB IX) oder eines gleichgestellten behinderten Menschen (§§ 2 III, 151 SGB IX) durch den Arbeitgeber der

---

43 BAG NZA 2017, 1327.
44 BAG NZA 2017, 443.
45 BAG NZA 2017, 1179.
46 BAG NJW 1984, 1418.
47 BAG NZA 1996, 1154.
48 BAG NZA 2009, 980.

vorherigen Zustimmung des Integrationsamts. Das gilt gem. § 174 SGB IX auch für die außerordentliche Kündigung. Voraussetzung für das Zustimmungserfordernis ist nach § 173 I Nr. 1 SGB IX, dass das Arbeitsverhältnis bei Zugang der Kündigung mindestens sechs Monate ununterbrochen bestanden hat und nach § 173 III iVm §§ 152 I 2, 14 II 2 SGB IX, dass zum Zeitpunkt des Zugangs der Kündigung entweder die Schwerbehinderung bereits anerkannt (oder eine Gleichstellung erfolgt) ist oder die Stellung des Antrags auf Anerkennung der Schwerbehinderung (bzw. auf Gleichstellung) mindestens drei Wochen zurückliegt.

Sind diese Voraussetzungen erfüllt, so ist **eine ohne vorherige Zustimmung des Integrationsamtes erklärte Kündigung gem. § 134 BGB unwirksam.** Hierauf könnte sich der Arbeitnehmer, wenn er rechtzeitig Kündigungsschutzklage erhoben hat (§ 4 S. 4 KSchG gilt nur, wenn der Arbeitgeber von der Schwerbehinderung/Gleichstellung weiß, → Rn. 37), gem. § 6 KSchG bis zum Schluss der mündlichen Verhandlung erster Instanz berufen. Um zu verhindern, dass der ahnungslose Arbeitgeber, der die Schwerbehinderung/Gleichstellung weder kannte noch kennen musste, erst zu diesem Zeitpunkt vom Zustimmungserfordernis erfährt, muss sich der Arbeitnehmer innerhalb einer angemessenen Frist (regelmäßig drei Wochen) nach Zugang der Kündigung gegenüber dem Arbeitgeber auf seine festgestellte oder zur Feststellung beantragte Schwerbehinderung/Gleichstellung berufen.[49] Unterlässt er dies, so hat er gem. § 242 BGB (»illoyale Verspätung«) den **Sonderkündigungsschutz verwirkt.**[50] Eine Kündigungsschutzklage, in der sich der Arbeitnehmer auf seinen Sonderkündigungsschutz beruft, wahrt die Regelfrist nur, wenn sie innerhalb von drei Wochen nach Zugang der Kündigung nicht nur erhoben, sondern auch dem Arbeitgeber zugestellt wird. 39

Auch wenn der Arbeitgeber im bestehenden Arbeitsverhältnis (zulässigerweise!) zur Vorbereitung einer Kündigung ausdrücklich nach der Schwerbehinderung fragt und der **Arbeitnehmer wahrheitswidrig angibt, nicht schwerbehindert zu sein,** kann er sich gem. § 242 BGB im Kündigungsschutzprozess nicht auf die fehlende Zustimmung des Integrationsamtes berufen (»widersprüchliches Verhalten«).[51] 40

Wenn die Zustimmung erteilt, aber vom Arbeitnehmer angefochten wird, ist zu beachten, dass **gem. § 171 IV SGB IX der Widerspruch und die Anfechtungsklage keine aufschiebende Wirkung** haben. Mit anderen Worten: Solange die Zustimmung nicht bestands- bzw. rechtskräftig aufgehoben ist, ist sie wirksam. Erfolgt die **Aufhebung erst nach Abschluss des Kündigungsschutzverfahrens,** ist dieses auf Antrag des Arbeitnehmers entsprechend § 580 Nr. 6 ZPO wieder aufzunehmen.[52] 41

Wenn im Betrieb eine **Schwerbehindertenvertretung** besteht, muss diese vor Ausspruch eine Kündigung gem. § 178 II 3 SGB IX beteiligt, dh unterrichtet und angehört werden. Unterbleibt diese Beteiligung, so ist die Kündigung unwirksam.[53] 42

Darüber hinaus gibt es **diverse weitere Kündigungsbeschränkungen,** unter anderem während der Elternzeit (§ 18 BEEG), der Pflegezeit (§ 5 PflegeZG) und für Mitglieder eines Betriebsrats (§ 15 KSchG), die hier – mangels Examensrelevanz – nicht weiter ausgeführt werden sollen. 43

f) Die Kündigung wegen eines Betriebsübergangs gem. § 613a BGB

§ 613a IV BGB erklärt die Kündigung wegen des Übergangs eines Betriebs oder eines Betriebsteils für unwirksam und stellt gleichzeitig klar, dass das Recht zur Kündigung des Arbeitsverhältnisses aus anderen Gründen unberührt bleibt. Mit anderen Worten: **Kündigungen, deren tragender Grund ein bevorstehender Wechsel des Betriebsinhabers ist, sind unwirksam.** Dies gilt zB für Kündigungen, die damit begründet werden, der neue Betriebsinhaber habe die Übernahme eines bestimmten Arbeitnehmers deswegen abgelehnt, weil der »ihm zu teuer sei« oder eine pauschale Verkleinerung der Belegschaft fordert. Kündigungen 44

---

49 Palandt/*Weidenkaff* BGB Vorb v. § 620 Rn. 77.
50 BAG NZA 2017, 304; Palandt/*Weidenkaff* BGB Vorb v. § 620 Rn. 77.
51 BAG NZA 2012, 555.
52 BAG NZA 2013, 1373.
53 BAG NZA 2019, 305.

aus anderen sachlichen Gründen bleiben hingegen möglich.[54] Wann ein Betriebsübergang vorliegt und mit welchen Klausurproblemen zu rechnen ist, soll später erörtert werden.

g) Die Rechtskraftwirkung der Kündigungsschutzklage

45 Voraussetzung für eine erfolgreiche Kündigungsschutzklage ist nicht nur, dass die angegriffene Kündigung unwirksam ist, sondern auch, dass zu dem Zeitpunkt, zu dem die Kündigung wirken sollte (bei außerordentlicher Kündigung sofort, bei ordentlicher Kündigung mit Ablauf der Kündigungsfrist), tatsächlich (noch) ein Arbeitsverhältnis bestand. **Die Rechtskraft einer stattgebenden Entscheidung erstreckt sich auf** beide Aspekte, nämlich **das Bestehen eines Arbeitsverhältnisses und die Nichtauflösung desselben durch die angegriffene Kündigung.**[55] Ist die Kündigung unwirksam, das Arbeitsverhältnis jedoch bereits aus anderen Gründen beendet (Anfechtung, Befristung), bevor die Kündigung wirken kann, ist die Kündigungsschutzklage daher abzuweisen.

> **Merke:** Wenn die Kündigung ins Leere geht, weil zwischen den Parteien kein Arbeitsverhältnis (mehr) besteht, kann die Kündigungsschutzklage keinen Erfolg haben!

2. Die außerordentliche Kündigung gem. § 626 BGB

46 Die außerordentliche (fristlose) Kündigung aus **wichtigem Grund** setzt voraus, dass **Tatsachen vorliegen,** aufgrund derer dem Kündigenden unter Berücksichtigung aller Umstände des Einzelfalles und unter Abwägung der Interessen beider Vertragsteile **die Fortsetzung des Dienstverhältnisses bis zum Ablauf der Kündigungsfrist oder bis zu der vereinbarten Beendigung** des Dienstverhältnisses **nicht zugemutet werden kann** (§ 626 I BGB). Die außerordentliche Kündigung ist – wie alle anderen Kündigungen auch – keine Sanktion für ein Fehlverhalten, sondern dient dazu, zukünftige Störungen des Arbeitsverhältnisses auszuschließen. Aus diesem Grund gibt es **keine »absoluten« Kündigungsgründe,** jeder Einzelfall ist gesondert zu beurteilen. Dafür ist zunächst zu prüfen, ob der Sachverhalt ohne seine besonderen Umstände **»an sich«, dh typischerweise, als wichtiger Grund geeignet** ist. Außerdem ist die Einhaltung der Frist gem. § 626 II BGB zu prüfen. Anschließend bedarf es der weiteren Prüfung, ob dem Kündigenden die Fortsetzung des Arbeitsverhältnisses unter Berücksichtigung der konkreten Umstände des Falls und unter **Abwägung der Interessen** beider Vertragsteile – jedenfalls bis zum Ablauf der Kündigungsfrist – zumutbar ist oder nicht.

a) Der »wichtige Grund«

47 Der »wichtige Grund« liegt sowohl in der Praxis als auch in der Examensklausur zumeist in einer schuldhaften, dh vorwerfbaren Verletzung arbeitsvertraglicher Pflichten durch den Arbeitnehmer. »An sich geeignet« sind zB **strafbare Handlungen zum Nachteil des Arbeitgebers,** wobei nicht die strafrechtliche Würdigung (zB die »randscharfe« Abgrenzung zwischen Diebstahl und Unterschlagung), sondern die arbeitsvertragliche Pflichtverletzung und die damit verbundene Zerstörung des Vertrauensverhältnisses entscheidend ist, sowie alle sonstigen **ähnlich schwerwiegenden Vertragspflichtverletzungen** (vgl. § 241 II BGB). Die Darstellung der ausufernden Kasuistik sämtlicher Sachverhalte, die insoweit in Betracht kommen, würde den Rahmen dieses Skriptes sprengen.[56] Als klausurrelevant haben sich – neben strafbaren Handlungen wie **Arbeitszeitbetrug**[57] – die **»exzessive« private Internetnutzung während der Arbeitszeit,**[58] die **Manipulation von Formularen zur Erfassung der Arbeitszeit,**[59] **beharrliche Arbeitsverweigerungen,**[60] **Verstöße gegen Alkoholverbote am Arbeitsplatz,**[61] **die eigenmächtige Inanspruchnahme von Urlaub**[62] sowie **Verstöße gegen das Wettbe-**

---

54 BAG NZA 2007, 387.
55 BAG NZA 2008, 1145; Palandt/*Weidenkaff* BGB Vorb v. § 620 Rn. 72.
56 Beispiel bei Palandt/*Weidenkaff* BGB § 626 Rn. 45 ff.
57 LAG Köln NZA-RR 2015, 128.
58 BAG NZA 2007, 922.
59 BAG NZA 2019, 445.
60 BAG NZA 2016, 417.
61 LAG Nürnberg NZA-RR 2003, 301.
62 LAG Köln AuR 2011, 222.

werbsverbot[63] (§ 60 HGB) erwiesen. Aus der Rechtsprechung haben der **Fall »Emmely«**[64], die **»Whistleblowing«-Entscheidung**[65], die **»Hessische Chefarzt-Entscheidung«**[66], die **»Busengrapscher-Entscheidung«**[67] und die **»Raubkopien-Entscheidung«**[68] in der Öffentlichkeit für Aufsehen gesorgt.

Klausurrelevant sind auch die **»Crystal-Meth-Entscheidung«**[69] und der **»Facebook-Fall«**[70], **48** deren Gemeinsamkeit darin liegt, dass der »wichtige Grund« in **außerdienstlichem Verhalten** besteht. **Außerdienstliches Verhalten** kann ausnahmsweise die Pflicht zur gegenseitigen Rücksichtnahme aus § 241 II BGB verletzen, wenn es negative Auswirkungen auf den Betrieb oder einen Bezug zum Arbeitsverhältnis hat (sexueller Missbrauch der Kinder eines Kollegen;[71] Zuhälterei eines im öffentlichen Dienst beschäftigten Straßenbauarbeiters).[72]

Eine **Druckkündigung** liegt nach der Rechtsprechung vor, wenn Dritte unter Androhung **49** von Nachteilen für den Arbeitgeber von diesem die Entlassung eines bestimmten Arbeitnehmers verlangen. Dabei sind zwei Fallgestaltungen[73] zu unterscheiden:

Das Verlangen des Dritten kann gegenüber dem Arbeitgeber durch ein Verhalten des Arbeit- **50** nehmers oder einen personenbedingten Grund objektiv gerechtfertigt sein. In diesem Fall liegt es im Ermessen des Arbeitgebers, ob er eine personen- oder eine verhaltensbedingte Kündigung erklärt. Eine solche Kündigung wird auch als **»unechte Druckkündigung«** bezeichnet. Die Kündigung wird nicht primär wegen des durch den Dritten erzeugten Drucks erklärt, sondern wegen des personen- oder verhaltensbedingten Kündigungsgrundes.

Fehlt es hingegen an einer solchen objektiven Rechtfertigung der Drohung, so kommt nach **51** der Rechtsprechung des Bundesarbeitsgerichts eine Kündigung aus betriebsbedingten Gründen in Betracht. An die Zulässigkeit einer sog. **echten Druckkündigung** sind allerdings strenge Anforderungen zu stellen. Der Arbeitgeber hat sich in diesem Fall zunächst schützend vor den betroffenen Arbeitnehmer zu stellen. Nur wenn auf diese Weise die Drohung nicht abgewendet werden kann und bei Verwirklichung der Drohung schwere wirtschaftliche Schäden für den Arbeitgeber drohen, kann die Kündigung sozial gerechtfertigt sein.[74] Dabei ist jedoch Voraussetzung, dass die Kündigung das einzig praktisch in Betracht kommende Mittel ist, um die Schäden abzuwenden. Zu berücksichtigen ist hierbei auch, inwieweit der Arbeitgeber die Drucksituation selbst in vorwerfbarer Weise herbeigeführt hat. Typische Fälle einer echten Druckkündigung sind Drohungen der Belegschaft mit Streik oder Massenkündigungen oder die Androhung des Abbruchs von Geschäftsbeziehungen für den Fall der Weiterbeschäftigung eines bestimmten Arbeitnehmers.

Eine **Verdachtskündigung** liegt vor, wenn der Arbeitgeber seine Kündigung damit begrün- **52** det, gerade der schwerwiegende Verdacht eines (nicht erwiesenen) strafbaren bzw. vertragswidrigen Verhaltens habe das für die Fortsetzung des Arbeitsverhältnisses erforderliche Vertrauen zerstört.[75] **Der Verdacht muss »erdrückend« sein und das Verhalten, dessen der Arbeitnehmer verdächtigt wird, müsste – wäre es erwiesen – einen wichtigen Grund iSv § 626 BGB darstellen.**[76] Dies gilt auch dann, wenn die **Verdachtskündigung** nicht fristlos, sondern **unter Einhaltung der Kündigungsfrist** ausgesprochen wird (**»fristgemäße Verdachtskündigung«**).[77] Bloße, auf mehr oder weniger haltbare Vermutungen gestützte Verdächtigungen

---

63 BAG NZA 2015, 429.
64 BAG NZA 2010, 1227; ähnlich ArbG Hamburg NZA-RR 2015, 471.
65 EGMR NZA 2011, 1296 (Heinisch ./. Deutschland).
66 LAG Hessen BB 2012, 2048.
67 BAG NZA 2015, 294.
68 BAG NZA 2016, 159.
69 BAG NZA 2016, 1527.
70 LAG Sachsen NZA-RR 2018, 244.
71 BAG NZA 2011, 798.
72 BAG NZA 2011, 112.
73 BAG NZA 2014, 109.
74 BAG NZA 2017, 500.
75 Palandt/*Weidenkaff* BGB § 626 Rn. 49.
76 BAG NZA 2014, 243.
77 BAG NZA 2014, 243.

reichen nicht aus, **auf die Einschätzung von Strafverfolgungsbehörden** (»hinreichender« oder »dringender« Tatverdacht) **kommt es nicht an.**[78] Eine Verdachtskündigung, die **gegenüber der »normalen« sog. Tatkündigung einen eigenständigen Kündigungsgrund** darstellt, ist nur dann zulässig, wenn sich starke Verdachtsmomente auf objektive Tatsachen gründen, die Verdachtsmomente geeignet sind, das für die Fortsetzung des Arbeitsverhältnisses erforderliche Vertrauen zu zerstören und der Arbeitgeber **alle zumutbaren Anstrengungen zur Aufklärung des Sachverhalts unternommen,** insbesondere dem Arbeitnehmer Gelegenheit zur Stellungnahme gegeben hat. Ohne vorherige **Anhörung** des Arbeitnehmers ist die Verdachtskündigung wegen Verstoßes gegen den Verhältnismäßigkeitsgrundsatz und das Ultima-ratio-Prinzip unwirksam.[79] Etwas anderes gilt nur, wenn **der Arbeitnehmer von vornherein nicht bereit** war, sich auf die gegen ihn erhobenen Vorwürfe einzulassen und nach seinen Kräften an der Aufklärung mitzuwirken, zB wenn er erklärt, er werde sich zu dem gegen ihn erhobenen Vorwurf nicht äußern. Auch im **Berufsausbildungsverhältnis** kann eine Verdachtskündigung erfolgen, der Verdacht kann einen wichtigen Grund iSv § 22 II Nr. 1 BBiG darstellen.[80] Endet das Strafverfahren mit einem **Freispruch** wegen erwiesener Unschuld, so begründet dies für sich genommen **keinen Wiedereinstellungsanspruch.**[81] Es können jedoch nachträglich **andere Umstände** bekannt werden, die den bestehenden **Verdacht beseitigen.**

53 Eine Erstattung von **Detektivkosten** gem. § 280 I BGB durch den Arbeitnehmer kommt bei einer Verdachtskündigung nur in Betracht, wenn die ermittelten Tatsachen zu einem so schwerwiegenden Verdacht einer vorsätzlichen Vertragspflichtverletzung führen, dass eine deswegen ausgesprochene Kündigung im Sinne einer Verdachtskündigung als begründet angesehen werden muss.[82]

54 Personenbedingte (dh in der Person des Arbeitnehmers liegende) Gründe und betriebsbedingte (dh in der Sphäre des Betriebs liegende) Gründe können nur in seltenen Ausnahmefällen einen »wichtigen Grund« darstellen, weil dem Arbeitgeber in der Regel eine Weiterbeschäftigung bis zum Ablauf der Kündigungsfrist zumutbar ist. Betriebsbedingte Gründe, zB Rationalisierungsmaßnahmen, Umstellen oder Einstellung der Produktion, rechtfertigen regelmäßig nur eine ordentliche Kündigung, denn zu dem vom Arbeitgeber zu tragenden Unternehmerrisiko zählt auch die Einhaltung der ordentlichen Kündigungsfrist. In extremen Ausnahmefällen kommt eine **außerordentliche Kündigung mit »sozialer Auslauffrist«** in Betracht, etwa wenn der Arbeitgeber bei völligem Ausschluss einer ordentlichen Kündigungsmöglichkeit gezwungen wäre, über viele Jahre hinweg ein sinnentleertes Arbeitsverhältnis allein durch Gehaltszahlungen aufrechtzuerhalten.[83]

> **Klausurtipp:** Wenn Sie es mit dem Vorwurf einer **beharrlichen Arbeitsverweigerung** zu tun bekommen, denken Sie daran, dass die Arbeitsverweigerung rechtmäßig ist, wenn der Arbeitnehmer wegen fälliger Zahlungsansprüche (Arbeitsentgelt, Urlaubsentgelt, Aufwendungsersatz etc.) von seinem **Zurückbehaltungsrecht an seiner Arbeitsleistung** Gebrauch macht (§ 273 I BGB). Es darf sich allerdings – wegen § 242 BGB – nicht nur um einen geringfügigen Zahlungsanspruch oder eine nur kurzfristige Zahlungsverzögerung handeln.[84] Wenn sich der Arbeitgeber **mit einem Monatsgehalt einen Monat lang in Verzug** befindet, ist die Annahme eines Zurückbehaltungsrechts allemal vertretbar.

b) Die Kündigungserklärungsfrist des § 626 II 1 BGB

55 Beachten Sie, dass die außerordentliche Kündigung nur **innerhalb von zwei Wochen** erfolgen kann, nachdem **der Kündigungsberechtigte** von den für die Kündigung maßgebenden Tatsachen **Kenntnis erlangt** hat (§ 626 II 1 BGB). Kündigungsberechtigt sind der Arbeitgeber selbst bzw. sein gesetzlicher Vertreter, etwa der Geschäftsführer einer GmbH, sowie diejeni-

---

78 BAG NZA 2013, 371.
79 BAG NZA 2014, 1015.
80 BAG NZA 2015, 741.
81 LAG Baden-Württemberg NZA-RR 2016, 13.
82 BAG NZA 2014, 301.
83 BAG NZA 2002, 963.
84 BAG NZA 1985, 355.

gen Mitarbeiter, denen der Arbeitgeber das Recht zur fristlosen Kündigung übertragen hat. Die **Kenntnis anderer Personen** ist für die Zwei-Wochen-Frist grundsätzlich **unbeachtlich.**[85]

Damit der Kündigungsberechtigte seine Entscheidung auf eine zuverlässige und möglichst vollständige Tatsachengrundlage stützen kann, kann er die ihm **nach pflichtgemäßem Ermessen notwendig erscheinenden Ermittlungen** anstellen, zu denen auch eine (bei einer Verdachtskündigung zwingend erforderliche) Anhörung des zu Kündigenden gehören kann. Solange die Ermittlungen noch laufen, ist die Ausschlussfrist des § 626 II BGB gehemmt.[86] Allerdings darf der Kündigungsberechtigte die Ermittlungen nicht verschleppen. Eine etwaige Anhörung muss in der Regel binnen einer Woche erfolgen.[87]   **56**

Geht es um ein strafbares Verhalten des Arbeitnehmers, so ist der Arbeitgeber **an den Aus- und Fortgang des Ermittlungs-/Strafverfahrens nicht gebunden.** Er kann frühzeitig eine Verdachtskündigung aussprechen oder abwarten, ob es zu einer rechtskräftigen Verurteilung kommt und sodann eine Tatkündigung aussprechen. Wenn er frühzeitig kündigt, kann er **im Verlaufe des Ermittlungs-/Strafverfahrens weitere Verdachtskündigungen aussprechen,** wenn er von neuen, seinen Verdacht verstärkenden Tatsachen erfährt (zB bei der Anklageerhebung oder der Eröffnung des Hauptverfahrens). Obwohl es immer um denselben Lebenssachverhalt geht, handelt es sich nicht um unzulässige Wiederholungskündigungen, weil sich der eigentliche Kündigungsgrund, nämlich der Verdacht, qualitativ geändert hat.[88] Strafrechtlich gesprochen: **Der Anfangsverdacht ist ein anderer Verdacht als der hinreichende Tatverdacht!** Mit jedem »neuen« bzw. »verstärkten« Verdacht beginnt die Frist des § 626 II BGB erneut zu laufen.[89]   **57**

Bei einer **beabsichtigten außerordentlichen Kündigung eines schwerbehinderten oder gleichgestellten Menschen** muss der Arbeitgeber gem. § 174 II SGB IX innerhalb von zwei Wochen die entsprechende Zustimmung des Integrationsamtes beantragen. Ob diese Frist eingehalten wurde, ist allein vom Integrationsamt und, im Falle der Anfechtung, vom Verwaltungsgericht, nicht aber vom Arbeitsgericht zu prüfen. Andererseits ist das Arbeitsgericht an die Entscheidung des Integrationsamtes hinsichtlich der Einhaltung der Frist auch nicht gebunden, sondern hat seinerseits die Frist des § 626 II BGB eigenständig zu prüfen.[90] **Gemäß § 174 V SGB IX muss der Arbeitgeber nach Erteilung der Zustimmung unverzüglich, also ohne schuldhaftes Zögern (in der Regel binnen einer Woche), kündigen.**[91]   **58**

Sollen Kündigungsgründe, die bei Zugang der Kündigung bereits vorlagen, aber erst später bekannt geworden sind, **nachgeschoben** werden (zur Anhörung des Betriebsrats → Rn. 17 ff.), ist die **Frist des § 626 II 1 BGB nicht einzuhalten,** weil sie sich nur auf die Ausübung des Kündigungsrechts, nicht aber auf die zugrunde liegenden Kündigungsgründe bezieht.[92]   **59**

> **Klausurtipp:** Beachten Sie, dass ein nach § 626 II BGB »verwirkter« Grund zwar keine außerordentliche Kündigung mehr rechtfertigen kann, aber eine ordentliche Kündigung, für die lediglich allgemeine Verwirkungsgrundsätze (Zeitmoment und Umstandsmoment) gelten! Wenn eine ordentliche Kündigung dem mutmaßlichen Willen des Kündigenden entspricht und dieser Wille dem Kündigungsempfänger zum Zeitpunkt des Zugangs der Kündigung erkennbar geworden ist (Regelfall), **ist eine unwirksame außerordentliche Kündigung gem. § 140 BGB in eine ordentliche Kündigung umzudeuten.** Die Umdeutung ist Rechtsanwendung, also von Amts wegen zu prüfen. Der Kündigende muss sie weder beantragen noch sich auf sie berufen![93]

---

85 BAG BeckRS 2009, 54457 = AP BGB § 626 Nr. 217.
86 Palandt/*Weidenkaff* BGB § 626 Rn. 23.
87 BAG NZA 2014, 1015.
88 BAG NZA 2014, 250.
89 BAG NZA 2011, 798.
90 BAG NZA 2006, 1211.
91 BAG NZA 2020, 717.
92 BAG NZA 2013, 1416.
93 BAG NJW 2002, 2972.

c) Die Interessenabwägung

60 Wenn ein an sich geeigneter, »wichtiger« Grund zur Kündigung vorliegt, kann eine hierauf gestützte außerordentliche Kündigung das Arbeitsverhältnis gleichwohl nur dann beenden, wenn sich bei einer umfassenden Interessenabwägung ergibt, dass das Beendigungsinteresse des Arbeitgebers im Verhältnis zu dem Bestandsschutzinteresse des Arbeitnehmers überwiegt. Die bei der Interessenabwägung zu berücksichtigenden Umstände lassen sich nicht abschließend für alle Fälle festlegen. Von Bedeutung sind insbesondere die **Dauer des Arbeitsverhältnisses, etwaige einschlägige Abmahnungen, das Lebensalter und die Unterhaltspflichten des Gekündigten, das Gewicht und die Auswirkungen der Vertragspflichtverletzung, eine mögliche Wiederholungsgefahr sowie der Grad des Verschuldens.** Eine außerordentliche Kündigung kommt nur in Betracht, wenn dem Arbeitgeber sämtliche milderen Reaktionsmöglichkeiten unzumutbar sind (**»Ultima-ratio-Prinzip«, Grundsatz der Verhältnismäßigkeit**). Als mildere Reaktionen sind insbesondere die **Abmahnung (§ 314 II 1 BGB) und die ordentliche Kündigung** anzusehen. Sie sind vorrangig, wenn sie geeignet sind, den mit der außerordentlichen Kündigung verfolgten Zweck – die Vermeidung des Risikos künftiger Störungen – zu erreichen. **Einer Abmahnung**[94] **bedarf es jedoch nicht,** wenn eine Verhaltensänderung in Zukunft selbst nach Abmahnung nicht zu erwarten steht oder es sich um eine so schwere Pflichtverletzung handelt, dass eine Hinnahme durch den Arbeitgeber offensichtlich – auch für den Arbeitnehmer erkennbar – ausgeschlossen ist.[95] Entscheidet sich der Arbeitgeber dafür, wegen eines Sachverhalts **abzumahnen,** so liegt hierin regelmäßig der **Verzicht auf das Recht zur Kündigung.** Etwas anderes gilt nur, wenn sich der Abmahnung selbst oder den Umständen entnehmen lässt, dass er die Angelegenheit mit der Abmahnung nicht als »erledigt« ansieht.[96]

> **Klausurtipp:** Die **Interessenabwägung** entscheidet letztlich über die Wirksamkeit der außerordentlichen Kündigung. Erst hier sind die Besonderheiten des Einzelfalls zu berücksichtigen. Deshalb gibt es hier in einer Klausur auch regelmäßig **viele Punkte** zu holen. Zeigen Sie, dass sie richtige Schwerpunkte setzen, indem sie an dieser Stelle ausführlich, sach- und interessengerecht argumentieren. Vergessen Sie auf keinen Fall, sich mit dem **Vorliegen bzw. der Notwendigkeit einer Abmahnung** zu befassen. Nicht selten entscheidet sich – gerade in »spektakulären« Fällen – hier das Schicksal der Kündigung, zB in den Entscheidungen **»Emmely«, »Koblenzer Chefarzt«**[97] **und zuletzt »Busengrapscher« (→ Rn. 47).** Und denken Sie dran: **Die Argumente sind wichtiger als das Ergebnis!**

3. Die ordentliche Kündigung

61 Die ordentliche Kündigung setzt, anders als die außerordentliche, grundsätzlich keinen Kündigungsgrund voraus. Etwas anderes gilt nur, wenn das KSchG einschlägig ist, was in einer Examensklausur allerdings regelmäßig der Fall ist.

62 Die **Fristen,** mit denen ein Arbeitsverhältnis gekündigt werden kann, sind in § 622 BGB geregelt. Beachten Sie, dass die verlängerten Kündigungsfristen gem. § 622 II 1 BGB, soweit nichts anderes vereinbart ist, nur für die Kündigung durch den Arbeitgeber gelten. Werden längere als die gesetzlichen Fristen vereinbart, so gelten diese im Zweifel auch bereits während einer vereinbarten Probezeit.[98] Die von der Beschäftigungsdauer abhängige **Staffelung der Kündigungsfristen** in § 622 II 1 BGB verletzt **nicht** das in Art. 21 I der Charta der Grundrechte der Europäischen Union (GRCh) normierte **Verbot der Altersdiskriminierung.**[99] Zur Frage der Auslegung/Umdeutung einer Kündigung falsch berechneter Frist lesen Sie die Ausführungen zur Präklusionswirkung von § 7 KSchG!

---

94 Zu den Einzelheiten Palandt/*Weidenkaff* BGB Vorb v. § 620 Rn. 41.
95 BAG NZA 2010, 1227.
96 BAG NZA 2016, 540.
97 BAG NZA 2013, 319.
98 BAG NZA 2017, 773.
99 BAG NZA 2014, 1400.

4. Die ordentliche Kündigung und das KSchG

Das Kündigungsschutzgesetz regelt den sog. allgemeinen Kündigungsschutz, der darin besteht, dass eine Kündigung nur dann wirksam ist, wenn sie sozial gerechtfertigt ist (§ 1 I und II KSchG), dh wenn ein Kündigungsgrund vorliegt. **63**

a) Die Voraussetzungen des allgemeinen Kündigungsschutzes

Der persönliche und sachliche Anwendungsbereich des KSchG ist in den §§ 1, 23 KSchG **64** geregelt.[100] In persönlicher Hinsicht setzt es **den ununterbrochenen Bestand eines Arbeitsverhältnisses von mehr als sechs Monaten Dauer** voraus (§ 1 I KSchG). **§ 193 BGB findet** auf die Berechnung der Wartezeit übrigens **keine Anwendung.** Der Zeitraum von sechs Monaten verlängert sich deshalb nicht, wenn sein letzter Tag auf einen Sonntag, einen allgemeinen Feiertag oder einen Sonnabend fällt.[101] **Rechtliche Unterbrechungen** sind ausnahmsweise **unschädlich,** wenn zwischen dem alten und dem neuen Arbeitsverhältnis ein **enger sachlicher und zeitlicher Zusammenhang** besteht. Maßgeblich sind der Anlass und die Dauer der Unterbrechung sowie die Art der Weiterbeschäftigung. Je länger die zeitliche Unterbrechung gedauert hat, desto gewichtiger müssen die für einen sachlichen Zusammenhang sprechenden Umstände sein.[102] Zeiten, während derer ein **Leiharbeitnehmer** in den Betrieb des Entleihers eingegliedert war, sind in einem späteren Arbeitsverhältnis zwischen ihm und dem Entleiher **regelmäßig nicht auf die Wartezeit des § 1 I KSchG anzurechnen.**[103]

In sachlicher Hinsicht setzt es einen **Betrieb mit mehr als zehn vollzeitbeschäftigten Ar-** **65** **beitnehmern ausschließlich der Auszubildenden** voraus (§ 23 I 3 KSchG). Arbeitnehmer in Teilzeit zählen anteilig (§ 23 I 4 KSchG)! Beachten Sie, dass dieser »Schwellenwert« nur für Arbeitsverhältnisse gilt, die nach dem 31.12.2003 begründet wurden. Für ältere Arbeitsverhältnisse gilt nach wie vor ein Schwellenwert von mehr als fünf Arbeitnehmern, wobei Arbeitnehmer, die nach dem 31.12.2003 eingestellt wurden, nicht mitzählen (§ 23 I 2 und 3 KSchG)! **Bei der Berechnung der Betriebsgröße sind auch im Betrieb beschäftigte Leiharbeitnehmer zu berücksichtigen, wenn ihr Einsatz auf einem »in der Regel« vorhandenen Personalbedarf beruht.**[104]

Ferner ist zu beachten, dass mehrere Unternehmen einen »gemeinsamen Betrieb« bilden **66** können mit der Folge, dass die dort beschäftigten Arbeitnehmer mit Blick auf den »Schwellenwert« addiert werden. Regelmäßig liegt ein gemeinsamer Betrieb vor, wenn die in **einer Betriebsstätte** vorhandenen materiellen oder immateriellen **Betriebsmittel** für den oder die verfolgten arbeitstechnischen Zwecke **zusammengefasst geordnet und gezielt eingesetzt** werden und der Einsatz der menschlichen Arbeitskraft von einem **einheitlichen Leitungsapparat** gesteuert wird.[105]

b) (Kein) Kündigungsschutz im »Kleinbetrieb«

In Betrieben, in denen der »Schwellenwert« des § 23 KSchG nicht erreicht wird, ist das KSchG **67** weder direkt noch analog anwendbar. Auch eine vorherige Abmahnung ist in der Regel entbehrlich.[106] Es gelten jedoch die zivilrechtlichen »Generalklauseln« der §§ 134, 138 und 242 BGB. Verlangt wird beispielsweise »**ein Mindestmaß an sozialer Rücksichtnahme«,** anderenfalls ist die Kündigung treuwidrig iSv § 242 BGB.[107] Hierbei geht es allein darum, **willkürliche oder auf sachfremden Motiven beruhende Kündigungen** zu verhindern (»Missbrauchskontrolle«). Der Willkürvorwurf entfällt, wenn ein irgendwie einleuchtender Grund für die Rechtsausübung vorliegt, zB wenn zwischen den Arbeitgebern eines Kindermädchens und diesem Uneinigkeit über Erziehungsfragen besteht.[108]

---

100 Palandt/*Weidenkaff* BGB Vorb v. § 620 Rn. 62 ff.
101 BAG NZA 2014, 725.
102 BAG NZA 2006, 429.
103 BAG NZA 2014, 1038.
104 BAG NZA 2013, 726.
105 BAG NZA 1990, 977.
106 BAG NZA 2009, 1260.
107 Palandt/*Weidenkaff* BGB Vorb v. § 620 Rn. 49.
108 BAG NZA 2020, 171.

68　Ein Verstoß gegen **§ 138 BGB** liegt vor, wenn eine Kündigung »**dem Anstandsgefühl aller billig und gerecht Denkenden widerspricht**«. Aus dem verfolgten Ziel, den eingesetzten Mitteln oder der zutage tretenden Gesinnung muss sich eine »besondere Verwerflichkeit« ergeben.[109] Dies soll nach der Rechtsprechung zB der Fall sein, wenn ein Arbeitgeber im Einstellungsgespräch nicht nur nach laufenden, sondern auch **nach eingestellten Ermittlungsverfahren fragt** und später kündigt, weil der Arbeitnehmer eingestellte Ermittlungsverfahren verschwiegen hat. In der zu weitgehenden Frage – eingestellte Ermittlungsverfahren braucht man nicht offenbaren – und der anschließenden Kündigung soll ein **Verstoß gegen das informationelle Selbstbestimmungsrecht des Arbeitnehmers** (Art. 2 I GG iVm Art. 1 I GG) liegen.[110]

69　Auch das **Maßregelungsverbot (§ 612a BGB)** hat sich bereits als klausurrelevant erwiesen. Hier muss man wissen, dass der Arbeitnehmer für die »Maßregelung« darlegungs- und beweisbelastet ist.

> **Klausurtipp:** Eine **ordentliche Kündigung**, die einen Arbeitnehmer, auf den das Kündigungsschutzgesetz (noch) keine Anwendung findet, **aus einem der in § 1 AGG genannten Gründe (zB wegen des Alters) diskriminiert**, ist nach **§ 134 BGB iVm § 7 I AGG, §§ 1, 3 AGG unwirksam.**[111] § 2 IV AGG steht dem nicht entgegen. Eine **symptomlose HIV-Infektion** hat eine Behinderung im Sinne des Allgemeinen Gleichbehandlungsgesetzes zur Folge. Das gilt so lange, wie das gegenwärtig auf eine solche Infektion zurückzuführende soziale Vermeidungsverhalten sowie die darauf beruhenden Stigmatisierungen andauern.[112] Auch eine **anhaltende Adipositas** ist eine Behinderung, wenn sie dazu führt, dass der betroffene Arbeitnehmer an der vollen, wirksamen und gleichberechtigten Teilhabe am Berufsleben gehindert ist, und zwar aufgrund eingeschränkter Mobilität oder dem Auftreten von Krankheitsbildern, die ihn an der Verrichtung seiner Arbeit hindern oder zu einer Beeinträchtigung der Ausübung seiner beruflichen Tätigkeit führen.[113]

c) Die soziale Rechtfertigung der Kündigung (Kündigungsgründe)

70　§ 1 II KSchG unterscheidet personenbedingte, verhaltensbedingte und betriebsbedingte Kündigungsgründe:

71　**Personenbedingte Kündigungsgründe** sind solche, die auf persönlichen Eigenschaften und Fähigkeiten des Arbeitnehmers beruhen. Das Arbeitsverhältnis kann personenbedingt gekündigt werden, wenn der Arbeitnehmer nicht (mehr) die erforderliche Eignung oder Fähigkeit besitzt, um die geschuldete Arbeitsleistung zu erbringen.[114] Dies ist zB der Fall, wenn der Arbeitnehmer eine langjährige Haftstrafe zu verbüßen hat[115] oder wenn ein Berufskraftfahrer seine Fahrerlaubnis oder ein Pilot seine Fluglizenz verliert.[116]

72　Auch die **ausreichende Kenntnis der deutschen (Schrift-)Sprache** kann eine wesentliche Anforderung an die persönliche Eignung eines Arbeitnehmers sein.[117] In diesem Fall ist in der Klausur dazustellen, dass eine Kündigung sozialwidrig sein kann, wenn sie gegen die Diskriminierungsverbote des AGG verstößt. Die scheinbar entgegenstehende Regelung des § 2 IV AGG wird dahingehend ausgelegt, dass die **Diskriminierungsverbote »Konkretisierungen des Begriffs der Sozialwidrigkeit«** darstellen.[118] Dies gilt natürlich nur, wenn das KSchG Anwendung findet, denn anderenfalls kommt es auf die Sozialwidrigkeit der Kündigung nicht an. **Außerhalb des KSchG ist die gegen Diskriminierungsverbote verstoßende Kündigung gem. § 134 BGB unwirksam (→ Rn. 69).**

---

109 BAG NZA 2020, 171.
110 BAG NZA 2013, 429.
111 BAG NZA 2015, 1380.
112 BAG NZA 2014, 372.
113 EuGH NZA 2015, 33.
114 BAG NZA 2007, 680.
115 BAG NZA 2013, 1211.
116 BAG NZA 1996, 819.
117 BAG NZA 2010, 625.
118 BAG NZA-RR 2014, 185.

Ausnahmsweise kann auch **außerdienstliches Verhalten** eine personenbedingte Kündigung   **73** rechtfertigen. Im öffentlichen Dienst kann sich ein Eignungsmangel aus begründeten Zweifeln an der Verfassungstreue des Arbeitnehmers (NPD-Mitgliedschaft) ergeben. Der Arbeitnehmer schuldet jedoch nur diejenige **politische Loyalität,** die für die funktionsgerechte Amtsausübung **unverzichtbar** ist. Entscheidend sind seine Stellung und seine Aufgaben.[119] Die **Wahrnehmung hoheitlicher Aufgaben in der öffentlichen Verwaltung** erfordert eine jederzeit integre und gewissenhafte Ausübung der Tätigkeit. Außerdienstliches strafbares Verhalten (zB Drogenhandel) vermag die Besorgnis zu begründen, der Arbeitnehmer könne auch im dienstlichen Zusammenhang mit den gesetzlichen Vorgaben in Konflikt geraten. Dadurch wird das erforderliche Vertrauen der Bürger in die Gesetzmäßigkeit der Verwaltung erschüttert.[120] Auch wer Aufrufe zum gewaltsamen Umsturz (»Volk steh auf, kämpf dich frei!«) verbreitet macht deutlich, dass er das erforderliche Mindestmaß an Verfassungstreue nicht aufbringt.[121]

Ein typischer Fall der personenbedingten Kündigung ist – in der Klausur wie in der Praxis –   **74** die sog. **krankheitsbedingte Kündigung,** wobei nicht die Krankheit als solche der Kündigungsgrund ist, sondern die aus ihr resultierende Störung des Arbeitsverhältnisses. Üblicherweise wird zwischen häufigen Kurzerkrankungen, langanhaltenden Erkrankungen und dauerhafter Arbeitsunfähigkeit unterschieden. **In allen genannten Fällen ist die Wirksamkeit der Kündigung in drei Stufen zu prüfen:**[122]

Zunächst ist eine **negative Prognose** hinsichtlich des voraussichtlichen Gesundheitszustan-   **75** des des Arbeitnehmers erforderlich **(1. Stufe).** Diese Prognose stützt sich in der Regel auf den Umfang der bisherigen Krankheitszeiten. Dabei ist jedoch zu beachten, dass nur solche Erkrankungen eine negative Gesundheitsprognose stützen können, bei denen eine **Wiederholungsgefahr** besteht (zB chronische Erkrankungen oder solche, die immer wieder auftreten). Einmalige, ausgeheilte Erkrankungen begründen hingegen keine negative Prognose! Bei **Alkoholabhängigkeit** des Arbeitnehmers kommt es für die Prognose entscheidend darauf an, ob der Arbeitnehmer **bereit** ist, sich einer **Entziehungsbehandlung** zu unterziehen. Lehnt er dies ab, so ist die Prognose negativ, weil eine Alkoholabhängigkeit nicht von selbst »ausheilt«.[123]

Anschließend ist festzustellen, ob die nach der Prognose zu erwartenden Fehlzeiten des Ar-   **76** beitnehmers zu einer **erheblichen Beeinträchtigung der betrieblichen Interessen** (Störungen im Betriebsablauf oder wirtschaftliche Belastungen) führen **(2. Stufe).** Bei häufigen Kurzerkrankungen geht es in der Regel um die Frage, ob aufgrund der prognostizierten Fehlzeiten auch in Zukunft damit zu rechnen ist, dass der Arbeitgeber **mehr als sechs Wochen Entgeltfortzahlung im Jahr** wird leisten müssen. Mehr als sechs Wochen Entgeltfortzahlung pro Arbeitnehmer und Jahr sollen dem Arbeitgeber grundsätzlich nicht zugemutet werden (vgl. § 3 I EFZG). Bei lang andauernden Erkrankungen und bei dauerhafter Arbeitsunfähigkeit besteht die erhebliche Beeinträchtigung betrieblicher Interessen regelmäßig nicht in übermäßigen Entgeltfortzahlungskosten, sondern darin, dass der Arbeitgeber **auf unabsehbare Zeit oder sogar dauerhaft gehindert ist, sein Direktionsrecht auszuüben.**[124] Als »unabsehbar« ist ein Zeitraum von **mehr als 24 Monaten** anzusehen.[125] Bei krankheitsbedingter dauernder Leistungsunfähigkeit ist in aller Regel ohne Weiteres von einer erheblichen Beeinträchtigung der betrieblichen Interessen auszugehen.[126] Bei **Alkoholabhängigkeit** des Arbeitnehmers kann sich diese auch aus **eigen- und fremdgefährdendem Verhalten** ergeben, insbesondere wenn der Arbeitnehmer mangels Fähigkeit zur Alkoholabstinenz die im Betrieb geltenden Unfallverhütungsvorschriften nicht vollständig einhält.[127]

---

119 BAG NZA-RR 2012, 43.
120 BAG NZA 2014, 1197.
121 BAG ZTR 2013, 261.
122 BAG NZA 1993, 497.
123 BAG NZA 2014, 602.
124 BAG NZA 1993, 497.
125 BAG NZA 2011, 686.
126 BAG NZA 2007, 1041.
127 BAG NZA 2014, 602.

77 Schließlich ist im Rahmen der **Interessenabwägung** zu prüfen, ob die erheblichen betrieblichen Beeinträchtigungen zu einer billigerweise nicht mehr hinzunehmenden Belastung des Arbeitgebers führen **(3. Stufe).** Im Rahmen dieser Interessenabwägung sind insbesondere das **Ausmaß** der betrieblichen Beeinträchtigung (Betriebsablaufstörungen/Entgeltfortzahlungskosten), etwaige betriebliche **Ursachen** für die häufigen Erkrankungen (extreme Arbeitsbedingungen), **Dauer und ungestörter Bestand** des Arbeitsverhältnisses, das **Lebensalter** und die **Unterhaltspflichten** des Arbeitnehmers sowie eine etwaige **Schwerbehinderung** zu berücksichtigen. Außerdem ist die **Verhältnismäßigkeit** der Kündigung zu prüfen, dh, es ist zu prüfen, ob anstelle der Kündigung (ultima ratio) mildere Mittel in Betracht kommen.

78 Beruft sich der Arbeitgeber auf Betriebsablaufstörungen, ist zu erwägen, ob anstelle der Kündigung sog. **Überbrückungsmaßnahmen** (Einstellen einer Ersatzkraft, Beschäftigung von Leiharbeitnehmern, Umsetzung von Arbeitskollegen, Anordnung von Überstunden) in Betracht kommen und ob diese, auch unter Berücksichtigung etwaiger Mehrkosten, dem Arbeitgeber zumutbar sind. In allen Fällen ist zu prüfen, ob eine leidensgerechte Anpassung des Arbeitsplatzes oder ein Einsatz auf einem **anderen, leidensgerechten Arbeitsplatz** geeignet sind, die prognostizierten Fehlzeiten zu vermeiden bzw. zu reduzieren. Bei der Frage nach einem anderen, leidensgerechten Arbeitsplatz sind nur freie Arbeitsplätze zu berücksichtigen, also solche, die entweder unbesetzt sind oder die der Arbeitgeber durch eine Umorganisation des Personaleinsatzes freimachen kann. Die »Freikündigung« eines Arbeitsplatzes ist nicht erforderlich,[128] ebenso wenig die Beschäftigung auf einem höher bewerteten Arbeitsplatz (»kein Anspruch auf Beförderung«).[129]

79 Schließlich spielt das **Betriebliche Eingliederungsmanagement (BEM) gem. § 167 II SGB IX** eine entscheidende Rolle. Nach ständiger Rechtsprechung ist die Durchführung des BEM **keine formelle Wirksamkeitsvoraussetzung** für eine krankheitsbedingte Kündigung. § 167 II SGB IX **konkretisiert jedoch den Verhältnismäßigkeitsgrundsatz.** Mithilfe eines BEM können mildere Mittel als die Beendigung des Arbeitsverhältnisses, wie zB die Umgestaltung des Arbeitsplatzes oder die Weiterbeschäftigung zu geänderten Arbeitsbedingungen auf einem anderen, gegebenenfalls durch Umsetzungen »freizumachenden« Arbeitsplatz, erkannt und entwickelt werden. Nur wenn auch die Durchführung des BEM keine positiven Ergebnisse hätte zeitigen können, ist sein Fehlen unschädlich. Um darzutun, dass die Kündigung dem Verhältnismäßigkeitsgrundsatz genügt und ihm keine milderen Mittel zur Überwindung der krankheitsbedingten Störung des Arbeitsverhältnisses als die Kündigung offenstanden, **muss der Arbeitgeber die objektive Nutzlosigkeit des BEM darlegen.**[130]

80 **Verhaltensbedingte Kündigungsgründe** sind schuldhafte Verletzungen arbeitsvertraglicher Pflichten. Anders als bei der personenbedingten Kündigung muss die Störung des Arbeitsverhältnisses dem Arbeitnehmer **vorwerfbar** sein. Diese Unterscheidung ist besonders klausurrelevant, wenn es um eine Kündigung wegen eines **Verstoßes gegen ein Alkoholverbot am Arbeitsplatz** geht. Wenn der Arbeitnehmer in einem Maße alkoholabhängig ist, dass er sein Trinkverhalten nicht mehr steuern kann, kommt eine personenbedingte Kündigung in Betracht,[131] anderenfalls eine verhaltensbedingte. **Weigert sich ein Arbeitnehmer aus religiösen Gründen, bestimmte Tätigkeiten auszuführen (Ein- und Ausräumen alkoholischer Produkte)**, so liegt wegen der mittelbaren Wirkung von Art. 4 I GG und der gebotenen verfassungskonformen Auslegung von § 106 I GewO **keine vorwerfbare Arbeitsverweigerung** vor, wenn der Arbeitgeber hierauf bei der Ausübung des Direktionsrechts keine Rücksicht nimmt. Es kommt daher keine verhaltensbedingte, sondern eine personenbedingte Kündigung in Betracht.[132] Eine verhaltensbedingte Kündigung liegt hingegen vor, wenn der Arbeitnehmer nicht unter angemessener Ausschöpfung seiner persönlichen Leistungsfähigkeit arbeitet (**»Minderleistung«/»low performance«**). Für die Feststellung einer vorwerfbaren Schlecht-/Minderleistung gilt: **»Der Arbeitnehmer muss tun, was er soll, und zwar so gut, wie er**

---

128 BAG NZA 1997, 709.
129 BAG NZA 2007, 1041.
130 BAG NZA 2018, 162.
131 BAG DB 2013, 882.
132 BAG NZA 2011, 1087.

kann.« Die Leistungspflicht orientiert sich also nicht an der Durchschnittsleistung anderer Arbeitnehmer, sondern an seiner individuellen Leistungsfähigkeit.[133]

Im Übrigen gelten zum Kündigungsgrund die oben gemachten Ausführungen zum »wichtigen Grund« iSv § 626 BGB entsprechend. Mit anderen Worten: **Sachverhalte, die an sich geeignet sind, eine außerordentliche Kündigung zu rechtfertigen, sind erst recht geeignet, eine ordentliche, verhaltensbedingte Kündigung zu rechtfertigen.** Anders als bei der außerordentlichen Kündigung iSv § 626 BGB muss der Kündigungsgrund bei der verhaltensbedingten Kündigung nach § 1 KSchG jedoch nicht so schwerwiegend sein, dass dem Arbeitgeber die Einhaltung der ordentlichen Kündigungsfrist nicht zugemutet werden kann. Das heißt, auch weniger gravierende Pflichtverletzungen (zB wiederholte Unpünktlichkeit) können zur Rechtfertigung der Kündigung ausreichen. Auch einfache »Schlampigkeit« kann kündigungsrelevant werden, wenn der Arbeitnehmer versucht, diese durch die **Manipulation von Akten** zu kaschieren, um den Arbeitgeber zu täuschen.[134] Dasselbe gilt für eine **schuldhafte Verletzung der sich aus § 5 I EFZG ergebenden (Neben-)Pflicht** zur unverzüglichen Anzeige einer Arbeitsunfähigkeit bzw. deren Fortdauer.[135] Stützt der Arbeitgeber die Kündigung darauf, dass der Arbeitnehmer **gegen Weisungen verstoßen** habe, so ist zu beachten, dass nach geänderter Rechtsprechung des BAG unbillige Weisungen (vgl. § 315 I BGB – »nach billigem Ermessen«) unverbindlich sind.[136] Ferner ist zu bedenken, dass das **Weisungsrecht (Direktionsrecht) ruht, solange der Arbeitnehmer krankgeschrieben ist.** Er kann daher grundsätzlich auch nicht wirksam angewiesen werden, zu einem Personalgespräch im Betrieb zu erscheinen.[137]

Auch bei der ordentlichen verhaltensbedingten Kündigung ist eine umfassende **Interessenabwägung** vorzunehmen. Die bei der Interessenabwägung zu berücksichtigenden Umstände sind dieselben wie bei der außerordentlichen Kündigung (→ Rn. 60). Es gelten, wie bei allen Kündigungen, das Ultima-ratio-Prinzip und der Verhältnismäßigkeitsgrundsatz (Umsetzung, Abmahnung oder Änderungskündigung als milderes Mittel?).

81

82

> **Klausurtipp:** Lesen Sie die Kündigungserklärung sorgfältig durch! Häufig wird das Arbeitsverhältnis **»fristlos, hilfsweise fristgemäß zum nächstmöglichen Termin«** gekündigt. In dieser Erklärung stecken zwei Kündigungen, nämlich eine außerordentliche und eine ordentliche Kündigung. Einer Umdeutung bedarf es in diesem Fall nicht! **Prüfen Sie zunächst die außerordentliche Kündigung und, wenn diese unwirksam ist, anschließend die ordentliche Kündigung!** Denken Sie daran, dass § 626 BGB für alle Arbeitsverhältnisse gilt, § 1 KSchG hingegen nur, wenn die sechsmonatige Wartezeit erfüllt ist und hinsichtlich der Zahl der Beschäftigten der »Schwellenwert« des § 23 KSchG überschritten ist. Beachten Sie außerdem, dass der **Betriebsrat**, sofern vorhanden, in einem solchen Fall gem. § 102 BetrVG grundsätzlich sowohl zur außerordentlichen als auch zur ordentlichen Kündigung angehört worden sein muss!

Betriebsbedingte Kündigungsgründe (»dringende betriebliche Erfordernisse«) sind Umstände, aufgrund derer der Bedarf an der Arbeitskraft eines Arbeitnehmers entfallen ist bzw. bis zum Ablauf der Kündigungsfrist entfallen wird (»Wegfall des Beschäftigungsbedürfnisses«). **Typische Fälle sind Betriebsschließungen sowie Umstrukturierungen und Rationalisierungsmaßnahmen.** Ein Sonderfall ist die Kündigung eines Arbeitnehmers, zu dessen Entlassung der Arbeitgeber gem. § 104 BetrVG (**»Entfernung betriebsstörender Arbeitnehmer«**) auf Antrag des Betriebsrates gerichtlich verpflichtet worden ist.[138] Kein betriebsbedingter Grund ist gem. § 613a IV BGB der Betriebsübergang, also der Wechsel des Betriebsinhabers, weil durch den Betriebsübergang als solchen keine Beschäftigungsmöglichkeit wegfällt.

83

---

133 BAG NZA 2008, 693; Palandt/*Weidenkaff* BGB § 611 Rn. 26.
134 BAG NZA 2014, 965.
135 BAG NZA 2020, 1022.
136 BAG NZA 2017, 1452.
137 BAG NZA 2016, 183.
138 BAG NZA 2017, 985.

84 In allen Fällen liegt dem Wegfall des Beschäftigungsbedürfnisses eine sog. **Unternehmerentscheidung** zugrunde. Sogenannte außerbetriebliche Gründe (Wegfall von Kunden, Verlust von Aufträgen, Absatzrückgang etc.) rechtfertigen für sich genommen regelmäßig keine betriebsbedingte Kündigung, sondern sind nur der Anlass für eine Unternehmerentscheidung. Da die Organisation des Betriebs Sache des Arbeitgebers ist, ist **die Unternehmerentscheidung nicht auf ihre sachliche Rechtfertigung oder ihre Zweckmäßigkeit zu überprüfen, sondern nur darauf, ob sie offenbar unvernünftig oder willkürlich ist.** Mit anderen Worten: Es ist nicht Sache des Arbeitsgerichts, dem Arbeitgeber vorzuschreiben, wie er seinen Betrieb zu führen, welche Produktionsmethoden er anzuwenden und wie viele Arbeitnehmer er zu beschäftigen hat. Selbst einen gut gehenden Betrieb kann der Arbeitgeber, wenn er will, umstrukturieren, rationalisieren, verkleinern oder gar schließen, solange diese Entscheidung nicht offensichtlich willkürlich oder unvernünftig ist. Für eine beschlossene und tatsächlich durchgeführte unternehmerische Organisationsentscheidung spricht die Vermutung, dass sie aus sachlichen Gründen erfolgt ist und nicht auf Rechtsmissbrauch beruht.[139] **Zu prüfen ist daher regelmäßig allein, ob eine Unternehmerentscheidung tatsächlich vorliegt und ob durch ihre Umsetzung das Beschäftigungsbedürfnis für einzelne Arbeitnehmer entfallen ist.**

85 Um **missbräuchliche Kündigungen einzelner, unliebsamer Arbeitnehmer** zu verhindern (anders als bei der personen- und der verhaltensbedingten Kündigung schafft sich der Arbeitgeber seinen betriebsbedingten Kündigungsgrund durch die Unternehmerentscheidung selbst) muss der Arbeitgeber in den Fällen, in denen seine Unternehmerentscheidung und sein Kündigungsentschluss praktisch deckungsgleich sind (**»Personalabbauentscheidungen«**), im Prozess allerdings konkrete Angaben dazu machen, wie sich seine Organisationsentscheidung auf die Einsatzmöglichkeiten der Arbeitnehmer auswirkt. Wenn der Betrieb stillgelegt werden soll, bereitet diese Darlegung kaum Schwierigkeiten, es reicht der Hinweis, dass alle Arbeitnehmer fristgemäß gekündigt wurden. Bei Umstrukturierungs- und Rationalisierungsentscheidungen muss der Arbeitgeber hingegen im Einzelnen erläutern, in welchem Umfang und aufgrund welcher Maßnahmen die bisher von den betroffenen Arbeitnehmern ausgeübten Tätigkeiten zukünftig entfallen. Außerdem muss er die Auswirkungen seiner Unternehmerentscheidung auf die zukünftige Arbeitsmenge anhand einer schlüssigen Prognose konkret darstellen und angeben, wie die anfallenden Arbeiten vom verbliebenen Personal ohne überobligationsmäßige Leistungen (vor allem Überstunden) erledigt werden können.[140]

86 Die **Umsetzung der Unternehmerentscheidung** muss bei Zugang der Kündigung bereits **»greifbare Formen« angenommen** haben. Dies ist der Fall, wenn im Zeitpunkt des Ausspruchs der Kündigung aufgrund einer vernünftigen, betriebswirtschaftlichen Betrachtung davon auszugehen ist, bei Ablauf der Kündigungsfrist sei mit einiger Sicherheit der Eintritt eines die Entlassung erforderlich machenden betrieblichen Grundes gegeben.[141] Das BAG spricht insoweit von einer **»abschließenden Willensbildung«**.[142] Solange der Arbeitgeber eine Maßnahme (zB Betriebsschließung) hingegen lediglich erwägt, sich aber noch nicht unbedingt und endgültig entschlossen hat und auch dementsprechend ergebnisoffen agiert (zB durch die Teilnahme an weiteren Ausschreibungen, das Werben neuer Kunden oder Verhandlungen über den Verkauf des Betriebs), liegt eine **unwirksame »Vorratskündigung«** vor.[143]

87 **Auch die betriebsbedingte Kündigung ist ultima ratio und muss verhältnismäßig (»dringend« iSv § 1 II KSchG) sein.** Sie ist daher ausgeschlossen, wenn die Möglichkeit besteht, den Arbeitnehmer **im Inland** – nicht in einem im Ausland gelegenen Betrieb des Unternehmens[144] – auf einem anderen freien Arbeitsplatz im Unternehmen (gegebenenfalls auch zu schlechteren Arbeitsbedingungen) **weiter zu beschäftigen** und der Arbeitnehmer über die hierfür erforderlichen Fähigkeiten und Kenntnisse verfügt. Erforderlichenfalls muss dem Arbeitnehmer eine **Einarbeitungszeit** gewährt und eine **zumutbare Umschulungs- oder Fortbildungs-**

---

139 BAG NZA 2011, 1248.
140 BAG NZA 2011, 505.
141 BAG NZA 2006, 207.
142 BAG NZA 2015, 101.
143 BAG NZA 2002, 1205.
144 BAG NZA 2014, 730.

maßnahme angeboten werden. Die Stellen eines internen Qualifizierungs- und Vermittlungscenters, die **ausschließlich der Qualifikation und der Vermittlung** von Arbeitnehmern an andere Unternehmen dienen, sind **keine freien Arbeitsplätze** iSv § 1 II KSchG. Der Arbeitgeber ist kündigungsrechtlich nicht verpflichtet, dem Arbeitnehmer eine dieser Stellen zur Vermeidung einer Beendigung des Arbeitsverhältnisses im Wege der Änderungskündigung anzubieten.[145]

Neben der Verhältnismäßigkeitsprüfung findet bei der betriebsbedingten Kündigung in aller **88** Regel keine weitere Interessenabwägung statt. Wenn feststeht, dass das Beschäftigungsbedürfnis entfallen ist und kein milderes Mittel als die Kündigung in Betracht kommt, steht auch fest, dass das Beendigungsinteresse des Arbeitgebers das Bestandsinteresse des Arbeitnehmers überwiegt. An die Stelle der Interessenabwägung tritt **die Sozialauswahl gem. § 1 III KSchG.** Bei dieser geht es **nicht mehr** um die Frage, **ob** jemand gekündigt wird, **sondern** um die Frage, **wer** zu kündigen ist, wenn mehrere Arbeitnehmer für die Kündigung in Betracht kommen. Zu kündigen ist grundsätzlich der sozial stärkste Arbeitnehmer, also derjenige, der aufgrund seiner Sozialdaten am wenigsten auf seinen Arbeitsplatz angewiesen ist. Dabei hat der Arbeitgeber **ausschließlich (abschließende Aufzählung)**[146] **die Dauer der Betriebszugehörigkeit, das Lebensalter, die Unterhaltspflichten und die Schwerbehinderung** der zur Auswahl stehenden Arbeitnehmer ausreichend zu berücksichtigen.

Die Berücksichtigung des Lebensalters verstößt nicht gegen das Verbot der Altersdiskriminie- **89** rung gem. § 7 AGG, weil sie gem. § 10 AGG gerechtfertigt ist. Auch die **Bildung sog. Altersgruppen** mit dem Ziel, eine »Vergreisung« der Belegschaft zu verhindern und eine »altersgemischte« Belegschaft zu erhalten, ist ein legitimes Ziel iSv § 10 AGG.[147] Bei der **Gewichtung der Sozialkriterien** kommt dem Arbeitgeber ein **Wertungsspielraum** zu. Die Auswahlentscheidung muss nur vertretbar sein und nicht unbedingt der Entscheidung entsprechen, die das Gericht getroffen hätte, wenn es eigenverantwortlich soziale Erwägungen hätte anstellen müssen. Daher können **nur deutlich schutzwürdigere Arbeitnehmer** mit Erfolg die Fehlerhaftigkeit der sozialen Auswahl rügen.[148] Wenn (wegen einer Betriebsstilllegung) allen Arbeitnehmern gekündigt wird, kommt eine Sozialauswahl nicht in Betracht.[149]

Die Sozialauswahl nach § 1 III KSchG erstreckt sich auf den **gesamten Betrieb** (nicht nur auf **90** die unmittelbar betroffene Abteilung) und nur auf Arbeitnehmer, die **vergleichbar** sind. Die Vergleichbarkeit der Arbeitnehmer setzt voraus, dass die vom Arbeitsplatzwegfall betroffenen Arbeitnehmer auf einem weiterhin vorhandenen Arbeitsplatz tatsächlich und rechtlich einsetzbar sind. Daher können in die Sozialauswahl nur solche Arbeitnehmer einbezogen werden, deren Aufgabenbereiche miteinander vergleichbar sind **(tatsächliche Einsetzbarkeit).** Entscheidend ist, ob derjenige Arbeitnehmer, dessen Arbeitsplatz wegfällt, aufgrund seiner beruflichen Qualifikation und seiner beruflichen Erfahrung in der Lage ist, die andersartige, aber gleichwertige (vergleichbare) Arbeit – gegebenenfalls nach einer kurzen Einarbeitungszeit – auszuüben. Außerdem muss der Arbeitgeber in der Lage sein, den Arbeitnehmer, dessen Arbeitsplatz wegfällt, nach den arbeitsvertraglichen Vorgaben kraft Direktionsrecht auf den in Betracht kommenden anderen Arbeitsplatz umzusetzen bzw. zu **versetzen (rechtliche Einsetzbarkeit).** Schließlich können nur Arbeitnehmer auf derselben Ebene der Betriebshierarchie in die Sozialauswahl einbezogen werden **(horizontale Vergleichbarkeit).**[150]

5. Die Änderungskündigung gem. § 2 KSchG

Die Änderungskündigung ist ein **aus zwei Willenserklärungen zusammengesetztes Rechts-** **91** **geschäft.** Zur (ordentlichen oder außerordentlichen) Kündigungserklärung kommt als zweites Element ein Angebot auf Fortsetzung des Arbeitsverhältnisses zu geänderten Arbeitsbedingungen hinzu.[151] Dieses Angebot muss eindeutig bestimmt bzw. bestimmbar sein, dh,

---

145 BAG NZA 2014, 1200.
146 BAG NZA 2008, 33.
147 BAG NZA 2009, 361; 2012, 1044.
148 BAG NZA 2008, 33.
149 BAG NZA 2006, 1096.
150 BAG NZA 2005, 1302.
151 Palandt/*Weidenkaff* BGB Vorb v. § 620 Rn. 40.

der gekündigte Arbeitnehmer muss erkennen können, welche (wesentlichen) Arbeitsbedingungen künftig gelten sollen. Anderenfalls ist die Änderungskündigung unwirksam. Das Schriftformerfordernis (§ 623 BGB) gilt auch für das Änderungsangebot. Dabei ist ausreichend, wenn der Inhalt des Änderungsangebots im Kündigungsschreiben hinreichenden Ausdruck gefunden hat (»Andeutungstheorie«).[152] **Die Prüfung einer Änderungskündigung erfolgt dementsprechend in zwei Schritten.**

92 Im **ersten Schritt** ist zu prüfen, ob für die Vertragsänderung ein Grund in der Person oder dem Verhalten des Arbeitnehmers liegt oder ob dringende betriebliche Erfordernisse das Änderungsangebot nach § 1 II KSchG bedingen.

93 Liegt ein solcher Kündigungsgrund vor, ist im **zweiten Schritt** zu prüfen, ob der Arbeitgeber sich darauf beschränkt hat, nur solche Änderungen vorzuschlagen, die der Arbeitnehmer »billigerweise« hinnehmen muss (Verhältnismäßigkeitsprüfung). Dies ist der Fall, wenn die geänderten Arbeitsbedingungen im Hinblick auf den Kündigungsgrund geeignet sowie erforderlich sind und sich **nicht weiter vom bisherigen Inhalt des Arbeitsverhältnisses entfernen,** als dies zur Erreichung des mit der Änderungskündigung angestrebten Ziels **erforderlich** ist.[153]

94 Die besondere Bedeutung der Änderungskündigung liegt darin, dass eine »normale« außerordentliche oder ordentliche Kündigung (im Folgenden zur Klarstellung Beendigungskündigung genannt) nicht als ultima ratio geboten und deshalb sozial ungerechtfertigt ist, wenn der zu kündigende Arbeitnehmer an einem anderen freien Arbeitsplatz in demselben Betrieb oder in einem anderen Betrieb des Unternehmens zu veränderten Arbeitsbedingungen weiterbeschäftigt werden kann. Anstelle der Beendigungskündigung ist dann eine entsprechende Änderungskündigung auszusprechen (**»Vorrang der Änderungskündigung«**). Etwas anderes gilt nur in »Extremfällen«, in denen das Angebot aufgrund des damit verbundenen beruflichen Abstiegs beleidigenden Charakter gehabt hätte (Angebot einer Pförtnerstelle an den bisherigen Personalchef). Grundsätzlich ist es Sache des Arbeitnehmers, zu entscheiden, ob er eine Weiterbeschäftigung unter erheblich verschlechterten Arbeitsbedingungen für zumutbar hält oder nicht. Er mag aus bestimmten Gründen (lange Bindung an den Arbeitgeber, die Region, den örtlichen Bekanntenkreis, sein familiäres Umfeld) selbst erhebliche finanzielle Einbußen hinzunehmen bereit sein. **Auch wenn der Arbeitnehmer das entsprechende Änderungsangebot vor Ausspruch der Kündigung bereits abgelehnt hat, ist es ihm im Wege der Änderungskündigung erneut zu unterbreiten.** Nur wenn er bei der Ablehnung des Änderungsangebots unmissverständlich zu erkennen gibt, dass er unter gar keinen Umständen – auch nicht unter dem Vorbehalt der sozialen Rechtfertigung – bereit ist, zu den geänderten Arbeitsbedingungen zu arbeiten, kann der Arbeitgeber eine Beendigungskündigung aussprechen.[154]

95 **Bei der Änderungskündigung hat der Arbeitnehmer vier Reaktionsmöglichkeiten.** Er kann, wie bei der »normalen« Kündigung auch, untätig bleiben mit der Folge, dass die Kündigung nach Ablauf von drei Wochen als wirksam gilt (§§ 4, 7 KSchG) oder das Änderungsangebot vorbehaltlos annehmen mit der Folge, dass das Arbeitsverhältnis zu geänderten Bedingungen fortbesteht. Diese beiden Optionen sind naturgemäß kaum klausurrelevant. Außerdem kann er alles auf eine Karte setzen, indem er das Änderungsangebot ausdrücklich oder konkludent ablehnt und Kündigungsschutzklage erhebt. Wenn die Kündigung sozial gerechtfertigt ist, beendet sie das Arbeitsverhältnis und die Kündigungsschutzklage wird abgewiesen. Schließlich – und das ist **die klausurrelevante Konstellation** – kann er auf Nummer sicher gehen und **das Angebot** innerhalb der Kündigungsfrist, spätestens jedoch innerhalb von drei Wochen nach Zugang der Kündigung, **unter dem Vorbehalt annehmen,** dass die Änderung der Arbeitsbedingungen nicht sozial ungerechtfertigt ist und ebenfalls innerhalb von drei Wochen (§ 4 KSchG) **»Änderungsschutzklage« erheben** mit dem Antrag, **»festzustellen, dass die Änderung der Arbeitsbedingungen durch die Änderungskündigung**

---

152 BAG NZA 2010, 333.
153 BAG NZA 2011, 460.
154 BAG NZA 2005, 1294.

des Beklagten vom ... rechtsunwirksam ist«.[155] In diesem Fall kommt ein Änderungsvertrag zustande, der unter der auflösenden Bedingung steht, dass die Sozialwidrigkeit der Änderungsbedingungen rechtskräftig festgestellt wird (§ 8 KSchG). **Eine Beendigung des Arbeitsverhältnisses durch die Kündigung ist in diesem Fall ausgeschlossen, die Frage ist nur noch, zu welchen Bedingungen es fortbesteht!**

> **Klausurtipp:** Keine Angst vor der Änderungskündigung – auch wenn sie auf den ersten Blick »exotisch« erscheint. Wichtig für Ihre Examensklausur ist, dass Sie deren Bedeutung als »milderes Mittel« gegenüber der Beendigungskündigung und die Besonderheit der Vorbehaltsannahme bei gleichzeitiger Änderungsschutzklage verstanden haben. Zur Vertiefung lesen Sie bei Bedarf BAG NZA 2011, 460! Wenn Sie in einer **Anwaltsklausur** einen Arbeitnehmer vertreten, der eine Änderungskündigung erhalten hat, sollten Sie in der Regel die Variante **Vorbehaltsannahme und Änderungsschutzklage** wählen, weil sich Ihr Mandant auf diese Weise gegen die Änderung wehren kann, ohne den Verlust seines Arbeitsplatzes befürchten zu müssen. Wenn die Klage Erfolg hat, muss der Arbeitgeber etwaige Vergütungsdifferenzen nachzahlen. Einziger Nachteil: §§ 9 und 12 KSchG finden keine Anwendung, weil die Beendigung des Arbeitsverhältnisses nicht in Rede steht.

II. Wirksamkeit sonstiger Beendigungstatbestände

Weitere klausurrelevante Beendigungstatbestände – neben Kündigungen – sind die Anfechtung und die Befristung des Arbeitsvertrags sowie der Aufhebungsvertrag. **96**

1. Die Anfechtung des Arbeitsvertrags

Für die Anfechtung von Willenserklärungen, die auf den Abschluss eines Arbeitsvertrags gerichtet sind, gelten die §§ 119 ff. BGB. Während es für die Wirksamkeit von Kündigungen auf die Verhältnisse bei deren Zugang ankommt, sind für die Anfechtung die Verhältnisse bei Abschluss des Arbeitsvertrags maßgebend. **Wenn das Arbeitsverhältnis bereits in Vollzug gesetzt wurde, wirkt die Anfechtung – ausnahmsweise – nur für die Zukunft (ex nunc), weil eine Rückabwicklung der gegenseitigen Leistungen als unpraktikabel angesehen wird.**[156] In diesem Fall spricht man von einem faktischen bzw. fehlerhaften Arbeitsverhältnis. Anderenfalls wirkt die Anfechtung – wie gewohnt – rückwirkend (*ex tunc*). **97**

Von Bedeutung ist insbesondere die **Anfechtung wegen arglistiger Täuschung gem. § 123 BGB.** Zur Anfechtung nach § 123 BGB berechtigt lediglich die wahrheitswidrige Beantwortung einer in zulässiger Weise gestellten Frage; eine solche setzt ein **berechtigtes, billigenswertes und schutzwürdiges Interesse an der Beantwortung** voraus. Fehlt es hieran, ist die wahrheitswidrige Beantwortung nicht rechtswidrig,[157] es gibt also ein »**Recht auf Lüge**«. Die **Frage nach einer bestehenden Schwangerschaft** wird wegen Verstoßes gegen § 7 AGG ganz überwiegend für **unzulässig** gehalten, unabhängig davon, ob ein befristeter oder ein unbefristeter Arbeitsvertrag geschlossen werden soll.[158] Ob dies für die **Frage nach einer Schwerbehinderung** in gleicher Weise gilt, ist umstritten. Das Bundesarbeitsgericht ist früher davon ausgegangen, dass die Frage nach einer Schwerbehinderung im Rahmen der Vertragsanbahnung (Einstellungsgespräch) zulässig ist[159] und hat dies zuletzt ausdrücklich offengelassen. In der Literatur wird sie **überwiegend für grundsätzlich unzulässig** gehalten.[160] In jedem Fall muss der durch die Falschbeantwortung der Frage hervorgerufene Irrtum für den Abschluss des Arbeitsvertrags ursächlich gewesen sein, dh, **die Einstellung hätte bei richtiger Antwort unterbleiben müssen.** Hieran fehlt es, wenn ein Arbeitnehmer die Frage nach einer Schwerbehinderung unzutreffend verneint und der Arbeitgeber im Prozess vorträgt, er hätte den Arbeitsvertrag auch geschlossen, wenn die Frage richtig beantwortet worden wäre, sei aber über die Ehrlichkeit des Arbeitnehmers getäuscht worden.[161] **Fragen nach Religion, Welt-** **98**

---

155 MHdB ArbR/*Rachor* § 130 Rn. 3 ff.
156 BAG BeckRS 1955, 102209 = AP BGB § 123 Nr. 14; Palandt/*Weidenkaff* BGB § 611 Rn. 9.
157 BAG NZA 2003, 848; Palandt/*Weidenkaff* BGB § 611 Rn. 9.
158 Palandt/*Weidenkaff* BGB § 611 Rn. 6.
159 BAG NZA 2001, 315; aA Palandt/*Weidenkaff* BGB § 611 Rn. 6 mwN.
160 ErfK/*Preis* BGB § 611a Rn. 274a.
161 BAG NZA 2012, 34.

anschauung und sexueller Identität dürften in der Regel schon wegen des Fehlens eines berechtigten Interesses an ihrer Beantwortung unzulässig sein, die Frage nach einer **Gewerk-schaftszugehörigkeit** wird allgemein für unzulässig gehalten. Fragen nach dem **Gesundheits-zustand und Vorerkrankungen** sind nur zu beantworten, soweit hieran ein berechtigtes Interesse des Arbeitgebers besteht.[162] Informationen zu **Vorstrafen** darf der Arbeitgeber beim Arbeitnehmer bei der Anbahnung des Arbeitsverhältnisses einholen, wenn und soweit die Art des zu besetzenden Arbeitsplatzes dies »erfordert«, dh bei objektiver Betrachtung berechtigt erscheinen lässt. Auch die Frage nach noch **laufenden Straf- oder Ermittlungsverfahren** kann – je nach den Umständen – zulässig sein.[163] Die **pauschale Frage nach Vorstrafen und Strafverfahren aller Art** (auch eingestellten) geht hingegen über das schutzwürdige Informa-tionsinteresse des Arbeitgebers hinaus und gibt dem Arbeitnehmer ein »Recht auf Lüge«.[164]

> **Klausurtipp: Die Anfechtung wegen arglistiger Täuschung ist ein Dauerbrenner**, nicht zuletzt deshalb, weil sie Ihnen in der Klausur viel Raum zum Argumentieren lässt. Nutzen Sie diesen Raum, um Punkte zu sammeln. Auch wenn viele Fragen nicht abschließend geklärt sind, geht die **Tendenz** doch dahin, das **Fragerecht** des Arbeitgebers zur Vermeidung von Diskriminierungen oder sonstigen Benachteiligungen **einzuschränken**. Orientieren Sie sich zB an den Grundrechten (Religions-, Wel-tanschauungs- und Koalitionsfreiheit, Recht auf informationelle Selbstbestimmung), am AGG, an § 618 BGB, § 53 BZRG und § 26 BDSG. **Denken und argumentieren Sie auch hier klausurtak-tisch:** Wenn die Anfechtung durchgreift, ist das Arbeitsverhältnis beendet. Auf weitere Beendi-gungstatbestände (Kündigungen, Befristungen) kommt es nicht mehr an. Überlegen Sie immer, ob dieses Ergebnis »gewollt« sein kann oder ob Sie sich weitere Klausurschwerpunkte abschneiden und dadurch Punkte verschenken!

2. Die Befristung des Arbeitsvertrags

99   Die Wirksamkeit der Befristung eines Arbeitsvertrags richtet sich nach §§ 14 ff. TzBfG. Hin-tergrund dieser Regelungen ist, **dass befristete Arbeitsverhältnisse nach dem Willen des Gesetzgebers die Ausnahme sein sollen.** Die Geltung der §§ 14 ff. TzBfG setzt anders als das KSchG weder eine Wartezeit noch eine bestimmte Betriebsgröße voraus.[165]

a) Die formelle Wirksamkeit der Befristung

100   Die Befristung des Arbeitsvertrags (nicht der Arbeitsvertrag selbst!) bedarf der Schriftform (§ 14 IV TzBfG iVm § 126 BGB). Daraus folgt, dass **ein unbefristetes Arbeitsverhältnis entsteht, wenn die Schriftform nicht eingehalten wird,** weil die Befristungsabrede nichtig ist (§ 125 BGB). Diese – an sich simple – Logik lässt das Herz des Prüfungsamtes regelmäßig höherschlagen, weil hier eine Vielzahl von Klausurproblemen konstruiert werden kann. Fol-gendes sollten Sie wissen:

101   **Vereinbaren die Parteien vor Vertragsbeginn zunächst nur mündlich die Befristung** des Arbeitsvertrags und halten sie die mündlich getroffene Befristungsabrede in einem nach Ver-tragsbeginn unterzeichneten Arbeitsvertrag schriftlich fest, ist die zunächst **mündlich verein-barte Befristung nichtig** (§ 14 IV TzBfG, § 125 BGB). Dieser Mangel kann durch eine späte-re schriftliche Niederlegung nicht geheilt werden, § 141 II BGB findet keine Anwendung.[166] Eine nachträgliche Befristung des Arbeitsverhältnisses ist zwar theoretisch möglich, scheitert aber in der Regel daran, dass die Parteien nur das zuvor mündlich Vereinbarte schriftlich festhalten und keine eigenständige rechtsgestaltende Regelung treffen wollen.

102   Etwas anderes gilt, wenn die Parteien vor Vertragsbeginn und vor Unterzeichnung des schriftlichen Arbeitsvertrags **mündlich keine Befristung** vereinbart haben oder wenn sie eine **mündliche Befristungsabrede** getroffen haben, die **inhaltlich mit der in dem später unter-zeichneten schriftlichen Arbeitsvertrag enthaltenen Befristung nicht übereinstimmt.** In diesen Fällen wird in dem schriftlichen Arbeitsvertrag nicht lediglich eine zuvor vereinbarte

---

162 ErfK/*Preis* BGB § 611a Rn. 282.
163 BAG NZA 2014, 1131.
164 BAG NZA 2013, 1087.
165 Palandt/*Weidenkaff* BGB § 620 Rn. 11.
166 BAG NZA 2005, 923.

mündliche Befristung schriftlich niedergelegt, sondern eine davon abweichende und damit eigenständige Befristungsabrede getroffen, durch die das zunächst bei Vertragsbeginn unbefristet entstandene Arbeitsverhältnis nachträglich befristet wird. Die Wirksamkeit der Befristung hängt dann von ihrer materiellen Rechtmäßigkeit ab, wobei das Problem regelmäßig darin besteht, dass aufgrund des mündlich geschlossenen Arbeitsvertrags eine »sachgrundlose« Befristung (§ 14 II TzBfG) nicht mehr möglich ist (→ Rn. 112 f.).

Händigt der Arbeitgeber dem Arbeitnehmer einen **nicht unterschriebenen Arbeitsvertrag** 103 aus, so stellt dies kein Angebot des Beklagten auf Abschluss eines befristeten Arbeitsvertrags dar, sondern lediglich eine **Aufforderung zur Abgabe eines Vertragsangebots** (sog. *invitatio ad offerendum*), denn ohne Unterschrift kann nicht von einem endgültigen Bindungswillen ausgegangen werden. In diesem Fall macht der Arbeitnehmer dem Arbeitgeber ein Angebot iSv § 145 BGB, indem er den unterschriebenen Arbeitsvertrag zurückreicht. Dieses Angebot kann der Arbeitgeber annehmen, indem er ebenfalls unterschreibt. Auf diese Weise entsteht ein wirksam befristeter Arbeitsvertrag. Er kann jedoch auch – für das Prüfungsamt ungleich interessanter – **das Angebot des Arbeitnehmers konkludent annehmen, indem er dem Arbeitnehmer einen Arbeitsplatz zur Verfügung stellt und dessen Arbeitsleistung annimmt.** Damit besteht ein wirksamer Arbeitsvertrag, der unbefristet ist, weil die **Schriftform von § 14 IV TzBfG nicht eingehalten** ist. Der Mangel der Schriftform kann auch nicht dadurch geheilt werden, dass dem Arbeitnehmer **nach** Arbeitsaufnahme die unterzeichnete Vertragsurkunde des Arbeitgebers zugeht, denn zu diesem Zeitpunkt ist der Arbeitsvertrag ja bereits abgeschlossen.[167]

Wiederum anders ist die Rechtslage, wenn **der Arbeitgeber den Abschluss eines befristeten** 104 **Arbeitsvertrags erkennbar von der Wahrung der Schriftform abhängig gemacht hat.** Dies kann ausdrücklich oder auch konkludent geschehen, zB indem er dem Arbeitnehmer ein von ihm bereits unterschriebenes Vertragsformular mit der Bitte um Unterzeichnung übersendet. Der Arbeitnehmer kann in diesen und anderen Fällen, in denen der Abschluss des befristeten Arbeitsvertrags nach den Vertragsumständen von der Einhaltung des Schriftformerfordernisses abhängen soll, ein ihm vorliegendes schriftliches Vertragsangebot des Arbeitgebers nicht durch die Arbeitsaufnahme konkludent, sondern nur durch eine die Form des § 126 II BGB wahrende Unterzeichnung der Vertragsurkunde annehmen. Nimmt der Arbeitnehmer vor dieser Unterzeichnung die Arbeit auf, besteht zwischen den Parteien kein unbefristetes, sondern nur ein »faktisches« Arbeitsverhältnis, weil es an der Abgabe der zum Vertragsschluss erforderlichen übereinstimmenden Willenserklärungen fehlt. **Der Arbeitnehmer soll sich durch »geschicktes« Agieren bei Abschluss des Arbeitsvertrags kein unbefristetes Arbeitsverhältnis »erschleichen« können,** zB indem er erstmal ein paar Stunden oder Tage arbeitet, bevor er den ihm bereits vorliegenden Arbeitsvertrag unterschreibt. Auch in diesem Fall hängt die Wirksamkeit der Befristung von ihrer materiellen Rechtmäßigkeit ab. Weil hier, anders als im vorstehenden Fall, kein vorangegangener mündlicher Arbeitsvertrag vorliegt, bleibt eine »sachgrundlose« Befristung möglich.[168]

b) Die materielle Wirksamkeit der Befristung

In materieller Hinsicht sind die **»Sachgrundbefristung«** (§ 14 I TzBfG) und **die »sachgrund-** 105 **lose Befristung«** (§ 14 II BGB) zu unterscheiden. Auf die Privilegierung junger Unternehmen (§ 14 IIa TzBfG) und die »Altersbefristung« (§ 14 III TzBfG) soll hier – mangels Examensrelevanz – nicht eingegangen werden.

Die **»Sachgrundbefristung«** des § 14 I TzBfG ist gewissermaßen der **Regelfall** des Ausnah- 106 mefalls. Mit anderen Worten: wenn schon befristet, dann grundsätzlich nur mit Sachgrund. **Fehlt es an einem Sachgrund** (und liegen die Voraussetzungen für eine sachgrundlose Befristung gem. § 14 II TzBfG nicht vor), so entsteht ein wirksames, **unbefristetes Arbeitsverhältnis.** Die Aufzählung der »Sachgründe« ist nicht abschließend (»insbesondere«), unerwähnte Sachgründe müssen aber ein ähnliches Gewicht haben wie die normierten.

---

167 BAG NZA 2017, 638.
168 BAG NZA 2008, 1184.

107 **Von besonderer Examensrelevanz ist die Befristung wegen vorübergehenden Arbeitskräftebedarfs (§ 14 I Nr. 1 TzBfG).** Sie setzt voraus, dass bei Vertragsschluss aufgrund einer fundierten Prognose mit hinreichender Sicherheit zu erwarten ist, dass nach dem vorgesehenen Vertragsende für die Beschäftigung des befristet eingestellten Arbeitnehmers in dem Betrieb kein (dauerhafter) Bedarf mehr besteht. **Kein Sachgrund in diesem Sinne ist die regelmäßig gegebene Unsicherheit über die künftige Entwicklung des Arbeitskräftebedarfs eines Unternehmens.**[169] Diese gehört zum unternehmerischen Risiko des Arbeitgebers, das er nicht durch Abschluss eines befristeten Arbeitsvertrags auf den Arbeitnehmer abwälzen kann.[170] Dies gilt auch für öffentliche Arbeitgeber wie zB Landkreise, die von einer sog. Experimentierklausel Gebrauch machen und probeweise Aufgaben von anderen Verwaltungsträgern übernehmen **(sog. Optionskommunenentscheidung).**[171] Auch die **Übertragung von Daueraufgaben,** die vom Stammpersonal wegen einer von vornherein unzureichenden Personalausstattung nicht erledigt werden können, ist kein vorübergehender Arbeitskräftebedarf.[172]

108 Der vor allem in größeren Betrieben und Verwaltungen immer wieder auftretende Bedarf an Vertretungskräften wegen Schwangerschaft, Elternzeit, Krankheit etc. kann grundsätzlich den Abschluss einer Vielzahl aufeinanderfolgender befristeter Arbeitsverträge (**»Kettenbefristungen«**) gem. § 14 I Nr. 3 TzBfG rechtfertigen.[173] **Unproblematisch zulässig** sind Vertretungsbefristungen, solange das Arbeitsverhältnis nicht die Gesamtdauer von sechs Jahren überschreitet und zudem nicht mehr als neun Vertragsverlängerungen vereinbart wurden, es sei denn, die Gesamtdauer übersteigt acht Jahre oder es wurden mehr als zwölf Vertragsverlängerungen vereinbart. Überschreitet die Gesamtdauer des befristeten Arbeitsverhältnisses acht Jahre oder wurden mehr als zwölf Verlängerungen des befristeten Arbeitsvertrags vereinbart, hängt es von weiteren, zunächst **vom Kläger vorzutragenden Umständen** ab, ob ein Rechtsmissbrauch anzunehmen ist. Gleiches gilt, wenn die Gesamtdauer des befristeten Arbeitsverhältnisses sechs Jahre überschreitet und mehr als neun Vertragsverlängerungen vereinbart wurden. **Von einem indizierten Rechtsmissbrauch ist in der Regel auszugehen,** wenn die Gesamtdauer des Arbeitsverhältnisses zehn Jahre überschreitet oder mehr als 15 Vertragsverlängerungen vereinbart wurden oder wenn mehr als zwölf Vertragsverlängerungen bei einer Gesamtdauer von mehr als acht Jahren vorliegen. In einem solchen Fall hat allerdings der Arbeitgeber die Möglichkeit, die Annahme des indizierten Gestaltungsmissbrauchs durch den Vortrag besonderer Umstände zu entkräften.[174]

109 Ebenfalls zulässig ist die Befristung von Arbeitsverträgen bei **Profi-Fußballern**[175] und **Schauspielern**[176] unter dem Aspekt der **»Eigenart der Arbeitsleistung«** gem. § 14 I Nr. 4 TzBfG.

110 Eine typische **»personenbedingte«** Befristung (§ 14 I Nr. 6 TzBfG) ist die sog. **Altersgrenzenregelung,** nach der ein Arbeitsverhältnis endet, wenn der Arbeitnehmer das 65. Lebensjahr vollendet hat. Obwohl sie zu einer unmittelbaren Benachteiligung wegen des Alters führt, ist sie gem. § 10 S. 3 Nr. 5 AGG **zulässig.**[177]

111 Auf die **»Haushaltsbefristung«** (§ 14 I Nr. 7 TzBfG) kann sich ein Arbeitgeber, der sich seinen Haushaltsplan selbst gibt, mangels **»Fremdbestimmtheit«** nicht berufen, weil er sich anderenfalls nach Belieben Befristungsmöglichkeiten schaffen könnte, was eine Schlechterstellung von Arbeitnehmern im öffentlichen Dienst (zB Bundesagentur für Arbeit) gegenüber Arbeitnehmer in der privaten Wirtschaft bedeuten würde.[178]

112 Die **»sachgrundlose Befristung«** (§ 14 II TzBfG) zeichnet sich vor allem durch das Verbot der **»Zuvor-Beschäftigung«** aus. Zwischen den Arbeitsvertragsparteien darf vor Abschluss

---

169 Palandt/*Weidenkaff* BGB § 620 Rn. 18.
170 BAG BeckRS 2008, 53844 = AP TzBfG § 14 Nr. 45.
171 BAG NZA 2014, 150.
172 BAG NZA 2010, 633.
173 EuGH NJW 2012, 989 (Kücük ./. Land Nordrhein-Westfalen).
174 BAG NZA 2017, 1600.
175 BAG NZA 2018, 703.
176 BAG NZA 2018, 229.
177 BAG NZA 2011, 586.
178 BAG NZA 2011, 911.

eines sachgrundlos befristeten Vertrages kein Arbeitsverhältnis bestanden haben. Berufsausbildungs-, Beamten- und Heimarbeitsverhältnisse sind keine »Zuvor-Beschäftigungen«.[179] Die Rechtsprechung, der zufolge eine frühere Beschäftigung des Arbeitnehmers bei demselben Arbeitgeber einer sachgrundlosen Befristung nicht entgegen steht, wenn die »Zuvor-Beschäftigung« mehr als drei Jahre zurückliegt, hat das BVerfG für **verfassungswidrig** erklärt[180] und das BAG aufgegeben.[181] Es gilt mithin: Sachgrundlose Befristungen sind grundsätzlich nur bei der erstmaligen Einstellung zulässig. In **Ausnahmefällen** (zB sehr lange zurückliegende Beschäftigung oder nur geringfügige Nebenbeschäftigung während der Schul-, Studien- oder Ausbildungszeit) ist jedoch eine **verfassungskonforme Auslegung bzw. Einschränkung** dahingehend geboten, dass das Vorbeschäftigungsverbot nicht gilt. Daher kann **nach Ablauf von 22 Jahren** seit der Beendigung eines Arbeitsverhältnisses bei der erneuten Einstellung des Arbeitnehmers bei demselben Arbeitgeber in der Regel eine Befristung ohne Sachgrund vereinbart werden.[182] Ein **zeitlicher Abstand von neun Jahren**[183] **bzw. 15 Jahren**[184] **reicht hingegen nicht** aus.

Die sachgrundlose Befristung kann **bis zur Dauer von zwei Jahren dreimal verlängert** werden. Eine Verlängerung setzt begrifflich voraus, dass sie vor Ablauf des zu verlängernden Vertrages erfolgt, denn anderenfalls handelt es sich um einen Neuabschluss der – ohne Sachgrund – gegen das Verbot der »Zuvor-Beschäftigung« verstößt. Ein solcher Neuabschluss liegt grundsätzlich auch vor, wenn das Arbeitsverhältnis verkürzt[185] oder nicht nur verlängert, sondern gleichzeitig auch inhaltlich geändert wird, zB durch Erhöhung des Arbeitsentgelts.[186] Wird das sog. **Anschlussverbot rechtsmissbräuchlich umgangen**, indem der Form halber **mit einem »neuen« (anderen) Vertragsarbeitgeber** ein weiterer sachgrundlos befristeter Arbeitsvertrag geschlossen wird, entsteht mit diesem – und nicht etwa mit dem »alten« (vorherigen) Arbeitgeber – **ein unbefristeter Arbeitsvertrag.**[187]

c) Die Befristungskontrollklage gem. § 17 TzBfG

Die Befristungskontrollklage ist **weitgehend der Kündigungsschutzklage gem. § 4 KSchG nachgebildet,** die §§ 5–7 KSchG (Fiktion der Wirksamkeit bei nicht rechtzeitiger Klageerhebung) gelten entsprechend. Anders als im Kündigungsschutzfall muss der Arbeitnehmer die **dreiwöchige Klagefrist** des § 17 TzBfG jedoch auch dann wahren, wenn er sich gegen die Wirksamkeit der Befristung mit der Begründung wehrt, die **Schriftform des § 14 IV TzBfG sei nicht eingehalten.**[188] Bei mehreren aufeinander folgenden befristeten Arbeitsverträgen ist **regelmäßig nur die Befristung des letzten Arbeitsvertrags** auf ihre Rechtfertigung zu prüfen,[189] denn in aller Regel wird nur hinsichtlich der letzten, nicht aber hinsichtlich früherer Befristungen die Klagefrist gewahrt sein, sodass die früheren Befristungen als wirksam fingiert werden. Im Übrigen stellen die Parteien ihr Arbeitsverhältnis durch den Abschluss eines weiteren befristeten Arbeitsvertrags auf eine neue Rechtsgrundlage, die künftig für ihre Rechtsbeziehungen allein maßgebend ist. Damit wird zugleich ein etwaiges unbefristetes Arbeitsverhältnis aufgehoben. Etwas anderes kann gelten, wenn die Parteien vor dem Hintergrund eines bereits laufenden Befristungskontrollrechtsstreits eine weitere Befristung vereinbaren. Diese soll regelmäßig nur gelten, wenn nicht – wegen der Unwirksamkeit der angegriffenen Befristung – bereits ein unbefristetes Arbeitsverhältnis besteht.[190]

Die Befristungskontrollklage kann nur der Arbeitnehmer erheben. Eine **allgemeine Feststellungsklage des Arbeitgebers** (»Es wird festgestellt, dass das zwischen den Parteien bestehende

113

114

115

---

179 BAG BeckRS 2016, 104505.
180 BVerfG NZA 2018, 774.
181 BAG NZA 2019, 700.
182 BAG NZA 2020, 40.
183 BAG NZA 2019, 1563.
184 BAG NZA 2019, 1271.
185 BAG NZA 2017, 634.
186 BAG NZA 2018, 999; Palandt/*Weidenkaff* BGB § 620 Rn. 31.
187 BAG NZA 2013, 1214.
188 BAG NZA 2011, 1178.
189 BAG NZA 2011, 34.
190 BAG NZA 2005, 401.

Beschäftigungsverhältnis mit Ablauf des 30. Juni 2020 geendet hat.«) ist **nur zulässig, wenn streitig ist, ob eine Befristung vereinbart worden ist.** Ist hingegen die **Wirksamkeit einer Befristung im Streit,** so kann nur der Arbeitnehmer nach § 17 TzBfG eine gerichtliche Klärung herbeiführen. Eine hierauf gerichtete allgemeine Feststellungsklage des Arbeitgebers ist unzulässig.[191]

> **Klausurtipp:** Die Befristung ist nicht zuletzt deshalb examensträchtig, weil sie sich elegant mit anderen Beendigungstatbeständen, vor allem Kündigungen, kombinieren lässt, um zu prüfen, ob Sie die **Systematik und das Ineinandergreifen von Kündigungs- und Befristungsschutz** beherrschen. So wird in einer **Anwaltsklausur** erwartet, dass Sie einem Mandanten raten, die Frist des § 17 TzBfG auszuschöpfen, wenn das KSchG keine Anwendung findet, weil er mit einer Kündigung (gegen die er sich nicht erfolgreich wehren kann) rechnen muss, sobald dem Arbeitgeber die Befristungskontrollklage zugestellt wird. Den üblichen Zweckmäßigkeitserwägungen (OB, WER, WEN, WIE, WO)[192] ist also ein WANN hinzuzufügen!

3. Der Aufhebungsvertrag

116 In einigen Klausuren geht es um die Wirksamkeit eines Aufhebungsvertrages. Hier ist zunächst die **Schriftform gem. § 623 BGB** zu beachten. Außerdem sollten Sie wissen, dass der Aufhebungsvertrag als solcher, anders als Nebenabreden wie Ausgleichsklauseln und Klageverzichtserklärung, **keiner Angemessenheitskontrolle** gem. § 307 I 1 BGB unterliegt[193] (keine Abweichung von Rechtsvorschriften iSv § 307 III BGB, **Beendigung ist »kontrollfreie Hauptleistung«**). Typischerweise wird das Prüfungsamt den Arbeitnehmer den Aufhebungsvertrag daher **gem. § 123 BGB anfechten** lassen mit der Begründung, der Arbeitgeber habe ihm widerrechtlich mit einer Kündigung gedroht. **Widerrechtlich** ist diese Drohung nur, **wenn ein verständiger Arbeitgeber eine Kündigung nicht in Betracht gezogen hätte.**[194] Es ist also inzidenter, die Wirksamkeit der angedrohten Kündigung zu prüfen.

117 Der **Widerruf** eines in der **Privatwohnung** eines Arbeitnehmers abgeschlossenen Aufhebungsvertrages gem. §§ 312, 312g, 355 BGB **kommt nicht in Betracht.** Er kann jedoch unwirksam sein, falls er unter **Missachtung des »Gebots fairen Verhandelns«** zustande gekommen ist, weil der Arbeitgeber eine »psychische Drucksituation« geschaffen oder ausgenutzt hat.[195]

118 **Rückwirkende oder rückdatierte** Aufhebungsverträge, die dazu dienen, den Sozialversicherungsträger zu täuschen, um sozialrechtliche Leistungen zu erhalten oder sozialrechtliche Lasten zu vermeiden, sind **sittenwidrig** (§ 138 BGB). Gemäß § 139 BGB ist durch Auslegung zu ermitteln, ob damit der gesamte Aufhebungsvertrag nichtig ist oder nur seine Rückbeziehung.

119 Kommt es auf Veranlassung des Arbeitgebers zur Vermeidung einer betriebsbedingten Kündigung zum Abschluss eines Aufhebungsvertrags, ist dieser Vertrag nach den Regeln über den **Wegfall der Geschäftsgrundlage** (§ 313 BGB) anzupassen, wenn sich in der Zeit zwischen dem Abschluss des Aufhebungsvertrags und dem vereinbarten Vertragsende unvorhergesehen eine Weiterbeschäftigungsmöglichkeit für den Arbeitnehmer ergibt. Die Vertragsanpassung kann dabei auch in einer **Wiedereinstellung** liegen.[196]

B. Leistungs- und Gestaltungsanträge

120 Die Prüfung von Beendigungstatbeständen stellt regelmäßig den Schwerpunkt der Klausur dar. Allerdings »garniert« das Prüfungsamt die Klausur oft mit weiteren, nachfolgend in alphabetischer Reihenfolge dargestellten Problemen:

---

191 BAG NZA 2017, 803.
192 *Kaiser/Kaiser/Kaiser* Anwaltsklausur ZivilR Rn. 16 ff.
193 BAG NZA 2011, 1338; Palandt/*Weidenkaff* BGB Vorb v. § 620 Rn. 6.
194 LAG Berlin-Brandenburg NZA-RR 2015, 402; Palandt/*Weidenkaff* BGB Vorb v. § 620 Rn. 7.
195 BAG NZA 2019, 688.
196 BAG NZA 2008, 1148

I. Annahmeverzug

Nach § 615 BGB bzw. § 11 KSchG behält der Arbeitnehmer seinen Anspruch auf Arbeitsent- **121** gelt aus § 611 I BGB, wenn er nicht arbeiten kann, weil sich der Arbeitgeber mit der Annahme der Arbeitsleistung in Verzug befindet. **Zur Nachholung der ausgefallenen Arbeit ist der Arbeitnehmer nicht verpflichtet.** Die Voraussetzungen des Annahmeverzuges regeln die §§ 293 ff. BGB.

Grundsätzlich kommt der Arbeitgeber nur in Verzug, wenn ihm der leistungsfähige und leis- **122** tungsbereite Arbeitnehmer (leistungsunwillig ist zB derjenige, der sich an einem Streik beteiligt[197]) seine **Arbeitskraft in eigener Person, zur rechten Zeit, am rechten Ort und in der rechten Weise anbietet (§ 294 BGB),** dh wenn sich der Arbeitnehmer pünktlich zu seinem Arbeitsplatz begibt und versucht, zu arbeiten.[198] Ist der Arbeitnehmer hingegen **außerstande, die geschuldete Leistung zu erbringen** (aufgrund einer Erkrankung, eines gesetzlichen Beschäftigungsverbots oder dem Fehlen einer erforderlichen Erlaubnis), so tritt gem. § 297 BGB **kein Annahmeverzug** ein.[199]

Streiten die Parteien über das Bestehen eines Arbeitsverhältnisses (zB infolge einer Befristung, **123** eines Aufhebungsvertrages oder einer Eigenkündigung durch den Arbeitnehmer), so genügt **gem. § 295 BGB ein wörtliches Angebot** des Arbeitnehmers, weil der Arbeitgeber mit der Berufung auf das Ende des Arbeitsverhältnisses erklärt, er werde keine weitere Arbeitsleistung mehr annehmen. Auch wenn die Parteien lediglich über den Zeitpunkt der Beendigung eines Arbeitsverhältnisses streiten (zB bei falsch berechneter Kündigungsfrist), ist § 295 BGB anwendbar.[200] Das wörtliche Angebot kann ausdrücklich erklärt werden, aber auch darin liegen, dass der Arbeitnehmer gegen die Beendigung des Arbeitsverhältnisses protestiert und/oder eine Bestandsschutzklage einreicht. Bietet ein Arbeitnehmer an, **aufgrund gesundheitlicher Einschränkungen zukünftig entweder in Früh- oder Spätschichten, nicht aber in Nachtschichten** zu arbeiten, so handelt es sich um ein **ordnungsgemäßes Angebot** iSv § 295 BGB.[201] Das Ansinnen des Arbeitnehmers, im Rahmen eines **Wiedereingliederungsverhältnisses (§ 74 SGB V)** tätig zu werden, stellt hingegen **kein Angebot der Arbeitsleistung** dar, weil die Wiedereingliederung nicht der Erbringung von Arbeitsleistung, sondern der Wiedererlangung der Arbeitsfähigkeit dient.[202]

Lediglich **für den Fall einer unwirksamen Arbeitgeberkündigung** geht die Rechtsprechung **124** des BAG von der Anwendbarkeit des § 296 BGB aus, weil der Arbeitgeber in diesem Fall eine kalendermäßig bestimmte Mitwirkungshandlung (Zurverfügungstellen eines funktionsfähigen Arbeitsplatzes und Zuweisen von Arbeit) iSv § 296 BGB nicht rechtzeitig vornimmt.[203] Mit anderen Worten: **Wenn der Arbeitgeber den Arbeitnehmer einseitig »rauswirft«, braucht der Arbeitnehmer seine Arbeitskraft weder tatsächlich (§ 294 BGB) noch wörtlich (§ 295 BGB) anzubieten, weil dies eine reine Förmelei wäre.** Erweist sich die Kündigung des Arbeitgebers als unwirksam, so befindet sich der Arbeitgeber nach Ablauf der Kündigungsfrist (bei einer außerordentlichen Kündigung bereits ab deren Zugang) gem. § 296 BGB im Annahmeverzug und muss für die Dauer des Annahmeverzuges den Lohn nachzahlen. Ist der Arbeitnehmer in diesen Fällen bei Eintritt der übrigen Annahmeverzugsvoraussetzungen arbeitsunfähig (§ 297 BGB), tritt der Annahmeverzug automatisch ein, wenn er wieder arbeitsfähig ist, ohne dass er seine Genesung dem Arbeitgeber anzeigen müsste, wenn er durch Erhebung einer Kündigungsschutzklage oder sonstigen Widerspruch gegen die Kündigung seine weitere Leistungsbereitschaft deutlich gemacht hat.[204] Hingegen kommt der Arbeitgeber ausnahmsweise **nicht in Annahmeverzug,** wenn er nach **Treu und Glauben berechtigt ist, die angebotene Arbeitsleistung abzulehnen.** Dies kann bei ungewöhnlich schweren Verstößen

---

197 BAG NZA 2012, 1432.
198 Palandt/*Weidenkaff* BGB § 615 Rn. 11.
199 BAG NZA 2016, 293.
200 BAG NZA 2013, 1076.
201 BAG NZA 2014, 719.
202 BAG NZA 2014, 1407.
203 BAG NZA 2013, 102.
204 BAG NZA 1995, 263.

und einer daraus folgenden **unmittelbaren und nachhaltigen Gefährdung strafrechtlich geschützter Interessen** der Fall sein (zB mehrjährige Untreuehandlungen des Leiters Buchhaltung/Finanzen/Personal von erheblichem wirtschaftlichem Gewicht zum Nachteil der Arbeitgeberin).[205]

125 Der Arbeitnehmer muss sich **anderweitig erzielten oder böswillig unterlassenen Zwischenverdienst anrechnen** lassen. Dies folgt aus § 615 S. 2 BGB bzw. im Anwendungsbereich des KSchG aus § 11 KSchG als *lex specialis*. Böswillig handelt der Arbeitnehmer, wenn er vorsätzlich untätig bleibt oder die Aufnahme einer zumutbaren Arbeit bewusst verhindert. Der Arbeitgeber bleibt gem. § 298 BGB im Annahmeverzug, wenn er dem Arbeitnehmer zwar anbietet, ihn wieder zu beschäftigen, aber nicht bereit ist, fällige Zahlungsansprüche des Arbeitnehmers zu erfüllen und dieser deswegen vom **Zurückbehaltungsrecht an seiner Arbeitskraft (§ 273 BGB)** Gebrauch macht. Der Arbeitnehmer handelt in diesem Fall nicht »böswillig«, weil er auf sein Zurückbehaltungsrecht nicht verzichten[206] und sich erst recht keine »beharrliche Arbeitsverweigerung« (als möglichen Kündigungsgrund, → Rn. 47, 54) vorwerfen lassen muss. Bei der Anrechnung anderweitigen Verdienstes können grundsätzlich die **zur Erzielung des anderweitigen Verdienstes erforderlichen Aufwendungen** (Erhalt einer bereits erteilten Musterberechtigung eines Piloten) von diesem **in Abzug gebracht** werden. Nicht berücksichtigungsfähig sind hingegen Aufwendungen, die die Qualifikation erhöhen, ohne dass hierfür ein Bedarf hinsichtlich der Ausübung der geschuldeten Tätigkeit bestünde (Erwerb einer weiteren Musterberechtigung).[207] Beachten Sie, dass eine etwaige **Anrechnung** vom Zwischenverdienst nicht nach Zeitabschnitten (also etwa monatsweise) erfolgt, sondern für **die gesamte Dauer des Annahmeverzuges.**[208]

126 Ein Anspruch des Arbeitnehmers auf die **Verzugsschadenpauschale gem. § 288 V BGB** wird durch § 12a I 1 ArbGG ausgeschlossen.[209]

II. Auflösungsantrag (Gestaltungsantrag)

127 Eine Auflösung des Arbeitsverhältnisses gem. § 9 KSchG setzt voraus, dass die (ordentliche) Kündigung **sozialwidrig** iSv § 1 KSchG ist. Stellt der Arbeitnehmer den Antrag, so ist das Vorliegen weiterer Unwirksamkeitsgründe (zB Verstoß gegen § 102 BetrVG) unschädlich. Dem Arbeitnehmer ist die **Fortsetzung des Arbeitsverhältnisses nicht zuzumuten,** wenn der Arbeitgeber ihn anlässlich der Kündigung oder im Kündigungsschutzprozess diskriminiert, schikaniert, beleidigt oder ihn leichtfertig strafbarer Handlungen verdächtigt.

128 Ein **Auflösungsantrag des Arbeitgebers** kann dagegen nur Erfolg haben, wenn die Kündigung ausschließlich sozialwidrig und **nicht** auch aus anderen Gründen unwirksam ist.[210] Eine **den Betriebszwecken dienliche weitere Zusammenarbeit** zwischen Arbeitgeber und Arbeitnehmer ist nicht zu erwarten, wenn die objektive Lage die Besorgnis rechtfertigt, dass die weitere gedeihliche Zusammenarbeit mit dem Arbeitnehmer gefährdet ist, zB aufgrund von Beleidigungen oder sonstigen ehrverletzenden Äußerungen oder persönlichen Angriffen des Arbeitnehmers gegen den Arbeitgeber, Vorgesetzte oder Kollegen. Auch ein **bewusst wahrheitswidriger Prozessvortrag des Arbeitnehmers** kann im Einzelfall geeignet sein, eine gerichtliche Auflösung des Arbeitsverhältnisses zu rechtfertigen.[211]

129 Allgemein sind an den Auflösungsgrund **strenge Anforderungen** zu stellen, weil **das Kündigungsschutzgesetz kein Abfindungs-, sondern ein Bestandsschutzgesetz** ist. Außerdem ist zu beachten, dass die Prozessbeteiligten, um ihre Standpunkte zu vertreten, in den Grenzen der Wahrheitspflicht auch scharfe Formulierungen und sinnfällige Schlagworte benutzen **dürfen (»bildhaft und polemisch, aber weder beleidigend noch ungehörig«).**[212] Erklärungen

---

205 BAG NZA 2014, 1082.
206 BAG NJW 1982, 121.
207 BAG NZA 2018, 1544.
208 BAG NZA 2016, 678.
209 BAG NZA 2019, 121.
210 BAG NZA 2010, 1123.
211 BAG NZA 2018, 1131.
212 BAG NJW 2010, 3798.

ihres **Prozessbevollmächtigten** muss sich die Partei **zurechnen lassen,** wenn sie sich diese zu eigen macht und sich nicht von ihnen distanziert. Zur **Höhe der Abfindung,** die im pflichtgemäßen Ermessen des Gerichts steht, lesen sie § 10 KSchG. Eine Orientierung für den »Normalfall« bietet § 1a KSchG. Relevante Gesichtspunkte des Einzelfalls sind die persönlichen Verhältnisse des Arbeitnehmers (vor allem Lebensalter, Betriebszugehörigkeit, Unterhaltsverpflichtungen, Arbeitsmarktchancen), der Grad der Sozialwidrigkeit und etwaige Persönlichkeitsrechtsverletzungen (Sanktions-/Genugtuungsfunktion).

Erweist sich eine **außerordentliche Kündigung** als unwirksam, so kann gem. § 13 I 3 KSchG **nur der Arbeitnehmer, nicht aber der Arbeitgeber** einen Auflösungsantrag stellen.[213] Eine analoge Anwendung von § 9 KSchG zur Ermöglichung eines Auflösungsantrages des Arbeitgebers kommt grundsätzlich nicht in Betracht.[214]   **130**

> **Klausurtipp:** Vergessen Sie in der Hitze des Gefechts nicht, den Auflösungsantrag im Urteil zu bescheiden und denken Sie daran, dass der Auflösungsantrag nur begründet sein kann, wenn das Arbeitsverhältnis zum Auflösungszeitpunkt (§ 9 II KSchG) noch bestanden hat, also nicht bereits anderweitig beendet war. Andernfalls kann durch das Urteil nichts mehr gestaltet (aufgelöst) werden! Und denken Sie auch daran, dass § 9 KSchG im Rahmen einer sog. Änderungsschutzklage keine Anwendung findet.[215]

III. Aufwendungsersatz

Der Arbeitnehmer hat entsprechend § 670 BGB einen Ersatzanspruch für Aufwendungen, die er den Umständen nach für erforderlich halten durfte, zB **Übernachtungskosten** bei auswärtiger Tätigkeit[216] oder die Reinigungskosten für Hygienekleidung in lebensmittelverarbeitenden Betrieben.[217] **Sachschäden** können »Aufwendungen« in diesem Sinne sein, wenn sie dem Betriebsrisiko des Arbeitgebers zuzuordnen sind, zB ein Unfallschaden bei Einsatz des privaten Pkw mit Billigung des Arbeitgebers zur Auslieferung von Waren.[218] **Vorstellungskosten,** also die Kosten für ein Vorstellungsgespräch, sind ebenfalls ersatzfähige Aufwendungen, wenn der Arbeitgeber den Arbeitnehmer zum Vorstellungsgespräch eingeladen und die Kostenübernahme nicht rechtzeitig abgelehnt hat.[219]   **131**

In entsprechender Anwendung des Auftragsrechts (§ 667 BGB) hat der Arbeitgeber Anspruch darauf, dass ihm der Arbeitnehmer alles, was dieser aus der Geschäftsbesorgung erlangt hat, herausgibt oder jedenfalls ersetzt. Dazu gehören bei Tätigkeit in einem Krematorium **Edelmetallrückstände aus der Krematoriumsasche (»Zahngoldentscheidung«).**[220] Ist ihm die Herausgabe unmöglich, weil er das Edelmetall veräußert hat, so folgt der Anspruch aus § 667 BGB analog iVm § 280 I BGB.   **132**

IV. Diskriminierung

Verstöße gegen das Allgemeine Gleichbehandlungsgesetz (AGG) können in der Arbeitsrechtsklausur zur Unwirksamkeit einer Kündigung führen. **Diskriminierende Kündigungen sind unwirksam,** denn sie verstoßen gegen § 7 AGG und damit gegen ein gesetzliches Verbot iSv § 134 BGB. Ist das KSchG anwendbar, führt der Verstoß gegen § 7 AGG dazu, dass die Kündigung sozial ungerechtfertigt ist iSv § 1 I KSchG (»Konkretisierung der Sozialwidrigkeit«).[221] Darüber hinaus kommen Ansprüche auf **Schadensersatz** (§ 15 I AGG – materieller Schaden, zB entgangener Gewinn) und **Entschädigung** (§ 15 II AGG – immaterieller Schaden wegen Persönlichkeitsrechtsverletzung, vergleichbar mit Schmerzensgeld) in Betracht.   **133**

---

213 Palandt/*Weidenkaff* BGB Vorb. v. § 620 Rn. 68.
214 BAG NZA 2011, 349.
215 BAG NZA 2014, 486.
216 BAG NZA 1996, 883.
217 BAG NZA-RR 2016, 565.
218 BAG NZA 2011, 406; Palandt/*Weidenkaff* BGB § 611 Rn. 125a.
219 Palandt/*Weidenkaff* BGB § 611 Rn. 11.
220 BAG NZA 2015, 94.
221 BAG NZA-RR 2014, 185.

134 Gemäß § 6 I 2 AGG gelten **Bewerberinnen und Bewerber,** deren Bewerbung dem Arbeitgeber zugegangen ist, bereits als »Beschäftigte«. Eine **Diskriminierung** kommt daher auch und gerade **im Bewerbungsverfahren** in Betracht! Eine **Stellenausschreibung** verstößt unmittelbar gegen das Altersdiskriminierungsverbot, wenn ein »**junger**« Bewerber[222] bzw. ein »**Young Professional**«[223] gesucht wird. Die ausdrückliche Suche nach einer »**Fachlehrerin Sport (w)**« ist eine unmittelbare Diskriminierung wegen des Geschlechts (zur Zulässigkeit gem. § 8 AGG → Rn. 136). Eine Stellenanzeige kann auch mittelbar diskriminierend sein (»frisch gebacken aus einer kaufmännischen Ausbildung«).[224] Sogenannte **AGG-Hopper versuchen, aus diskriminierenden Stellanzeigen Kapital zu schlagen,** indem sie sich mit dem alleinigen Ziel bewerben, den Status eines »Beschäftigten« iSv § 6 AGG zu erlangen und im Falle der – eingeplanten – Ablehnung ihrer Bewerbung Ansprüche auf Schadensersatz bzw. Entschädigung geltend zu machen. Der Arbeitgeber kann diesen Ansprüchen mit dem **Einwand der unzulässigen Rechtsausübung (§ 242 BGB)** entgegentreten, für den er die Darlegungs- und Beweislast trägt.[225] **Seine Rechtsprechung, der zufolge sich nur »objektiv geeignete« Bewerber in einer »vergleichbaren Situation« iSv § 3 AGG befinden, hat das BAG hingegen aufgegeben.**[226]

135 Die **Forderung nach dem Besuch von Deutschsprachkursen** stellt weder eine unmittelbare (»Deutsch kann jeder lernen«) noch eine mittelbare Diskriminierung von Ausländern dar, wenn die Forderung nach genügenden Deutschkenntnissen aufgrund der Tätigkeit des Arbeitnehmers sachlich gerechtfertigt ist (§ 3 II AGG).[227] Das **Verbot, ein Kopftuch zu tragen,** stellt keine unmittelbare Diskriminierung wegen der Religion dar (»Kopftuch kann jeder tragen!«). Eine mittelbare Diskriminierung scheidet aus, wenn das Verbot durch ein rechtmäßiges Ziel – politische und weltanschauliche Neutralität des Arbeitgebers gegenüber seinen Kunden – gerechtfertigt ist und weniger einschneidende Mittel (etwa die Versetzung auf einen Arbeitsplatz ohne Sichtkontakt zum Kunden) nicht zur Verfügung stehen.[228] Ein zumindest bedingt **vorsätzlicher Verstoß gegen das Kündigungsverbot wegen der Schwangerschaft** (§ 9 I MuSchG) kann hingegen eine Benachteiligung wegen der Schwangerschaft und damit wegen des Geschlechts indizieren und einen Entschädigungsanspruch gem. § 15 II AGG begründen.[229] Eine Diskriminierung wegen der **sexuellen Identität** liegt vor, wenn eine Person wegen ihrer **Homo-, Bi- oder Transsexualität** benachteiligt wird.[230]

136 Zu beachten sind ferner die Vorschriften über die **Zulässigkeit der unterschiedlichen Behandlung wegen beruflicher Anforderungen (§ 8 AGG), wegen der Religion oder Weltanschauung (§ 9 AGG)**[231] **und wegen des Alters (§ 10 AGG).** Diese Vorschriften sind eng auszulegen. Die **Ausschreibung einer Stelle als »Fachlehrerin Sport« ist nicht gem. § 8 AGG zulässig,** weil das Geschlecht für die berufliche Tätigkeit keine wesentliche und entscheidende berufliche Anforderung darstellt.[232] Ein **Chefarzt in einem katholischen Krankenhaus** muss sich in seiner privaten Lebensführung (Scheidung/Wiederverheiratung) nicht an die katholische Glaubens- und Sittenlehre halten, weil eine unterschiedliche Behandlung iSv § 9 AGG wegen der Religion nur zulässig ist, wenn dies im Hinblick auf die Art der beruflichen Tätigkeit oder die Umstände ihrer Ausübung eine wesentliche, rechtmäßige und gerechtfertigte Anforderung darstellt.[233] Gewährt ein Arbeitgeber **älteren Arbeitnehmern jährlich mehr Urlaubstage als den jüngeren,** kann diese unterschiedliche Behandlung wegen des Alters unter dem Gesichtspunkt des Schutzes älterer Beschäftigter nach § 10 S. 3 Nr. 1 AGG zulässig

---

222 BAG NZA 2010, 1412.
223 BAG NZA 2013, 498.
224 BAG NZA 2017, 715.
225 BAG NZA 2019, 527.
226 BAG NZA 2016, 1394.
227 BAG NZA 2011, 1226.
228 EuGH NZA 2017, 373 – Achbita ./. G4S Secure Solutions.
229 BAG NZA 2014, 722.
230 BAG NZA 2016, 888.
231 BAG NZA 2019, 455.
232 BAG NZA 2020, 707.
233 BAG NZA 2019, 901.

sein.[234] Entscheidend ist, ob die Arbeitsbedingungen einen höheren Erholungsbedarf für ältere Arbeitnehmer begründen (bejaht für Arbeit in einer Schuhfabrik) oder nicht (verneint für die Tätigkeit in einer Kurverwaltung an der Ostsee). Ein **ausschließlich an ältere Arbeitnehmer gerichtetes Angebot** auf Änderung des Arbeitsvertrags (»Konzept 60+«) stellt für diese **keine Benachteiligung** dar, wenn sie frei darüber entscheiden können, ob sie es annehmen wollen oder nicht.[235]

Von besonderer Bedeutung ist die in § 22 AGG geregelte **Darlegungs- und Beweislastverteilung:** Wenn der Kläger Indizien beweist, die eine Benachteiligung wegen eines in § 1 AGG genannten Grundes vermuten lassen, trägt der Beklagte die Beweislast dafür, dass kein Verstoß gegen die Bestimmungen zum Schutz vor Benachteiligung vorgelegen hat.[236]   **137**

Außerdem sind **die Ausschlussfristen gem. § 15 IV AGG, § 61b ArbGG** zu beachten! Die nach § 15 IV AGG erforderliche Schriftform zur Geltendmachung von Schadensersatz- und Entschädigungsansprüchen (§ 15 I und II AGG) kann auch durch eine Klage gewahrt werden. Dabei findet § 167 ZPO Anwendung, dh, es genügt der rechtzeitige Eingang der Klage bei Gericht, wenn die Klage »demnächst« zugestellt wird.[237] Wie bei der Kündigungsschutzklage führt eine Versäumung der Klagefrist nicht zur Unzulässigkeit, sondern zur Unbegründetheit der Klage!   **138**

Klausurtipp: Das AGG ist erfahrungsgemäß für viele Referendare ein »weißer Fleck auf der Landkarte.« Falls Ihnen das auch so geht, müssen Sie das schleunigst ändern, denn »**Diskriminierungsklausuren**« sind im Kommen! Auch hier erwartet das JPA nur Grundzüge, zB dass Sie die Ausschlussfristen (§15 IV AGG, § 61b ArbGG) kennen und dass Sie wissen, was eine unmittelbare und was eine mittelbare Diskriminierung ist. Eine **sorgfältige Lektüre des AGG** und ein **Durcharbeiten** der in den Fußnoten aufgeführten **Entscheidungen** sind sehr zu empfehlen und sollten für den Ernstfall ausreichen! Im **Palandt** finden Sie die Kommentierung des AGG übrigens unter »**Nebengesetze**«. Denken Sie auch noch einmal daran, dass **Kündigungen wegen Verstoßes gegen das AGG unwirksam sein können,** entweder über § 134 BGB (gesetzliches Verbot) oder – im Anwendungsbereich des KSchG – über den Begriff der Sozialwidrigkeit (»Konkretisierung«), → Rn. 72, 133.

V. Entgeltfortzahlung

Der Entgeltfortzahlungsanspruch ist in § 3 EFZG geregelt und grundsätzlich auf die Dauer von sechs Wochen beschränkt. Dies gilt auch dann, wenn während bestehender Arbeitsunfähigkeit eine neue, auf einem anderen Grundleiden beruhende Krankheit auftritt, die ebenfalls Arbeitsunfähigkeit zur Folge hat (»**Grundsatz der Einheit des Verhinderungsfalls**«).[238] Klausurrelevant ist immer wieder die Frage, ob die Arbeitsunfähigkeit vom Arbeitnehmer verschuldet ist. Schuldhaft iSv § 3 I 1 EFZG handelt der Arbeitnehmer, der gröblich gegen das von einem verständigen Menschen im eigenen Interesse zu erwartende Verhalten verstößt.[239] Leichtsinniges Verhalten reicht demnach nicht aus, erforderlich ist ein **besonders leichtsinniges oder gar vorsätzliches Verhalten.** Schuldhaft handelt der Arbeitnehmer, der in einer seine Kräfte und Fähigkeiten deutlich übersteigenden Weise **Sport** treibt (Ski-Anfänger stürzt sich eine »schwarze« Piste hinunter) oder eine »gefährliche Sportart« ausübt und sich dabei verletzt. Eine »gefährliche Sportart« ist allerdings nur dann anzunehmen, wenn das Verletzungsrisiko so groß ist, dass auch ein gut ausgebildeter Sportler bei sorgfältiger Beachtung aller Regeln dieses Risiko nicht vermeiden kann (vom BAG verneint unter anderem für Amateurboxen, Drachenfliegen und Fußball). Bei Verletzungen durch **Verkehrsunfälle** muss grobe Fahrlässigkeit oder Vorsatz vorliegen (zB stark überhöhte Geschwindigkeit, Nichtanlegen des Sicherheitsgurtes). Diese Grundsätze gelten auch dann, wenn sich der Arbeitnehmer bei einer Nebentätigkeit verletzt. Wenn der Arbeitgeber die Nebentätigkeit nicht genehmigt hat   **139**

---

234 BAG NZA 2015, 297; 2017, 339.
235 BAG BeckRS 2016, 67630.
236 BAG NZA 2020, 851.
237 BAG NZA 2014, 924.
238 BAG NZA 2020, 446.
239 BAG NZA 1987, 452.

und auch nicht hätte genehmigen müssen, weil durch die Ausübung der Nebentätigkeit eine Beeinträchtigung seiner Interessen zu erwarten war (Art. 12 I GG), kann ein Verstoß gegen § 242 BGB vorliegen, wenn der Arbeitnehmer trotz »illegaler« Nebentätigkeit Entgeltfortzahlung verlangt.[240]

140   Nachgewiesen wird die Arbeitsunfähigkeit durch Vorlage einer **ärztlichen Arbeitsunfähigkeitsbescheinigung** (§ 5 I 2 EFZG), die nach der Rechtsprechung einen **hohen Beweiswert** hat. Üblicherweise hat der Arbeitnehmer eine Arbeitsunfähigkeitsbescheinigung nur vorzulegen, wenn die Arbeitsunfähigkeit länger als drei Tage dauert (§ 5 I 2 EFZG). Jedoch **kann der Arbeitgeber ohne Angabe von Gründen schon vom ersten Tag der Erkrankung an die Vorlage einer Arbeitsunfähigkeitsbescheinigung verlangen** (»nicht gebundenes Ermessen«).[241] Auch im Ausland ausgestellte Arbeitsunfähigkeitsbescheinigungen haben diesen hohen Beweiswert, sofern sie erkennen lassen, dass der ausstellende Arzt zwischen einer bloßen Erkrankung und einer mit Arbeitsunfähigkeit verbundenen Krankheit unterschieden hat. Der Arbeitgeber, der eine ärztliche Arbeitsunfähigkeitsbescheinigung nicht gelten lassen will, muss im Rechtsstreit Umstände darlegen und beweisen, die zu ernsthaften Zweifeln an der behaupteten krankheitsbedingten Arbeitsunfähigkeit Anlass geben.[242] Die **Kosten für die Beauftragung eines Detektivs** kann der Arbeitgeber in der Regel nicht im Wege des Schadensersatzes vom Arbeitnehmer verlangen, weil der Arbeitgeber bei Zweifeln an der Arbeitsunfähigkeit verlangen kann, dass die Krankenkasse **eine gutachtliche Stellungnahme des Medizinischen Dienstes** zur Überprüfung der Arbeitsunfähigkeit einholt. Ein vernünftiger, wirtschaftlich denkender Arbeitgeber würde diese Vorgehensweise wählen, weil sie einfacher, kostengünstiger und effektiver ist als die Beauftragung eines Detektivs, die somit nicht notwendig und auch nicht erstattungsfähig ist.[243]

141   Wenn der Arbeitgeber einen Detektiv beauftragt, ohne dass der Beweiswert erschüttert ist, kann es für ihn richtig teuer werden: die Überwachung stellt in diesem Fall eine **Verletzung des allgemeinen Persönlichkeitsrechts** des Arbeitnehmers dar und löst einen **Schmerzensgeldanspruch** aus.[244]

VI. Haftung im Arbeitsverhältnis (Schadensersatz)

142   In § 619a BGB findet sich eine **Beweislastumkehr zugunsten des Arbeitnehmers.** Im Übrigen gelten für **Schadensersatzansprüche des Arbeitgebers** (zB aus §§ 280, 823 ff. BGB, §§ 7, 18 StVG) folgende Haftungsgrundsätze (»**innerbetrieblicher Schadensausgleich**«)[245]: Bei Vorsatz und grober Fahrlässigkeit hat der Arbeitnehmer den gesamten Schaden zu tragen, bei normaler Fahrlässigkeit ist der Schaden zwischen Arbeitgeber und Arbeitnehmer quotal zu verteilen, bei leichtester Fahrlässigkeit haftet der Arbeitnehmer nicht.[246] Bei der darüber hinaus gebotenen **Einzelfallabwägung** sind vor allem die Gefahrgeneigtheit der Arbeit (Höhe des Schadensrisikos), die Versicherbarkeit des Risikos durch den Arbeitgeber, die Höhe des eingetretenen Schadens, die Stellung des Arbeitnehmers im Betrieb und die Höhe des Arbeitsentgelts im Verhältnis zum Schadensrisiko sowie die persönlichen Verhältnisses des Arbeitnehmers zu berücksichtigen.[247] **Auch bei »gröbster« Fahrlässigkeit sind, je nach Lage des Einzelfalls, Haftungserleichterungen nicht ausgeschlossen** (zB Haftungsbegrenzung auf 12 Monatsgehälter).[248] **Eine allgemeine Haftungsbeschränkung auf drei Bruttomonatsverdienste des Arbeitnehmers besteht nicht.**[249]

---

240 BAG NJW 1984, 1706.
241 BAG NZA 2013, 322.
242 BAG NZA 1997, 652.
243 BAG NZA 2009, 1300.
244 BAG NZA 2015, 994.
245 Kaiser Kaiser/Kaiser/Kaiser MatZivilR Rn. 116.
246 Palandt/*Weidenkaff* BGB § 611 Rn. 157a.
247 Palandt/*Weidenkaff* BGB § 611 Rn. 157.
248 BAG NZA 2011, 345.
249 BAG DB 2013, 705.

Beachten Sie, dass der Arbeitgeber gem. § 394 BGB, §§ 850 ff. ZPO nur unter **Wahrung der** **Pfändungsfreigrenzen** mit Schadensersatzansprüchen **aufrechnen** kann.[250] Bei vorsätzlich verursachten Schäden kann nach § 242 BGB zulasten des Arbeitnehmers von § 850c abgewichen werden. Ihm muss aber ein Existenzminimum (entsprechend § 850d ZPO) verbleiben.[251]

143

Bei **Schadensersatzansprüchen des Arbeitnehmers infolge eines Arbeitsunfalls** ist zwischen Personenschäden und Sachschäden zu unterscheiden. Während der Arbeitgeber für Sachschäden nach den allgemeinen Regeln haftet, gilt für **Personenschäden** (einschließlich Schmerzensgeld) gem. § 104 SGB VII ein **weitgehender Haftungsausschluss.** Der Arbeitgeber haftet nur, wenn er den Unfall vorsätzlich[252] oder auf einem nach § 8 II Nr. 1–IV SGB VII versicherten Weg (»Wegeunfall«, dh auf dem Weg zur Arbeit und zurück) herbeiführt. Vom »Wegeunfall« ist der sog. Betriebswegeunfall zu unterscheiden, bei dem der Arbeitgeber seine Arbeitnehmer mit betriebseigenen Fahrzeugen zur Arbeit und wieder nach Hause fahren lässt (»Werksverkehr«). Weil der Betriebswegeunfall/Werksverkehr bei wertender Betrachtung nicht als private Verkehrsteilnahme, sondern als innerbetrieblicher Vorgang anzusehen ist, ist auch hier die Haftung des Arbeitgebers ausgeschlossen. Hintergrund der Privilegierung, die der Arbeitgeber durch den weitgehenden Haftungsausschluss erfährt, ist die gesetzliche Unfallversicherung, die anstelle des Arbeitgebers eintrittspflichtig ist. Begründet wird die Haftungsprivilegierung damit, dass die gesetzliche Unfallversicherung durch Beiträge der Arbeitgeber finanziert wird **(Finanzierungsargument)** und auch dazu dienen soll, Rechtsstreitigkeiten zwischen Arbeitnehmer und Arbeitgeber, durch die das Arbeitsverhältnis und der Betriebsfrieden gestört werden könnten, zu vermeiden **(Friedensargument).** Ob ein Versicherungsfall vorliegt und damit die Haftungsprivilegierung greift, entscheidet gem. § 108 SGB VII gegebenenfalls das Sozialgericht mit bindender Wirkung. Ein Arbeitsrechtsstreit ist gem. § 108 II SGB VII bis zu dieser Entscheidung auszusetzen.

144

Die vorstehenden Grundsätze gelten gem. § 105 SGB VII entsprechend für Schadensersatzansprüche eines Arbeitnehmers gegen einen anderen Arbeitnehmer. Auch hier ist die Haftung für Personenschäden ausgeschlossen, soweit nicht Vorsatz gegeben ist oder ein Wegeunfall vorliegt. Hintergrund dieser Regelung ist, dass der Arbeitnehmer, wenn er einem Kollegen gegenüber schadensersatzpflichtig ist, vom Arbeitgeber nach den allgemeinen Haftungsgrundsätzen des innerbetrieblichen Schadensausgleichs (→ Rn. 142) in analoger Anwendung von § 670 BGB in vielen Fällen ganz oder teilweise Freistellung verlangen kann, wodurch die durch die gesetzliche Unfallversicherung beabsichtigte Privilegierung des Arbeitgebers bei Personenschäden unterlaufen werden würde.[253]

145

Schädigt der Arbeitnehmer bei Ausübung seiner betrieblichen Tätigkeit einen Dritten, so haftet er diesem gegenüber uneingeschränkt. Er hat jedoch auch in analoger Anwendung von § 670 BGB insoweit einen **Freistellungsanspruch** gegen den Arbeitgeber, dessen Höhe sich nach den allgemeinen Haftungsgrundsätzen des innerbetrieblichen Schadensausgleichs bestimmt.[254]

146

> **Klausurtipp:** Die Haftung des Arbeitnehmers kommt in Examensklausuren mit einiger Regelmäßigkeit vor. Damit Sie auch hier weder Zeit noch Punkte verschenken, ist wichtig, dass Sie die **allgemeinen Haftungsgrundsätze des innerbetrieblichen Schadensausgleichs** (keine Haftung bei leichtester Fahrlässigkeit, Haftungsteilung bei normaler Fahrlässigkeit, volle Haftung bei grober Fahrlässigkeit und Vorsatz) kennen und dass Sie das **System der Haftungsprivilegierung bei Personenschäden nach §§ 104 ff. SGB VII** verstanden haben. Außerdem müssen Sie wissen, dass der Arbeitnehmer, wenn er einen Dritten schädigt oder selbst einen Sachschaden erleidet, analog zu § 670 BGB einen Aufwendungsersatzanspruch gegen seinen Arbeitgeber haben kann, der entweder auf Freistellung vom Schadensersatzanspruch des Dritten oder auf Zahlung gerichtet ist.

250 Palandt/*Weidenkaff* BGB § 611 Rn. 74.
251 BAG NZA 1997, 1108.
252 BAG NZA 2020, 745.
253 Palandt/*Weidenkaff* BGB § 611 Rn. 155.
254 Palandt/*Weidenkaff* BGB § 611 Rn. 159.

VII. Klageverzichtsvereinbarungen

147 Gelegentlich kommen in Klausuren sog. Klageverzichtsvereinbarungen vor. Dann lässt das Prüfungsamt den Arbeitnehmer zB Folgendes unterschreiben: »Hiermit bestätige ich den Erhalt der Kündigung und verzichte auf die Erhebung einer Kündigungsschutzklage.« Hierzu müssen Sie wissen, dass derartige Vereinbarungen von der Rechtsprechung in formeller Hinsicht wie Auflösungsverträge behandelt werden, wenn sie (ausnahmsweise) dazu dienen, das Arbeitsverhältnis »in Wirklichkeit im gegenseitigen Einvernehmen zu lösen«.[255] Derartige Vereinbarungen **bedürfen nach § 623 BGB der Schriftform**, müssen also nach § 126 II BGB grundsätzlich von beiden Parteien unterschrieben werden. Die Unterschrift muss den Urkundentext räumlich abschließen, Nachträge müssen erneut unterschrieben werden.[256] Wenn nur der Arbeitnehmer den Klageverzicht unterzeichnet, steht dessen Unwirksamkeit gem. § 125 BGB fest und die Klage ist zulässig.

148 Ist die Schriftform eingehalten worden oder handelt es sich nicht um eine »einvernehmliche Auflösung« (Regelfall, → Rn. 147), müssen Sie die Klageverzichtsvereinbarung unter AGB-Gesichtspunkten prüfen und erkennen, dass der **formularmäßige Verzicht** des Arbeitnehmers auf die Erhebung einer Kündigungsschutzklage **eine unangemessene Benachteiligung iSv § 307 I 1 BGB** darstellt, wenn der Arbeitnehmer für seinen Verzicht auf den eigentlich bestehenden gesetzlichen Kündigungsschutz **keine Kompensation** (etwa durch Gewährung einer verlängerten Kündigungsfrist, die Zahlung einer Abfindung oder den Verzicht des Arbeitgebers auf Rückzahlungs- oder Schadensersatzansprüche) erhält.[257] Die Kompensation muss eine **angemessene Gegenleistung** für den Verzicht des Arbeitnehmers sein. Eine **Abfindung**, die deutlich unter der in **§ 1a II KSchG** geregelten Größenordnung (0,5 Monatsverdienste für jedes Jahr des Bestehens des Arbeitsverhältnisses) liegt, dürfte in der Regel unangemessen sein. Ebenfalls unangemessen sind die Erteilung eines **Zeugnisses**, auf das der Arbeitnehmer ohnehin einen Anspruch hat,[258] und das **Nichtaussprechen einer fristlosen Kündigung**, wenn ein verständiger Arbeitgeber eine solche in der konkreten Situation ohnehin nicht ernsthaft in Erwägung ziehen durfte.[259]

VIII. Mindestlohngesetz (MiLoG)

149 Der Anspruch aus § 1 MiLoG tritt eigenständig neben den arbeits- oder tarifvertraglichen Entgeltanspruch; wird der gesetzliche Mindestlohn unterschritten, führt § 3 MiLoG zu einem Differenzanspruch. Zu beachten ist die Regelung über den **persönlichen Anwendungsbereich** (§ 22 MiLoG), namentlich der Umstand, dass Praktikantinnen und Praktikanten im Rahmen eines sog. **Orientierungspraktikums** (§ 22 I Nr. 2 MiLoG) **keinen Anspruch** auf den gesetzlichen Mindestlohn haben.[260]

150 **Mindestlohnwirksam**, dh geeignet den Mindestlohnanspruch zu erfüllen, sind **alle im arbeitsvertraglichen Austauschverhältnis erbrachten Entgeltzahlungen** (also auch Zuschläge für Arbeit an Sonn- und Feiertagen) mit Ausnahme der Zahlungen, die der Arbeitgeber ohne Rücksicht auf eine tatsächliche Arbeitsleistung des Arbeitnehmers erbringt oder die auf einer besonderen gesetzlichen Zweckbestimmung (zB Nachtarbeitszuschläge gem. § 6 V ArbZG) beruhen.[261] Der Arbeitgeber hat den **Anspruch auf den gesetzlichen Mindestlohn erfüllt,** wenn die für einen Kalendermonat gezahlte Bruttovergütung den Betrag erreicht, der sich aus der Multiplikation der Anzahl der in diesem Monat tatsächlich geleisteten Arbeitsstunden mit dem gesetzlichen Mindestlohn (1.1.2015–31.12.2016: 8,50 EUR; 1.1.2017–31.12.2018: 8,84 EUR; seit 1.1.2019: 9,35 EUR) ergibt.[262] Der gesetzliche Mindestlohn ist auch der **Berechnung von Entgeltfortzahlung, Urlaubsentgelt und Nachtarbeitszuschlägen**

---

255 BAG NZA 2015, 350.
256 BAG NZA 2007, 1227.
257 BAG NZA 2015, 350.
258 BAG NZA 2016, 351.
259 BAG NZA 2015, 676.
260 BAG NZA 2019, 773.
261 BAG NZA 2018, 781.
262 BAG NZA 2017, 378.

zugrunde zu legen.[263] Zur **(Un-)Wirksamkeit einer vertraglichen Verfallfrist,** die Ansprüche nach § 1 MiLoG nicht ausdrücklich ausnimmt, → Rn. 172 ff.

IX. Mobbing

»Mobbing« ist weder ein Rechtsbegriff noch eine Anspruchsgrundlage, sondern nur ein **151** Schlagwort. Macht ein Arbeitnehmer wegen »Mobbings« konkrete Ansprüche geltend, ist zu prüfen, ob der in Anspruch Genommene in den vom Kläger genannten Einzelfällen arbeitsrechtliche Pflichten, ein absolutes Recht des Arbeitnehmers (§ 823 I BGB), ein Schutzgesetz (§ 823 II BGB) verletzt oder eine sittenwidrige Schädigung begangen hat (§ 826 BGB).[264]

X. Rückzahlungsklauseln

Rückzahlungsklauseln sind ein beim BAG und beim JPA gleichermaßen beliebtes Thema. **152** Sehr häufig geht es um Klauseln, denen zufolge der Arbeitnehmer einen Betrag zurückzahlen soll, wenn das Arbeitsverhältnis gekündigt wird. Das kann zB ein vom Arbeitgeber erhaltenes Darlehen[265] sein oder vom Arbeitgeber vorgestreckte Kosten für eine Weiterbildungsmaßnahme.[266] Hierzu muss man wissen, dass eine Rückzahlungsklausel **nur dann eine ausgewogene Gesamtregelung** darstellt, **wenn es der Arbeitnehmer selbst in der Hand hat, durch eigene Betriebstreue der Rückzahlungsverpflichtung zu entgehen.** Anders ausgedrückt: Nur wenn der Grund für die Kündigung in der Sphäre des Arbeitnehmers liegt, zB weil er einen lukrativeren Job in Aussicht hat, ist eine Rückzahlung angemessen iSv § 307 BGB. Eine Klausel, die dem Arbeitnehmer auch für den Fall der Kündigung durch den Arbeitgeber oder einer Eigenkündigung wegen vertragswidrigen Verhaltens des Arbeitgebers eine Rückzahlungspflicht auferlegt, ist unangemessen benachteiligend und damit unwirksam.[267] Eine geltungserhaltende Reduktion kommt nicht in Betracht.

Klauseln, in denen sich ein Arbeitnehmer zur **Rückzahlung von Aus-/Fortzahlungskosten** **153** verpflichtet hat, sind grundsätzlich zulässig, wenn die Aus-/Fortbildungsmaßnahme für den Arbeitnehmer von **geldwertem Vorteil** ist, dh wenn er aufgrund der erworbenen Kenntnisse mehr Geld verdienen kann. Entscheidend für die Frage der Angemessenheit iSv § 307 BGB ist, dass die **Vorteile der Ausbildung und die Dauer der Bindung in einem angemessenen Verhältnis** zueinanderstehen. Das BAG knüpft primär an die Dauer der Aus-/Fortbildung an und hat folgende **Grundsätze** aufgestellt: Bei einer **Fortbildungsdauer von bis zu einem Monat** ohne Verpflichtung zur Arbeitsleistung unter Fortzahlung der Vergütung ist regelmäßig eine **Bindung bis zu sechs Monaten** zulässig, bei einer **Dauer von bis zu zwei Monaten eine einjährige Bindung,** bei einer **Dauer von drei bis vier Monaten eine zweijährige Bindung,** bei einer **Dauer von sechs Monaten bis zu einem Jahr keine längere Bindung als drei Jahre** und bei einer **mehr als zweijährigen Dauer eine Bindung von fünf Jahren.**[268]

Auch **Sonderzahlungen** (»13. Monatsgehalt«, »Urlaubsgeld«, »Weihnachtsgeld«) können **154** Gegenstand von Examensklausuren sein. Insoweit sind zwei Konstellationen zu unterscheiden. Es gibt Klausuren, in denen Sonderzahlungen jahrelang gezahlt wurden, die Zahlung dann plötzlich eingestellt wird und zu prüfen ist, ob der Arbeitnehmer einen Anspruch auf Zahlung hat. Hier gilt es, eine Anspruchsgrundlage zu finden (dazu → Rn. 158 ff.).

Daneben gibt es **Klausuren, in denen die Sonderzahlung ausdrücklich arbeitsvertraglich** **155** **geregelt,** aber mit einer **Stichtags- oder Rückzahlungsklausel** versehen ist. In diesen Fällen will das Prüfungsamt, dass Sie die Wirksamkeit dieser Klauseln unter dem Aspekt einer unangemessenen Benachteiligung iSv § 307 BGB prüfen. Dazu müssen Sie zunächst prüfen, ob die Sonderzahlung eine Gegenleistung für die vom Arbeitnehmer im Bezugszeitraum geleistete Arbeit ist (Sonderzahlung mit Entgeltcharakter, zB 13. Monatsgehalt, umsatz- oder gewinn-

---

263 BAG NZA 2018, 53.
264 Zur Vertiefung lesen Sie bei Bedarf BAG NZA-RR 2011, 378.
265 BAG NZA 2014, 2138.
266 BAG NZA 2014, 3118.
267 BAG NZA 2013, 1419.
268 BAG NZA 2012, 1240; Palandt/*Weidenkaff* BGB § 611 Rn. 94.

abhängiger Bonus), oder lediglich die Betriebstreue belohnen soll (zB Jubiläumszahlung bei 25-jähriger Betriebszugehörigkeit). Dabei geht das BAG davon aus, dass »ein Arbeitgeber in aller Regel jede Sondervergütung im Hinblick auf das Arbeitsverhältnis und die Verpflichtung des Arbeitnehmers zur Leistung der versprochenen Dienste erbringt«[269] und dass »Jubiläumsgelder und ähnliche Zuwendungen üblicherweise …, gemessen an der regelmäßigen Vergütung, eher marginal« sind.[270]

156 **Sonderzahlungen mit Entgeltcharakter** erarbeitet sich der Arbeitnehmer zeitanteilig im Verlaufe des Jahres. Der bereits anteilig erarbeitete Anspruch **darf ihm nicht mehr genommen werden.** Stichtagsklauseln (»Die Zahlung des 13. Monatsgehalts erfolgt nur an Arbeitnehmer, die sich am Ende des Jahres in einem ungekündigten Arbeitsverhältnis befinden«) oder entsprechende Rückzahlungsklauseln (»Das 13. Monatsgehalt ist zurückzuzahlen, wenn das Arbeitsverhältnis bis Ende des Jahres gekündigt wird«) stellen daher in der Regel **unangemessene Benachteiligungen** dar. Diese Klauseln sind auch nicht durch Streichung des Wortes »ungekündigten« teilbar (»blue-pencil-test«), weil die auf eine unzulässige Neubestimmung des Vertragsinhalts hinausliefe.[271] Ein **aktuelles Gegenbeispiel,** nämlich für einen **nicht erarbeiteten, sondern ausschließlich von der Betriebstreue abhängigen Anspruch** ist ein zusätzliches Urlaubsgeld, das pro genommenem Urlaubstag gezahlt wird. Dieser Anspruch entsteht – wie der Urlaubsanspruch selbst – völlig unabhängig davon, ob der Arbeitnehmer tatsächlich gearbeitet hat. Maßgeblich ist insoweit allein der Bestand des Arbeitsverhältnisses. Eine Regelung der zufolge das Urlaubsgeld nicht zur Auszahlung kommt, wenn das Arbeitsverhältnis zum Auszahlungstag gekündigt ist, ist daher nicht unangemessen benachteiligend.[272] In einer Zielvereinbarung kann geregelt werden, dass ein Anspruch auf einen von der Zielerreichung abhängigen Bonus erst mit Ablauf des Jahres entsteht.[273]

157 Sonderzahlungen, die (ausnahmsweise) **nur die Betriebstreue belohnen** sollen und **keinen Entgeltcharakter** haben, können hingegen grundsätzlich **mit Stichtags- und Rückzahlungsklauseln** versehen werden. In diesen Fällen geht es um die Frage, wie lange der Arbeitnehmer durch die Rückzahlungsklausel an den Arbeitgeber »gebunden« werden darf. Zum »Weihnachtsgeld« hat das BAG folgende Grundsätze aufgestellt: **Sonderzahlungen bis zu 100 EUR** rechtfertigen **keine** über den **31.12.** des Jahres hinausgehende Bindung, **Sonderzahlungen bis zu einem Monatsverdienst** keine über den **31.3.** des Folgejahres, Sonderzahlungen **von mehr als einem Monatsverdienst** keine über **den 30.6. des Folgejahres** und Sonderzahlungen **von zwei Monatsverdiensten** keine über den **30.9. des Folgejahres hinausgehende Bindung.**[274]

> **Klausurtipp:** In der Klausur sollten Sie die zulässige Bindungsdauer nicht einfach dem Palandt entnehmen, sondern argumentativ »erarbeiten«, zB indem Sie das Interesse des Arbeitgebers, von der auf seine Kosten verbesserten Qualifikation des Arbeitnehmers möglichst lange zu profitieren und das Interesse des Arbeitnehmers, seine verbesserte Qualifikation gegebenenfalls auch bei einem anderen Arbeitgeber zu Geld machen zu können (Berufsfreiheit, Art. 12 GG), gegeneinander abwägen. **Denken Sie dran: »So isses!« gibt kaum Punkte, entscheidend und punkteträchtig ist die Begründung des gefundenen Ergebnisses!** Achten Sie auch darauf, ob die Klausel möglicherweise intransparent ist (§ 307 I 2 BGB)!

XI. Sonderzahlungen

158 Wenn es in Ihrer Examensklausur um eine Sonderzahlung (Weihnachtsgeld, Gratifikation oder Ähnliches) geht, die arbeitsvertraglich nicht geregelt ist, müssen Sie drei **Anspruchsgrundlagen** im Kopf haben, nämlich die »**Gesamtzusage**«, die »**betriebliche Übung**« und den »**arbeitsrechtlichen Gleichbehandlungsgrundsatz**«.

---

269 BAG AP § 242 BGB Betriebliche Übung Nr. 84.
270 BAG NZA 2012, 561.
271 BAG NZA 2014, 368.
272 BAG NZA 2014, 1136.
273 BAG NZA 2009, 783.
274 Palandt/*Weidenkaff* BGB § 611 Rn. 90.

Eine **Gesamtzusage** ist die an alle Arbeitnehmer des Betriebs oder einen nach abstrakten **159** Merkmalen bestimmten Teil von ihnen in allgemeiner Form gerichtete **ausdrückliche Willenserklärung des Arbeitgebers, bestimmte Leistungen erbringen zu wollen.** Eine ausdrückliche Annahme des in der Erklärung enthaltenen Antrags iSv § 145 BGB wird dabei nicht erwartet, und es bedarf ihrer auch nicht. Das in der Zusage liegende **Angebot wird gem. § 151 S. 1 BGB angenommen** und ergänzender Inhalt des Arbeitsvertrags. Die Arbeitnehmer erwerben einen einzelvertraglichen Anspruch auf die zugesagten Leistungen, wenn sie die betreffenden Anspruchsvoraussetzungen erfüllen. Dabei wird die Gesamtzusage bereits dann wirksam, wenn sie gegenüber den Arbeitnehmern in einer Form verlautbart wird, die den einzelnen Arbeitnehmer typischerweise in die Lage versetzt, von der Erklärung Kenntnis zu nehmen. Auf dessen konkrete Kenntnis kommt es nicht an.[275]

Eine »**betriebliche Übung**« (gegenüber mehreren Arbeitnehmern) bzw. ein »**Verhalten mit** **160** **Erklärungswert**« (gegenüber einem einzelnen Arbeitnehmer) ist anzunehmen bei einem gleichförmigen und wiederholten Verhalten des Arbeitgebers. Entscheidend ist, ob der Arbeitnehmer dem Verhalten des Arbeitgebers einen **Verpflichtungswillen** entnehmen und darauf schließen darf, ihm werde eine entsprechende Leistung auch künftig gewährt. Auf die subjektiven Vorstellungen des Arbeitgebers kommt es nicht an. Die dogmatische Herleitung der betrieblichen Übung ist umstritten. Das BAG sieht im Verhalten des Arbeitgebers ein Angebot, dass der Arbeitnehmer gem. § 151 BGB stillschweigend annimmt.[276] Für Sonderzahlungen besteht die Regel, dass eine **dreimalige vorbehaltlose Gewährung** eine betriebliche Übung und damit einen Anspruch des Arbeitnehmers begründet.[277] Erfolgen die **Zahlungen in jährlich unterschiedlicher Höhe**, entsteht ein Anspruch dem Grunde nach. Die Höhe der Sonderzahlung hat der Arbeitgeber nach »**billigem Ermessen**« (§ 315 BGB) zu bestimmen. Ist die Bestimmung »**unbillig**«, so setzt das Arbeitsgericht die Höhe fest.[278]

Der Arbeitgeber kann das Entstehen einer betrieblichen Übung verhindern, indem er im **161** Arbeitsvertrag oder bei Vornahme der Sonderzahlung unmissverständlich deutlich macht, dass ihm der Verpflichtungswille fehlt (»**Freiwilligkeitsvorbehalt**«). An den Freiwilligkeitsvorbehalt stellt die Rechtsprechung wegen des Transparenzgebots (§ 307 I 2 BGB) **strenge Anforderungen.** Es muss eindeutig und unmissverständlich zu erkennen sein, dass auch bei einer wiederholten Zahlung kein Rechtsanspruch für die Zukunft begründet werden soll. So ist der Hinweis, **dass »die Zahlung eines 13. Gehalts eine freiwillige Leistung der Firma ist«,** **nicht ausreichend,** weil der Arbeitnehmer dies so verstehen könne, dass sich der Arbeitgeber aus freien Stücken, also ohne gesetzliche oder tarifvertragliche Verpflichtung, zu einer Leistung verpflichten wolle.[279] **Kombiniert** der Arbeitgeber im Arbeitsvertrag einen **Freiwilligkeitsvorbehalt** mit einem **Widerrufsvorbehalt**, so verstößt die Klausel gegen das **Transparenzgebot** aus § 307 I 2 BGB, weil ein Widerruf nur in Betracht kommt, wenn es einen Anspruch gibt, dessen Entstehen der Freiwilligkeitsvorbehalt ja gerade verhindern soll.[280]

Die Beseitigung eines durch betriebliche Übung entstandenen Anspruchs durch eine geänder- **162** te (»gegenläufige«) betriebliche Übung ist nach neuerer Rechtsprechung wegen § 308 Nr. 5 BGB **nicht mehr möglich.**[281] Ob eine betriebliche Übung **wegen Irrtums gem. § 119 I BGB anfechtbar** ist, ist **umstritten** und vom BAG bislang nicht entschieden.[282] Wenn man dies bejaht, muss die Anfechtung jedenfalls unverzüglich erfolgen (§ 121 I BGB). Beruft sich der Arbeitgeber erst im Prozess, dh Wochen oder gar Monate, nachdem er erfahren hat, dass sich der Arbeitnehmer auf eine betriebliche Übung beruft, auf einen Irrtum, scheitert die Anfechtung schon an der mangelnden Unverzüglichkeit.

---

275 BAG BeckRS 2018, 14091.
276 Palandt/*Weidenkaff* BGB Einf. v. § 611 Rn. 76.
277 BAG NZA 2009, 1105.
278 BAG NZA 2015, 992.
279 BAG NZA 2013, 1015.
280 BAG NZA 2011, 628; 2012, 81.
281 BAG NZA 2009, 601.
282 Ablehnend Palandt/*Weidenkaff* BGB Einf. v. § 611 Rn. 76.

163　Der **arbeitsrechtliche Gleichbehandlungsgrundsatz** gebietet dem Arbeitgeber, seine Arbeitnehmer oder Gruppen seiner Arbeitnehmer, die sich in vergleichbarer Lage befinden, bei Anwendung einer selbst gegebenen Regel gleich zu behandeln.[283] Er verbietet nicht nur die willkürliche Schlechterstellung einzelner Arbeitnehmer innerhalb einer Gruppe, sondern auch eine sachfremde Gruppenbildung (zB die Zahlung von Weihnachtsgeld nur an »christliche« Arbeitnehmer). Erfolgt die Besserstellung unabhängig von abstrakten Differenzierungsmerkmalen, können sich andere Arbeitnehmer hierauf zur Begründung gleichartiger Ansprüche nicht berufen, weil der notwendige **kollektive Bezug** (Gruppe) fehlt. Der allgemeine Gleichbehandlungsgrundsatz **verbietet weder die Begünstigung einzelner Arbeitnehmer[284] noch die Zahlung einer »Streikbruchprämie« an alle arbeitswilligen Arbeitnehmer!**[285]

XII. Überstunden

164　Unter Überstunden versteht man die über den vertraglich geschuldeten Umfang hinaus geleistete Arbeitszeit. Mit dem »eigennützigen« Zurücklegen des Wegs von der Wohnung zur Arbeitsstelle und zurück erbringt der Arbeitnehmer regelmäßig keine Arbeitsleistung. In besonderen Fällen können jedoch auch Umkleidezeiten[286] und Reisezeiten[287] Arbeitszeit sein. So gehören die Anfahrtszeit eines Außendienstlers von seinem Wohnsitz zum ersten Kunden und die Abfahrtszeit vom letzten Kunden nach Hause als »fremdnützige Tätigkeiten« zur vergütungspflichtigen Arbeitszeit.[288] **Überstunden sind gem. § 612 I BGB grundsätzlich zusätzlich zu vergüten,** sofern der Arbeitnehmer nicht ausnahmsweise »Dienste höherer Art« leistet oder ein »herausgehobenes Entgelt« bezieht.[289] Ein gesetzlicher Anspruch auf einen Überstundenzuschlag besteht nicht (zu Nachtarbeitszuschlägen vgl. hingegen § 6 V ArbZG), ebenso wenig ein Anspruch auf Anordnung von Überstunden, sofern nicht ausdrücklich etwas anderes vereinbart ist. Eine Vereinbarung, die nur die Vergütung von Überstunden regelt, begründet für sich genommen keinen Anspruch auf die Anordnung von Überstunden. Der Arbeitnehmer, der die Vergütung oder den Ausgleich von Überstunden fordert, muss im Einzelnen darlegen, an welchen Tagen und zu welchen Zeiten er über die übliche Arbeitszeit hinaus gearbeitet hat, von welcher Normalarbeitszeit er ausgeht, dass er tatsächlich gearbeitet und welche Tätigkeit er ausgeführt hat. Der Anspruch setzt ferner voraus, dass die Mehrarbeit vom Arbeitgeber angeordnet, gebilligt oder geduldet wurde oder jedenfalls zur Erledigung der geschuldeten Arbeit erforderlich war.[290] Die AGB-Klausel »Mit der vorstehenden Vergütung sind erforderliche Überstunden des Arbeitnehmers abgegolten« verstößt gegen das Transparenzgebot (§ 307 I 2 BGB), weil nicht erkennbar ist, wie viele Überstunden der Arbeitnehmer leisten muss.[291] Die Klausel »Die ersten 20 Überstunden im Monat sind im Gehalt mit drin« ist hingegen ausreichend transparent und – als Hauptleistungsabrede – gem. § 307 III BGB einer Inhaltskontrolle entzogen.[292] Mit den Worten des BAG ausgedrückt: »Es ist nicht Aufgabe des Gerichts, über die §§ 305 ff. BGB den ›gerechten Preis‹ zu ermitteln.« An **Lohnwucher und damit Sittenwidrigkeit** (§ 138 BGB) ist erst dann zu denken, wenn die Arbeitsvergütung **nicht einmal zwei Drittel** eines in dem betreffenden Wirtschaftszweig **üblicherweise gezahlten Tarifentgelts** erreicht.[293]

XIII. Urlaub

165　Gemäß § 3 BUrlG hat der Arbeitnehmer Anspruch auf 24 Tage bezahlten Urlaub pro Jahr. Der Anspruch auf Urlaub besteht nicht, soweit dem Arbeitnehmer für das laufende Kalender-

283　Palandt/*Weidenkaff* BGB § 611 Rn. 114.
284　BAG NZA 2003, 215.
285　BAG NZA 2019, 100.
286　BAG NZA 2018, 1081.
287　BAG NZA 2019, 159.
288　BAG NZA 2020, 868.
289　BAG NZA-RR 2017, 233.
290　BAG NZA 2005, 895.
291　BAG NZA 2011, 575.
292　BAG NZA 2012, 908.
293　BAG NZA 2016, 494.

jahr bereits von einem früheren Arbeitgeber Urlaub gewährt worden ist (§ 6 I BUrlG).[294] **Das Gesetz geht, obwohl dies längst nicht mehr der Realität entspricht, von einer 6-Tage-Woche aus, also von vier Wochen Urlaub pro Jahr.**[295] Wenn nur fünf Tage pro Woche gearbeitet wird, beträgt der Urlaub daher 20 Tage, bei vier Arbeitstagen pro Woche 16 Tage usw. Der während einer Vollzeitbeschäftigung erworbene, aber noch nicht genommene Urlaub darf bei einem Wechsel in ein Teilzeitarbeitsverhältnis nicht gekürzt werden.[296] **Gewährt ein Arbeitgeber älteren Arbeitnehmern** jährlich **mehr Urlaubstage** als den jüngeren, **kann** diese unterschiedliche Behandlung wegen des Alters unter dem Gesichtspunkt des Schutzes älterer Beschäftigter nach § 10 S. 3 Nr. 1 AGG **zulässig sein.** Bei der Prüfung, ob eine solche vom Arbeitgeber freiwillig begründete Urlaubsregelung dem Schutz älterer Beschäftigter dient und geeignet, erforderlich und angemessen iSv § 10 S. 2 AGG ist, steht dem Arbeitgeber eine auf die **konkrete Situation in seinem Unternehmen** bezogene **Einschätzungsprärogative** zu.[297]

Das **Urlaubsentgelt** ist gem. § 11 II BUrlG bereits **vor Antritt des Urlaubs fällig.** In Ihrer   **166** Examensklausur kann dies für das Bestehen eines Zurückbehaltungsrechts an der Arbeitsleistung wichtig sein! Wenn sich das Arbeitsentgelt aus einem **Grundgehalt und Provisionen** zusammensetzt, darf als Urlaubsentgelt nicht lediglich das Grundgehalt gezahlt werden.[298]

Grundsätzlich muss der Urlaub **im laufenden Kalenderjahr** gewährt und genommen werden.   **167** Eine **Übertragung des Urlaubs** auf das nächste Kalenderjahr ist nur statthaft, wenn **dringende betriebliche oder in der Person des Arbeitnehmers liegende Gründe** dies rechtfertigen. Im Fall der Übertragung muss der Urlaub in den ersten drei Monaten des folgenden Kalenderjahres, dh bis zum 31.3., gewährt und genommen werden (§ 7 III BUrlG), anderenfalls verfällt er. Ist ein Arbeitnehmer aus gesundheitlichen Gründen an seiner Arbeitsleistung gehindert, verfallen seine gesetzlichen Urlaubsansprüche aufgrund unionsrechtskonformer Auslegung des § 7 III 3 BUrlG erst 15 Monate nach Ablauf des Urlaubsjahres (31.3. des übernächsten Jahres).[299] Allerdings verfallen Urlaubsansprüche bei **europarechtskonformer Auslegung des BUrlG** nur, wenn der Arbeitgeber dafür sorgt, dass der Arbeitnehmer tatsächlich in der Lage ist, seinen bezahlten Jahresurlaub zu nehmen, **indem er ihn erforderlichenfalls förmlich auffordert,** dies zu tun, und ihm klar und rechtzeitig mitteilt, dass der Urlaub anderenfalls am Ende des Bezugszeitraums oder eines zulässigen Übertragungszeitraums verfallen wird (sog. **Mitwirkungsobliegenheit** des Arbeitgebers). Wenn zwischen den Parteien **Streit über den Bestand des Arbeitsverhältnisses** besteht (zB während eines Kündigungsschutz- oder Entfristungsprozesses), erfüllt der Arbeitgeber diese Mitwirkungsobliegenheit nur, wenn er sich bereit erklärt, dem Arbeitnehmer trotzdem vorbehaltlos bezahlten Urlaub zu gewähren.[300]

In prozessualer Hinsicht ist zu beachten, dass Resturlaubsansprüche **sowohl** mit einem   **168** **Leistungs- als auch (ausnahmsweise!) mit einem Feststellungsantrag** geltend gemacht werden können, wenn die begehrte Feststellung geeignet wäre, weitere gerichtliche Auseinandersetzungen zwischen den Parteien (zB über die Höhe oder den Verfall eines sich ergebenden Abgeltungsanspruchs) auszuschließen.[301] Ist dies nicht der Fall, bleibt es beim »**Vorrang der Leistungsklage**«!

Gemäß § 7 IV BUrlG ist der Urlaub **abzugelten** (dh auszuzahlen), wenn er **wegen Beendigung des Arbeitsverhältnisses ganz oder teilweise nicht mehr gewährt** werden kann. Auf   **169** den Urlaubsabgeltungsanspruch – nach Aufgabe der »Surrogatstheorie« handelt es sich nunmehr um einen ganz normalen Zahlungsanspruch – finden die Fristen des § 7 III BUrlG keine

---

294 BAG NZA 2015, 827.
295 Palandt/*Weidenkaff* BGB § 611 Rn. 126 ff.
296 EuGH NZA 2013, 775 – Brandes; BAG NZA 2015, 1005.
297 BAG NZA 2015, 297.
298 EuGH NZA 2014, 593 – Lock ./. British Gas Trading Limited.
299 BAG NZA 2012, 1216.
300 BAG NZA 2020, 307.
301 BAG NZA 2019, 9; 2019, 1599.

Anwendung.[302] Er wird jedoch von Ausschlussfristen (→ Rn. 173) erfasst[303] und geht **gem. § 1922 BGB auf die Erben über.**[304]

170 **Endet das Arbeitsverhältnis durch den Tod des Arbeitnehmers, so erlischt der Urlaubsanspruch nicht – wie bislang vom BAG angenommen – ersatzlos.** Nach der Rechtsprechung des EuGH besteht in einem solchen Fall ein Anspruch auf »eine finanzielle Vergütung für diesen Urlaub«.[305] Im Anschluss an diese Rechtsprechung hat das BAG entschieden, dass die **Erben gem. § 1922 I BGB iVm § 7 IV BUrlG Anspruch auf Abgeltung** des vom Erblasser nicht genommenen Urlaubs haben.[306]

171 **Ausgleichsklauseln** (»Mit Erfüllung des vorliegenden gerichtlichen Vergleichs sind wechselseitig alle finanziellen Ansprüche aus dem Arbeitsverhältnis, gleich ob bekannt oder unbekannt, gleich aus welchem Rechtsgrund, erledigt«), die ausdrücklich auch unbekannte Ansprüche erfassen sollen und auf diese Weise zu erkennen geben, dass die Parteien an die Möglichkeit des Bestehens ihnen nicht bewusster Ansprüche gedacht und auch sie in den gewollten Ausgleich einbezogen haben, sind regelmäßig als umfassender Anspruchsausschluss in Form eines **konstitutiven negativen Schuldanerkenntnisses** zu verstehen. Ein solches bringt alle Ansprüche, die den Erklärenden bekannt waren oder mit deren Bestehen zu rechnen war, zum Erlöschen und **schließt den Anspruch des Arbeitnehmers auf Urlaubsabgeltung ein.**[307] Dies gilt jedoch nur, wenn die Ausgleichsklausel **Teil eines Aufhebungsvertrages oder eines (Prozess-)Vergleichs** ist, anderenfalls handelt es sich regelmäßig nur um ein deklaratorisches negatives Schuldanerkenntnis.[308]

XIV. Verjährung und Verfallfristen

172 Alle Ansprüche aus dem Arbeitsverhältnis unterliegen der regelmäßigen Verjährungsfrist (§ 195 BGB). Beachten Sie, dass im Arbeitsrecht häufig wesentlich kürzere Verfallfristen (auch Ausschlussfristen genannt) eingreifen.[309] Anders als die Verjährung sind sie **von Amts wegen** zu prüfen und führen nicht nur zu einem Leistungsverweigerungsrecht (§ 214 BGB), sondern zum **Erlöschen des Anspruchs.** Dies hat zur Folge, dass § 215 BGB keine Anwendung findet! Verfallfristen verstoßen regelmäßig nicht gegen §§ 202 I, 276 III BGB, weil eine (verbotene) Erleichterung der Vorsatzhaftung von den Arbeitsvertragparteien wegen der eindeutigen Gesetzeslage nicht gewollt ist.[310] Wird dennoch ein solcher Verstoß bejaht, so kann die Ausschlussfrist »teilnichtig«, im Übrigen jedoch wirksam sein.[311] Wenn die Verfallfrist ausdrücklich nur »**vertragliche Ansprüche**« erfasst, sind hiervon **Ansprüche auf Schadensersatz aus unerlaubten oder strafbaren Handlungen** einer Vertragspartei nach §§ 823 ff. BGB **nicht erfasst.**[312]

173 Durch AGB vereinbarte Ausschlussfristen stellen eine **unangemessene Benachteiligung** (§ 307 BGB) dar, wenn sie nur für den Arbeitnehmer gelten sollen und/oder wenn sie **nicht mindestens drei Monate lang** sind, **beginnend mit der Fälligkeit** des Anspruchs.[313] Bei zweistufigen Ausschlussfristen (1. Stufe: außergerichtliche Geltendmachung, 2. Stufe: gerichtliche Geltendmachung) müssen beide Stufen je drei Monate lang sein, wobei die Stufen »teilbar« und damit jeweils isoliert auf ihre Wirksamkeit hin zu prüfen sind (»**blue-pencil-test**«).[314] Durch die Erhebung der Kündigungsschutzklage wahrt der Arbeitnehmer beide Stufen einer einzelvertraglichen Ausschlussfrist, dh, er muss Ansprüche, die von der Wirksamkeit der

---

302 BAG NZA 2012, 1087.
303 BAG NZA 2011, 1421.
304 BAG NZA 2016, 37.
305 EuGH NZA 2018, 1467 – Broßon ./. Wilmeroth.
306 BAG NZA 2019, 829.
307 BAG NZA 2013, 1098.
308 BAG NZA 2014, 200.
309 Palandt/*Weidenkaff* BGB § 611 Rn. 72.
310 BAG NZA 2013, 1265.
311 BAG BeckRS 2019, 8903 und NZA 2020, 174 (offengel.).
312 BAG NZA 2016, 1271.
313 BAG NZA 2019, 1645.
314 BAG NZA 2008, 699.

Kündigung abhängen (zB Annahmeverzugslohn), nicht mit einem Zahlungsantrag verfolgen.[315] Dies gilt nunmehr nicht nur für einzelvertragliche, sondern auch für tarifvertragliche Ausschlussfristen.[316]

Eine vom Arbeitgeber vorformulierte arbeitsvertragliche Verfallklausel verstößt gegen das **174** Transparenzgebot des § 307 I 2 BGB und ist insgesamt **unwirksam, wenn sie entgegen § 3 S. 1 MiLoG auch den gesetzlichen Mindestlohn erfasst** und der Arbeitsvertrag nach dem 31.12.2014 geschlossen wurde.[317]

Solange die Parteien vorgerichtliche Vergleichsverhandlungen führen, ist die Verfallfrist in **175** entsprechender Anwendung des § 203 S. 1 BGB gehemmt.[318] Dem **Verfall von Ansprüchen** aufgrund einer Ausschlussfrist kann der **Grundsatz von Treu und Glauben (§ 242 BGB)** entgegenstehen, wenn der Schuldner den Gläubiger aktiv von der Einhaltung der Frist **abhält**, ihm die Geltendmachung des Anspruchs pflichtwidrig **erschwert** oder er den **Eindruck erweckt**, er werde den Anspruch auch ohne Wahrung der Ausschlussfrist erfüllen.[319]

> **Klausurtipp:** Machen Sie deutlich, dass Ihnen der **Unterschied zwischen Verjährung und Verfallfrist** bekannt ist, zB indem Sie formulieren:
>
> Der Anspruch ist nicht verjährt, denn die hier einschlägige regelmäßige Verjährungsfrist gem. § 195 BGB ist noch nicht abgelaufen. Er ist auch nicht erloschen, weil die Verfallfrist im Arbeitsvertrag unangemessen benachteiligend und damit gem. § 307 I BGB unwirksam ist.
>
> Begriffliche Unsauberkeiten mag der Korrektor überhaupt nicht! **Denken Sie auch daran, dass sich der Klauselverwender – anders als sein Vertragspartner – nicht auf die Unwirksamkeit der von ihm eingeführten Klausel berufen kann.**[320] Mit anderen Worten: Wenn der Arbeitgeber eine zu kurze Ausschlussfrist verwendet, gilt die Klausel für den Arbeitnehmer nicht, für ihn selbst hingegen schon!

XV. Weiterbeschäftigung

Wenn Sie es mit einem Weiterbeschäftigungsantrag zu tun bekommen, will das Prüfungsamt **176** zunächst von Ihnen sehen, dass Sie zwischen dem **Weiterbeschäftigungsanspruch gem. § 102 V BetrVG** (lesen!) und dem gesetzlich nicht geregelten, vom Großen Senat des BAG entwickelten **»allgemeinen Weiterbeschäftigungsanspruch«**[321] unterscheiden. Der Weiterbeschäftigungsanspruch aus § 102 V BetrVG wird in der Klausur regelmäßig nicht durchgreifen, zB weil es um eine außerordentliche Kündigung geht oder der Betriebsrat die Widerspruchsfrist nicht eingehalten hat.

Wenn dies der Fall ist, kommen Sie zum **»allgemeinen Weiterbeschäftigungsanspruch«**, der **177** aus **§§ 611, 613, 241 II BGB iVm Art. 1 und 2 GG** hergeleitet wird. Um es mit den Worten des Großen Senats auszudrücken: »Das Leben des Arbeitnehmers wird zu einem ganz wesentlichen Teil durch das Arbeitsverhältnis bestimmt und geprägt. Sein Selbstwertgefühl sowie die Achtung und Wertschätzung, die er in seiner Familie, bei seinen Freunden und Kollegen überhaupt in seinem Lebenskreis erfährt, werden entscheidend mitbestimmt von der Art, wie er seine Arbeit leistet. Die Arbeit in seinem Arbeitsverhältnis stellt für den Arbeitnehmer zugleich eine wesentliche Möglichkeit zur Entfaltung seiner geistigen und körperlichen Fähigkeiten und damit zur Entfaltung seiner Persönlichkeit dar. Wird dem Arbeitnehmer diese Möglichkeit der Persönlichkeitsentfaltung durch Arbeitsleistung im Rahmen seines Arbeitsverhältnisses genommen, so berührt dies seine Würde als Mensch.« Prosaisch ausgedrückt: **Wenn der Kündigungsschutzantrag Erfolg hat, hat der klagende Arbeitnehmer einen Anspruch auf Weiterbeschäftigung bis zum rechtskräftigen Abschluss des Kündigungsschutzprozesses, sofern nicht besondere Umstände vorliegen, die ausnahmsweise ein**

---

315 BAG NZA 2008, 757.
316 BAG NZA 2013, 101.
317 BAG NZA 2018, 1619; 2019, 1899.
318 BAG NZA 2018, 1402.
319 BAG NZA 2019, 34.
320 BAG NZA 2019, 44.
321 BAG AP § 611 BGB Beschäftigungspflicht Nr. 14.

überwiegendes Interesse des Arbeitgebers an der Nichtbeschäftigung des Arbeitnehmers begründen. Als besonderer Umstand kommt namentlich eine nach Verkündung des Weiterbeschäftigungsurteils ausgesprochene, auf einen neuen Lebenssachverhalt gestützte und nicht offensichtlich unwirksame Kündigung in Betracht, die erneut zur Ungewissheit über den Fortbestand des Arbeitsverhältnisses führt.[322] Auch regelmäßiger Cannabiskonsum kann, wenn der Arbeitnehmer mit risikobehafteten Aufgaben betraut ist (Gleisbauer), den Weiterbeschäftigungsanspruch wegen zu besorgender Fremd- und/oder Eigengefährdung ausschließen.[323]

178 Die **Prozessbeschäftigung zur Abwendung der Zwangsvollstreckung** eines titulierten allgemeinen Weiterbeschäftigungsanspruchs begründet kein Arbeitsverhältnis. Daher besteht kein Anspruch auf Entgeltfortzahlung im Krankheitsfall und Entgeltzahlung an Feiertagen, wenn sich nachträglich die Kündigung als wirksam erweist.[324]

179 Zur »**Beseitigung**« eines **Weiterbeschäftigungstitels** kann der Arbeitgeber **Vollstreckungsabwehrklage** (§ 767 ZPO) erheben.[325] Werden die Kündigungsschutzklage und der Weiterbeschäftigungsanspruch in einer höheren Instanz rechtskräftig abgewiesen, hat der Arbeitnehmer dennoch gem. §§ 812 I, 818 II BGB einen Anspruch auf Wertersatz für die von ihm aufgrund des (aufgehobenen) Weiterbeschäftigungstitels geleistete Arbeit, weil dem Arbeitgeber die Herausgabe der Arbeitsleistung naturgemäß unmöglich ist.[326]

Klausurtipp: Der Weiterbeschäftigungsanspruch soll es dem Arbeitnehmer ermöglichen, seine **tatsächliche Beschäftigung** während des noch nicht abgeschlossenen Bestandsschutzprozesses zu **erzwingen**. Er dient **nicht** dazu, dem Arbeitnehmer einen **Vergütungsanspruch** zu verschaffen oder zu erhalten. Der Anspruch auf Annahmeverzugslohn besteht auch dann, wenn der Arbeitnehmer keinen Weiterbeschäftigungsantrag stellt. In einer **Anwaltsklausur** sollten Sie als Arbeitnehmervertreter daran denken, dass der Weiterbeschäftigungsantrag **nur sinnvoll ist, wenn Ihr Mandant tatsächlich wieder arbeiten** (und nicht nur Annahmeverzugslohn »kassieren«) **will**. Dabei ist auch zu erörtern, dass der Weiterbeschäftigungsantrag **streitwerterhöhend** wirkt (ein Bruttomonatsgehalt) und dass in erster Instanz auch im Falle des Obsiegens kein Anspruch auf Erstattung der Anwaltskosten besteht (§ 12a I ArbGG). Der Weiterbeschäftigungsantrag kann sogar nachteilig sein. Wenn der Arbeitnehmer einen entsprechenden Titel erwirkt, sich anschließend jedoch weigert, beim Arbeitgeber die Arbeit wieder aufzunehmen, indiziert dies einen fehlenden Leistungswillen und lässt den Annahmeverzug entfallen![327]

XVI. Wettbewerbsverbot

180 Während des **laufenden Arbeitsverhältnisses** gilt das Wettbewerbsverbot gem. **§ 60 HGB** für alle Arbeitnehmer. **Nachvertragliche Wettbewerbsverbote** sind in den **§§ 74 ff. HGB** geregelt.[328] Enthält die Entschädigungszusage nicht den Mindestbetrag des § 74 II HGB, so ist das Wettbewerbsverbot nicht unwirksam, sondern nur unverbindlich. Der Arbeitnehmer kann entweder Wettbewerbsfreiheit ohne Karenzentschädigung oder Wettbewerbsenthaltung zu den Bedingungen der Entschädigungszusage wählen.[329] Wird die fällige Karenzentschädigung trotz angemessener Fristsetzung nicht oder nicht vertragsgemäß erbracht, so kann der Arbeitnehmer nach § 323 I iVm II BGB, § 349 BGB vom nachvertraglichen Wettbewerbsverbot zurücktreten, wodurch er vom Wettbewerbsverbot befreit wird, aber auch seinen Anspruch auf Karenzentschädigung verliert.[330] Enthält die Vereinbarung überhaupt keine Entschädigungszusage, so ist sie von Anfang an nichtig mit der Folge, dass weder Arbeitgeber noch Arbeitnehmer aus ihr irgendwelche Folgen herleiten können.[331]

---

322 BAG NZA 1986, 566.
323 LAG Berlin-Brandenburg BeckRS 2012, 72546.
324 BAG NZA 2020, 1169.
325 BAG NZA 2018, 1071.
326 BAG NZA 1990, 696.
327 BAG NZA-RR 2012, 342.
328 Palandt/*Weidenkaff* BGB § 611 Rn. 42 ff.
329 BAG NZA 2011, 413.
330 BAG NZA 2018, 578.
331 BAG NZA 2017, 845.

XVII. Wiedereinstellungsanspruch

Der Wiedereinstellungsanspruch ist **gerichtet auf Abgabe einer Willenserklärung**, nämlich 181
auf Annahme eines in der Klage enthaltenen Angebots des Arbeitnehmers auf Abschluss eines
Arbeitsvertrags.[332] Ein Wiedereinstellungsanspruch kann sich zum einen aus einer entsprechenden Vereinbarung ergeben (»Wenn ich den Auftrag XY kriege, stelle ich Dich wieder
ein!«), zum anderen aus § 242 BGB, wenn sich bei einer betriebsbedingten Kündigung noch
während des Laufs der Kündigungsfrist herausstellt, dass der Beschäftigungsbedarf – entgegen
der ursprünglichen Prognose – doch nicht wegfallen wird.[333] Ausnahmsweise kann ein Wiedereinstellungsanspruch auch bestehen, wenn die Weiterbeschäftigungsmöglichkeit erst nach
Ablauf der Kündigungsfrist entsteht.[334]

> **Klausurtipp:** Achten Sie darauf, dass Sie den **Weiterbeschäftigungsanspruch** (gerichtet auf tatsächliche Beschäftigung) und den **Wiedereinstellungsanspruch** (gerichtet auf Abgabe einer Willenserklärung, dh auf Neuabschluss eines Arbeitsvertrags) **nicht durcheinanderbringen.** Der aus
> § 242 BGB hergeleitete **Wiedereinstellungsantrag** dient dazu, die Wirkung einer wirksamen betriebsbedingten Kündigung zu beseitigen, wenn sich noch während der Kündigungsfrist herausstellt,
> dass der Arbeitsplatz doch nicht entfallen wird. Er kommt nur in Betracht, wenn die **Kündigung
> sozial gerechtfertigt** und das **Arbeitsverhältnis aufgelöst** ist, denn anderenfalls bedürfte es nicht
> des Abschlusses eines neuen Arbeitsvertrags.

XVIII. Zeugnis

Der Zeugnisanspruch ist in **§ 109 GewO** geregelt. Das Gesetz kennt nur das sog. **Endzeugnis,** 182
das zu erteilen ist, wenn der Arbeitnehmer aus dem Arbeitsverhältnis ausscheidet, regelmäßig
also bei Ablauf der Kündigungsfrist. Dies gilt auch dann, wenn der Kündigungsschutzprozess
noch nicht rechtskräftig abgeschlossen ist. Der Arbeitnehmer handelt nicht widersprüchlich,
wenn er sich gegen die Kündigung wehrt und gleichzeitig ein Endzeugnis verlangt, weil er
gem. § 615 S. 2 BGB, § 11 KSchG gehalten ist, sich während des laufenden Kündigungsrechtsstreits um eine anderweitige (Zwischen-)Beschäftigung zu bemühen.[335] Der Anspruch auf ein
sog. **Zwischenzeugnis** besteht aufgrund einer vertraglichen Nebenpflicht. Voraussetzung ist,
dass der Arbeitnehmer an der Erteilung eines Zwischenzeugnisses ein berechtigtes Interesse
hat (Versetzung, Zuweisung einer neuen Tätigkeit, bevorstehendes längeres Ruhen des Arbeitsverhältnisses). Stets gelten die Grundsätze der **Zeugniswahrheit, Zeugnisklarheit und
der wohlwollenden Beurteilung.**[336] Die Darlegungs- und Beweislast für die Tatsachen, die
eine überdurchschnittliche Beurteilung rechtfertigen, trägt der Arbeitnehmer.[337] **Ein Anspruch auf eine »Dankes- und Wunschformel« besteht nicht.**[338]

C. Der Betriebsübergang

Ein Betriebsübergang iSv § 613a BGB liegt vor, wenn der **Inhaber des Betriebs oder des Be-** 183
triebsteils (wirtschaftliche Einheit, bestehend aus einer organisatorischen Gesamtheit von
Personen und/oder Sachen zur auf Dauer angelegten Ausübung einer wirtschaftlichen Tätigkeit mit eigener Zielsetzung) **wechselt.** Der neue Betriebs(teil)inhaber tritt in die Rechte und
Pflichten ein, die sich aus den bestehenden Arbeitsverhältnissen ergeben, dh, er wird der neue
Arbeitgeber. In der Examensklausur kann problematisch sein, ob die wirtschaftliche Einheit
ihre Identität gewahrt hat (dann Betriebsübergang) oder ob der Erwerber lediglich einzelne
Arbeitnehmer, Betriebsmittel, Räumlichkeiten oder Kunden übernommen hat (dann kein
Betriebsübergang). Die maßgeblichen Kriterien finden Sie im Palandt.[339]

---

332 BAG NZA 2000, 1097.
333 Palandt/*Weidenkaff* BGB Vorb v. § 620 Rn. 85.
334 BAG NZA-RR 2013, 179.
335 BAG NZA 1987, 628.
336 Palandt/*Weidenkaff* BGB Anh. zu § 630 Rn. 6.
337 BAG NZA 2015, 435.
338 BAG NZA 2013, 324.
339 Palandt/*Weidenkaff* BGB § 613a Rn. 11.

184 Kündigungen »wegen des Übergangs eines Betriebs oder eines Betriebsteils« sind **verboten** und damit unwirksam (§ 613a IV 1 BGB). Zu beachten ist, dass **Aufhebungsverträge**, die wegen eines Betriebsübergangs geschlossen werden, **nicht verboten** sind. Allerdings gilt dies nur, wenn der Aufhebungsvertrag auf das endgültige Ausscheiden des Arbeitnehmers aus dem Betrieb gerichtet ist. Wenn der Aufhebungsvertrag hingegen die **Beseitigung der Kontinuität des Arbeitsverhältnisses bei gleichzeitigem Erhalt des Arbeitsplatzes** bezweckt, weil zugleich ein neues Arbeitsverhältnis vereinbart oder zumindest verbindlich in Aussicht gestellt wurde, ist er wegen **Umgehung** von § 613a BGB gem. § 134 BGB nichtig.[340]

185 Ferner geht es in Examensklausuren gelegentlich um die **Haftung des ehemaligen Betriebsinhabers** gem. § 613a II BGB. Dabei gilt: Der ehemalige Betriebsinhaber haftet voll für Forderungen, die vor dem Betriebsübergang entstanden sind und fällig waren. Für Forderungen, die vor dem Betriebsübergang entstanden, aber erst nach dem Betriebsübergang innerhalb eines Jahres fällig geworden sind, haftet er nur anteilig entsprechend dem im Übergangszeitpunkt abgelaufenen Bemessungszeitraum, weil er nicht für Forderungen einstehen soll, für die er keine Gegenleistung erhalten hat. So haftet er etwa für Jahressonderzahlungen nur für den Teil des Jahres, in dem er noch Betriebsinhaber war. Der neue Betriebsinhaber haftet dagegen für den vollen Zeitraum.

186 Schließlich kann in Ihrer Klausur die Konstellation auftauchen, dass **während eines laufenden Kündigungsschutzprozesses ein Betriebsübergang** vollzogen wird und die Parteien, dh der Arbeitnehmer und der ehemalige Arbeitgeber, zur Beendigung des Rechtsstreits einen Vergleich schließen, in dem das Arbeitsverhältnis gegen Zahlung einer Abfindung beendet wird. Das Prüfungsamt wird den Arbeitnehmer nun auf die »schlaue« Idee kommen lassen, den neuen Betriebsinhaber auf Weiterbeschäftigung zu verklagen mit dem Argument, der Vergleich wirke nur »inter partes«, also nicht gegenüber dem neuen Betriebsinhaber. Dazu müssen Sie wissen, dass der ehemalige Arbeitgeber prozessführungsbefugt bleibt und den Prozess im eigenen Namen in gesetzlicher Prozessstandschaft[341] weiterführen darf (§ 265 II 1 ZPO analog). Als Prozessstandschafter kann er nach verbreiteter Ansicht für den Rechtsnachfolger ohne Weiteres materiell-rechtlich bindende (Prozess-)Vergleiche abschließen. Jedenfalls aber kann der neue Betriebsinhaber den in diesem Vergleich enthaltenen Vertrag (»Doppelnatur des Prozessvergleichs«) gem. §§ 177 I, 182 II BGB konkludent genehmigen mit der Folge, dass der Vergleich auch für und gegen ihn wirkt, das Arbeitsverhältnis rückwirkend beendet und die Klage abzuweisen ist.[342]

187 Zur gem. § 613a V BGB vorgeschriebenen **Unterrichtung der Arbeitnehmer**[343] und zur **Widerspruchsmöglichkeit** des Arbeitnehmers gegen den Übergang seines Arbeitsverhältnisses gem. § 613a VI BGB lesen Sie bei Bedarf im Palandt[344]. Die Lösung etwaiger Klausurprobleme betreffend die Fortgeltung von Tarifverträgen und Betriebsvereinbarungen finden Sie auch im Palandt[345].

D. Besonderheiten des arbeitsgerichtlichen Urteils

188 Das arbeitsgerichtliche Urteil ist grundsätzlich ein »normales« Zivilurteil mit Rubrum, Tenor, Tatbestand und Entscheidungsgründen. Bei den Nebenentscheidungen (sofern nicht im Bearbeitervermerk erlassen) bestehen im arbeitsgerichtlichen Urteil folgende Besonderheiten:

189 Urteile der Arbeitsgerichte, gegen die Einspruch oder Berufung zulässig ist, sind **kraft Gesetzes vorläufig vollstreckbar,** und zwar **ohne Sicherheitsleistung** und **ohne Abwendungsbefugnis** (§ 62 I ArbGG). Das arbeitsgerichtliche Urteil enthält keine Entscheidung zur vorläufigen Vollstreckbarkeit!

---

340 BAG NZA 2013, 203.
341 *Kaiser/Kaiser/Kaiser* Zivilgerichtsklausur I Rn. 350 ff.
342 BAG NZA 2007, 328.
343 BAG NZA 2014, 610.
344 Palandt/*Weidenkaff* BGB § 613a Rn. 38 ff.
345 Palandt/*Weidenkaff* BGB § 613a Rn. 28 ff.

Im Urteil ist der Streitwert festzusetzen (§ 61 I ArbGG). Gemeint ist der **Berufungsstreit-** 190
wert und nicht der Gebührenstreitwert, dh, maßgeblich ist nur der Anspruch, über den tatsächlich noch durch Urteil entschieden wird.

> **Beispiel:** Klage auf 1.000 EUR, nach Rücknahme in Höhe von 400 EUR ist der Streitwert
> im Urteil auf 600 EUR festzusetzen.

Folgende Streitwerte sollten Sie kennen: 191

- **Kündigungsschutz- und Entfristungsklagen:** 3 Bruttomonatsgehälter (§ 42 II GKG).
  Wenn das KSchG keine Anwendung findet (Betriebsgröße, Dauer der Betriebszugehörig-
  keit), weniger (Orientierung an der Länge der Kündigungsfrist). Werden in einem Verfah-
  ren mehrere Kündigungen angegriffen, sind die Gegenstandswerte grundsätzlich zu addie-
  ren.[346]
- **»Schleppnetzantrag« (allg. Feststellungsantrag gem. § 256 ZPO):** kein eigener Wert
- **Weiterbeschäftigungsantrag:** 1 Bruttomonatsgehalt
- **Zeugnis:** qualifiziert 1 Bruttomonatsgehalt, einfach 10% eines Bruttomonatsgehalts

Im Urteil ist über die Zulassung der Berufung zu entscheiden (§ 64 IIIa ArbGG). Die Fälle, 192
in denen die Berufung zuzulassen ist, sind in § 64 III ArbGG geregelt. In einer Examensklausur
wird die Berufung regelmäßig nicht zuzulassen sein! Die Berufung ist – kraft Gesetzes – in
dem § 64 II lit. b–d ArbGG zugelassen. Darauf sollten Sie am Ende Ihrer Entscheidungsgründe kurz hinweisen.

Unterschrieben wird das Urteil nur vom Vorsitzenden (§ 60 IV 1 ArbGG). 193

E. Muster eines arbeitsgerichtlichen Urteils (Rubrum und Tenor):

Arbeitsgericht Frankfurt/Main 194
5 Ca 47/15

Im Namen des Volkes!

Urteil

In dem Rechtsstreit
Werner Müller, Am Walde 27, 60311 Frankfurt,

– Kläger –

Prozessbevollmächtigter: RA Wohlrat, Am Walde 28, 60311 Frankfurt,

gegen

Heinz Meier GmbH, vertreten durch den Geschäftsführer Heinz Meier, Industriestraße 17, 60311
Frankfurt,

– Beklagte –

Prozessbevollmächtigter: RA Ratmal, Industriestraße 18, 60311 Frankfurt,

wegen Kündigung u.a.

hat die 5. Kammer des Arbeitsgerichts Frankfurt/Main durch den Richter am Arbeitsgericht Schlau
als Vorsitzenden, den ehrenamtlichen Richter Reiner und die ehrenamtliche Richterin Zufall auf die
mündliche Verhandlung vom 1.10.2018 für Recht erkannt:

1. Es wird festgestellt, dass das Arbeitsverhältnis der Parteien durch die Kündigungserklärung der
   Beklagten vom 5.11.2017 nicht aufgelöst ist.
2. Die Beklagte wird verurteilt, den Kläger bis zur rechtskräftigen Entscheidung über den Kündigungsschutzantrag als Mitarbeiter in der Produktion weiter zu beschäftigen.
3. Die Kosten des Rechtsstreits trägt die Beklagte.
4. Der Streitwert wird auf 8.000 EUR festgesetzt.
5. Die Berufung wird nicht besonders zugelassen.

---

346 BAG JurBüro 2011, 88.

Im Falle einer **klagabweisenden** Entscheidung wäre zu tenorieren:

1. Die Klage wird abgewiesen.
2. Die Kosten des Rechtsstreits trägt der Kläger.
3. Der Streitwert wird auf 8.000 EUR festgesetzt.
4. Die Berufung wird nicht besonders zugelassen.

Ist die Kündigung als außerordentliche unwirksam, als ordentliche hingegen wirksam:

Es wird festgestellt, dass das Arbeitsverhältnis der Parteien durch die Kündigungserklärung der Beklagten vom 5.11.2017 nicht vor Ablauf des … (Ende der ordentlichen Kündigungsfrist) aufgelöst ist. Im Übrigen wird die Klage abgewiesen.

Ist über einen **Auflösungsantrag** zu entscheiden, ist (zusätzlich) zu tenorieren:

Das Arbeitsverhältnis der Parteien wird zum … aufgelöst. Die Beklagte wird verurteilt, an den Kläger eine Abfindung in Höhe von … EUR zu zahlen.

oder

Der Antrag auf Auflösung des Arbeitsverhältnisses wird zurückgewiesen.

F. Formulierungshilfen

195 Erfahrungsgemäß **verschenken** Referendare in Arbeitsrechtsrechtsklausuren **viele Punkte**, indem sie die zahlreichen unbestimmten Rechtsbegriffe wie zB »wichtiger Grund« nicht definieren. **Erst definieren, dann subsumieren** – so macht es auch das BAG, und schon sieht das Urteil viel »professioneller« aus und bringt dementsprechend auch mehr Punkte. Nach den im Folgenden **fettgedruckten Schlagwörtern** sucht der Korrektor – machen Sie es ihm einfach und schreiben Sie sie hin! Woher soll der Arme wissen, was Sie draufhaben, wenn Sie es ihm nicht zeigen?!

I. Wichtiger Grund (§ 626 BGB)

196 Gemäß § 626 I BGB kann das Arbeitsverhältnis aus wichtigem Grund ohne Einhaltung einer Kündigungsfrist gekündigt werden, wenn Tatsachen vorliegen, aufgrund derer dem Kündigenden unter Berücksichtigung aller Umstände des Einzelfalls und unter Abwägung der Interessen beider Vertragsteile die Fortsetzung des Arbeitsverhältnisses bis zum Ablauf der Kündigungsfrist oder bis zu der vereinbarten Beendigung des Arbeitsverhältnisses nicht zugemutet werden kann. Dafür ist zunächst zu prüfen, **ob der Sachverhalt ohne seine besonderen Umstände »an sich«, dh typischerweise als wichtiger Grund, geeignet** ist. Alsdann bedarf es der weiteren Prüfung, ob dem Kündigenden die **Fortsetzung des Arbeitsverhältnisses** unter **Berücksichtigung der konkreten Umstände** des Falls und unter **Abwägung der Interessen beider Vertragsteile** – jedenfalls bis zum Ablauf der Kündigungsfrist – zumutbar ist oder nicht.

II. Personenbedingte Kündigung (§ 1 II KSchG)

197 Die Kündigung ist durch Gründe, die in der Person des Arbeitnehmers liegen sozial gerechtfertigt (§ 1 I und II KSchG). Mit der Befugnis zur personenbedingten Kündigung soll **dem Arbeitgeber die Möglichkeit eröffnet** werden, das **Arbeitsverhältnis aufzulösen,** wenn der Arbeitnehmer **nicht (mehr) die erforderliche Eignung oder Fähigkeit** besitzt, die geschuldete Arbeitsleistung zu erbringen. Die **Erreichung des Vertragszwecks** muss durch den **in der Sphäre des Arbeitnehmers liegenden Umstand** nicht nur vorübergehend zumindest teilweise unmöglich sein.

III. Verhaltensbedingte Kündigung (§ 1 II KSchG)

198 Nach § 1 II 1 KSchG ist eine Kündigung sozial gerechtfertigt, wenn sie durch Gründe, die im Verhalten des Arbeitnehmers liegen, bedingt ist. Sie ist durch solche Gründe »bedingt«, wenn der Arbeitnehmer seine **vertraglichen Haupt- oder Nebenpflichten erheblich und in der**

Regel schuldhaft verletzt hat und **eine dauerhaft störungsfreie Vertragserfüllung in Zukunft nicht mehr zu erwarten steht.**

IV. Betriebsbedingte Kündigung (§ 1 II KSchG)

Eine Kündigung ist durch dringende betriebliche Erfordernisse bedingt, wenn der **Bedarf für** 199 **eine Weiterbeschäftigung des gekündigten Arbeitnehmers** im Betrieb **voraussichtlich dauerhaft entfallen** ist. Auf der Grundlage der betrieblichen Dispositionen des Arbeitgebers müssen im Tätigkeitsbereich des Gekündigten **mehr Arbeitnehmer beschäftigt** sein, **als** zur Erledigung der anfallenden Arbeiten **benötigt** werden. Dieser **Überhang** muss **auf Dauer zu erwarten** sein. Regelmäßig entsteht ein Überhang an Arbeitskräften nicht allein und unmittelbar durch bestimmte wirtschaftliche Entwicklungen (Produktions- oder Umsatzrückgang etc.), sondern aufgrund einer – oftmals durch diese Entwicklungen veranlassten – **Organisationsentscheidung des Arbeitgebers.**

V. Unangemessene Benachteiligung (§ 307 BGB)

Nach § 307 I 1 BGB sind Bestimmungen in Allgemeinen Geschäftsbedingungen unwirksam, 200 wenn sie den Vertragspartner **entgegen Treu und Glauben unangemessen benachteiligen.** Eine formularmäßige Vertragsbestimmung ist unangemessen, wenn der Verwender **durch einseitige Vertragsgestaltung missbräuchlich eigene Interessen auf Kosten seines Vertragspartners durchzusetzen versucht, ohne auch dessen Belange hinreichend zu berücksichtigen und ihm einen angemessenen Ausgleich zu gewähren.** Die typischen Interessen der Vertragspartner sind **unter besonderer Berücksichtigung grundrechtlich geschützter Rechtspositionen** wechselseitig zu bewerten. Die Unangemessenheit richtet sich nach einem generell typisierenden, vom Einzelfall losgelösten Maßstab unter Berücksichtigung von Gegenstand, Zweck und Eigenart des jeweiligen Geschäfts innerhalb der beteiligten Verkehrskreise. Eine unangemessene Benachteiligung ist **im Zweifel** anzunehmen, wenn eine Bestimmung **mit wesentlichen Grundgedanken der gesetzlichen Regelung,** von der abgewichen wird, **nicht zu vereinbaren** ist oder **wesentliche Rechte oder Pflichten,** die sich aus der Natur des Vertrags ergeben, so **einschränkt, dass die Erreichung des Vertragszwecks gefährdet** ist (§ 307 II BGB).

VI. Intransparenz (§ 307 BGB)

Die streitgegenständliche Regelung betrifft Hauptleistungspflichten der Parteien und unter- 201 liegt damit gem. § 307 III 2 BGB (nur) der Transparenzkontrolle nach § 307 I 2 BGB. Danach kann sich die zur Unwirksamkeit einer Allgemeinen Geschäftsbedingung führende unangemessene Benachteiligung daraus ergeben, dass die Bedingung **nicht klar und verständlich** ist. Dieses Transparenzgebot schließt das **Bestimmtheitsgebot** ein. Danach müssen die tatbestandlichen Voraussetzungen und Rechtsfolgen so genau beschrieben werden, dass für den Verwender **keine ungerechtfertigten Beurteilungsspielräume** entstehen. Sinn des Transparenzgebots ist es, der Gefahr vorzubeugen, dass der Vertragspartner des Klauselverwenders **von der Durchsetzung bestehender Rechte abgehalten** wird. Eine Klausel muss im Rahmen des rechtlich und tatsächlich Zumutbaren die Rechte und Pflichten des Vertragspartners des Klauselverwenders **so klar und präzise wie möglich** umschreiben. Sie verletzt das Bestimmtheitsgebot, wenn sie **vermeidbare Unklarheiten und Spielräume** enthält.

2. Teil. Wirtschaftsrecht

§ 3 Zuständigkeit der Kammer für Handelssachen

Von einem ehemaligen Präsidenten des Justizprüfungsamtes Frankfurt ist überliefert, dass **1** Gegenstand der hessischen Wirtschaftsrechtsklausur alles sein kann, was in den Zuständigkeitsbereich der Kammer für Handelssachen fällt. Weil zu erwarten ist, dass die Zuständigkeit der Kammer für Handelssachen in nahezu jeder wirtschaftsrechtlichen Examensklausur eine Rolle spielen kann, sollten Sie sich die Regelungen der §§ 93 ff. GVG einmal durchlesen.[1]

Zur Zuständigkeit der Kammer für Handelssachen gehören insbesondere Ansprüche gegen **2** einen eingetragenen Kaufmann aus einem beiderseitigen Handelsgeschäft (§ 95 I Nr. 1 GVG), gesellschaftsrechtliche Ansprüche (§ 95 I Nr. 4a GVG), Ansprüche des Dritten aus § 179 BGB gegen den als *»falsus procurator«* handelnden Prokuristen oder Handlungsbevollmächtigten (§ 95 I Nr. 4e GVG) und Ansprüche, die aufgrund des UWG geltend gemacht werden (§ 95 I Nr. 5 GVG).

Die Zuständigkeit der Kammer für Handelssachen wird nach § 96 I GVG durch einen **An-** **3** **trag des Klägers** begründet. Ausreichend ist insoweit bereits, dass die Klageschrift an die Kammer für Handelssachen adressiert ist. Macht der Kläger eine Klage vor einer Zivilkammer anhängig, deren Gegenstand in den Zuständigkeitsbereich der Kammer für Handelssachen fällt, kann der Beklagte nach § 98 I GVG einen Antrag auf Verweisung stellen.

> **Klausurtipp:** Denken Sie gerade in Klausuren an die Zuständigkeit der Kammer für Handelssachen, bei der Sie aus der Sicht des den Gläubiger vertretenden Anwaltes handeln müssen. Eine Klageschrift muss an die Kammer für Handelssachen adressiert werden. Soweit Sie eine Antragsschrift im *einstweiligen Rechtsschutz* zu fertigen haben, gilt dies erst recht.[2] Wählen Sie hier statt der Kammer für Handelssachen die (allgemeine) Zivilkammer, wird der Antrag hierdurch zwar nicht unzulässig; der klagende Mandant verliert aber infolge des drohenden Verweisungsantrags des Antragsgegners wertvolle Zeit und Sie – in der Examensklausur – deswegen Punkte.

Die Kammer für Handelssachen entscheidet grundsätzlich in der Besetzung mit einem Be- **4** rufsrichter und zwei ehrenamtlichen Richtern (§ 105 I GVG). Das bedeutet für die Urteilsklausur, dass **alle drei Richter** (selbstverständlich) in das **Rubrum** aufzunehmen sind (»… hat das Landgericht Darmstadt, 3. Kammer für Handelssachen, durch den Vorsitzenden Richter am Landgericht Meyer und die Handelsrichter Müller und Schmidt aufgrund …«) und das Urteil auch von allen drei Richtern zu **unterschreiben** ist; eine Vorschrift wie § 60 IV 1 ArbGG gibt es in der ZPO und dem GVG nicht.

---

1 Lesen Sie dazu auch *Kaiser/Kaiser/Kaiser* Zivilgerichtsklausur I Rn. 379 ff., mit Formulierungsvorschlägen.
2 Zum einstweiligen Rechtsschutz in der Anwaltsklausur *Kaiser/Kaiser/Kaiser* Anwaltsklausur ZivilR Rn. 73 ff.

§ 4 Die korrekte Bezeichnung der Parteien

1 Gerade in wirtschaftsrechtlichen Klausuren ist besondere Sorgfalt auf die korrekte Bezeichnung der Parteien und der Vertretungsverhältnisse zu legen. Es handelt sich regelmäßig nicht um natürliche Personen, sondern um Unternehmen, welche am Rechtsverkehr unter einer bestimmten Firma teilnehmen und von natürlichen Personen vertreten werden. Fehler in diesem Bereich – gleich zu Beginn der Klausur – prägen den Eindruck der gesamten Bearbeitung (»Der erste Eindruck ist entscheidend – der letzte Eindruck bleibt!«).

2 Ausführungen zur Partei- und Prozessfähigkeit sind in jedem Fall zu machen. Sofern entsprechende gesetzliche Regelungen bestehen, müssen diese zitiert werden. Für den Fall der GbR bedarf es einer kurzen Begründung, denn es fehlt eben an einer gesetzlichen Regelung. Der Verweis auf die ständige Rechtsprechung des Bundesgerichtshofs ersetzt keine juristische Argumentation.

3 Soweit der Sachverhalt Anhaltspunkte liefert, ist in diesem Zusammenhang zu prüfen, ob die Partei überhaupt prozessfähig ist (§ 51 ZPO) und von wem sie im Rechtsstreit gesetzlich vertreten wird. Letzteres ist zwar »nur« eine Ordnungsvorschrift nach §§ 253 IV, 130 Nr. 1 ZPO, deren Verletzung nicht zur Unzulässigkeit der Klage führt; in der Klausur sollten Sie jedoch (selbstverständlich) auch die Ordnungsvorschriften der ZPO beachten.

> **Klausurtipp:** Aus diesem Bereich kann in der Zulässigkeit der Klage das Problem der **irrtümlich falschen Parteibezeichnung** vorkommen. Lesen Sie dazu *Kaiser/Kaiser/Kaiser* Zivilgerichtsklausur I Rn. 314.

§ 5 Die Vertretung von Gesellschaften

Die Parteien einer wirtschaftsrechtlichen Klausur sind nahezu regelmäßig keine natürlichen **1** Personen, sondern Gesellschaften. Diese können demnach Willenserklärungen weder selbst abgeben noch empfangen. Zudem kann es mitunter auf die Willensbildung der aus mehreren Personen bestehenden Gesellschaft ankommen.

A. Vertretungsmacht und Geschäftsführungsbefugnis

Hierbei ist zwischen der Vertretungsmacht und der Geschäftsführungsbefugnis zu unter- **2** scheiden. Bereits begrifflich sind Vertretungsmacht einerseits und Geschäftsführungsbefugnis andererseits voneinander zu trennen. Im Recht der OHG ergibt sich diese Differenzierung bereits aus dem Gesetz. Die Geschäftsführungsbefugnis ist in den §§ 109 ff. HGB, die Vertretungsmacht in den §§ 123 ff. HGB geregelt.

Wenn Gesellschafter im Innenverhältnis eine Entscheidung darüber zu treffen haben, auf **3** welche Art und Weise der Gesellschaftszweck erfüllt werden soll, dann obliegt diese *interne* Entscheidung den Gesellschaftern, denen die Geschäftsführungsbefugnis zukommt. Die **Geschäftsführungsbefugnis** betrifft also die Frage, ob ein Gesellschafter im **Innenverhältnis** bestimmte Maßnahmen veranlassen darf. Die Überschreitung der Geschäftsführungsbefugnis kann daher (lediglich) Auswirkungen im Innenverhältnis haben. Häufig wird hier die Haftung des Handelnden wegen Verstoßes gegen den Gesellschaftsvertrag die zu beantwortende Fragestellung sein (beispielsweise Ansprüche der Gesellschaft gegen den handelnden Gesellschafter).

Mit **Vertretungsmacht** ist hingegen das **Außenverhältnis** der Gesellschaft gegenüber dem **4** Rechtsverkehr gemeint. Zur Vornahme wirksamer Rechtsgeschäfte für die Gesellschaft braucht der Gesellschafter (oder der sonst für die Gesellschaft Handelnde) Vertretungsmacht. Ein Rückschluss von der Geschäftsführungsbefugnis auf die Vertretungsmacht verbietet sich. Dies zeigt bereits der Aufbau der gesetzlichen Regelung. Für OHG und KG unterscheidet der Gesetzgeber explizit zwischen der Geschäftsführungsbefugnis (§§ 114 ff. HGB) und der Vertretungsmacht (§§ 125 f. HGB) und verortet die beiden Normenbereiche in systematisch getrennten Titeln.

Bei Personengesellschaften liegt die Vertretungsmacht in der Hand der Gesellschafter. Bei den **5** juristischen Personen des Privatrechts (AG, GmbH, e.V.) liegt diese bei den Organen (beispielsweise dem Vorstand des Vereins nach § 26 I 2 Hs. 1 BGB oder dem Geschäftsführer der GmbH nach § 35 I GmbHG). Der Umfang der Vertretungsmacht ist ebenfalls gesetzlich geregelt. Für OHG und KG ist der Umfang der Vertretungsmacht der Gesellschafter in § 126 HGB geregelt, für den Geschäftsführer der GmbH in den §§ 35, 37 GmbHG. Der gesetzliche Umfang dieser Vertretungsmacht ist zwingend und Dritten gegenüber nicht dispositiv.[1] Es handelt sich – ähnlich wie bei der Prokura – um eine Vollmacht, die zwar rechtsgeschäftlich erteilt wird, deren Umfang aber durch das Gesetz zwingend festgelegt ist.

> **Klausurtipp:** Die Frage der wirksamen Vertretung der Gesellschaft betrifft die Voraussetzungen des § 164 BGB. Hat der Vertreter eine eigene Willenserklärung im fremden Namen mit Vertretungsmacht abgegeben? Unter dem Prüfungspunkt »Mit Vertretungsmacht« ist also die Frage der Vertretungsmacht der für die Gesellschaft handelnden Person zu diskutieren. Lernen Sie nicht nur die Problemsituationen, sondern machen sie sich immer auch klar, an welcher Stelle im Prüfungsaufbau die jeweilige Problematik geprüft wird.

B. Sonderfall GbR

Die vorstehenden Ausführungen gelten nicht für die GbR. Eine analoge Anwendung des **6** § 126 HGB ist ausgeschlossen.[2] Demzufolge richtet sich der Umfang der Vertretungsmacht

---

1 Baumbach/Hopt/*Roth* HGB § 126 Rn. 5.
2 MüKoBGB/*Schäfer* § 714 Rn. 24.

der Gesellschafter ausschließlich nach dem Gesellschaftsvertrag. Überschreitet ein Gesellschafter diesen Umfang, greifen die Regelungen der §§ 177–179 BGB.

Klausurtipp: Zeigen Sie durch saubere Formulierungen, dass Sie in der Lage sind zu abstrahieren. Unsauber ist die in Tatbeständen von Examensklausuren häufig zu lesende Formulierung: »Die Meier GmbH erklärte, ...« Die Gesellschaft selbst kann schlechterdings keine Erklärung abgeben. Richtig müsste es heißen:

▌ Hans Meier erklärte als Geschäftsführer der Meier GmbH für diese, ...

C. Wissenszurechnung

7 Handelt bei dem konkret infrage stehenden Vorgang ein Vertreter, so wird nach **§ 166 I BGB das Wissen des Vertreters dem Vertretenen zugerechnet.** Dies gilt analog § 166 I BGB auch bei sog. Wissensvertretern; dies sind solche Personen, die ohne Vertretungsmacht eigenverantwortlich als **Repräsentant** der Gesellschaft auftreten (gilt nicht nur im Gesellschaftsrecht!).[3]

8 Problematisch ist die Zurechnung des Wissens von ausgeschiedenen oder solchen Personen, die nicht an dem Rechtsgeschäft beteiligt sind, was vor allem bei Gesellschaften relevant wird. Die hM bejaht auch hier eine Wissenszurechnung über die Rechtsfigur der **Informationsorganisationspflichtverletzung.** Eine Zurechnung wird nämlich dann angenommen, wenn es sich um Wissen eines Vertreters oder Wissensvertreters handelt, welches bei ordnungsgemäßer Organisation aktenmäßig festzuhalten, weiterzugeben und vor Vertragsschluss abzufragen gewesen wäre. Dasselbe gilt wiederum auch bei einer GbR.[4]

Merken Sie sich bereits an dieser Stelle:
- Kenntnis/Wissen wird nach § 166 BGB (analog) zugerechnet;
- Handeln/Verschulden der Organe wird in der Regel nach § 31 BGB (analog) zugerechnet;
- Handeln/Verschulden der Erfüllungsgehilfen wird nach § 278 BGB zugerechnet;
- Für die Verrichtungsgehilfen ist bei deliktischen Ansprüchen § 831 BGB einschlägig. Beachten Sie, dass es sich hierbei um eine Anspruchsgrundlage und **nicht** um eine Zurechnungsnorm handelt.

---

3 Palandt/*Ellenberger* BGB § 166 Rn. 6 ff.
4 BGH NJW 1996, 1339 ff. und 2001, 359 f.

§ 6 Zurechnung Handeln und Verschulden

Bei der **Zurechnung von Handeln/Verschulden** (= Vorsatz, Fahrlässigkeit) zu den juristi- 1
schen Personen und der OHG und KG müssen Sie Folgendes wissen: Grundsätzlich greifen
die §§ 831, 278 BGB, wenn Verrichtungs- oder Erfüllungsgehilfen handeln.

Problematisch ist, wie das Handeln eines Organs der Gesellschaft dieser zuzurechnen ist. 2
§ 831 BGB scheidet aus, da dies keine Zurechnungsnorm ist. § 278 BGB findet in der Regel
ebenfalls keine Anwendung, da das Organ nicht wie ein Erfüllungsgehilfe eine fremde Verbindlichkeit erfüllt, sondern eine eigene. Übrig bleibt als Haftungszurechnungsnorm **§ 31 BGB**,
der bei Organhandlungen bezüglich Pflichtverletzungen (auch Delikt) auf alle juristischen
Personen (auch die des öffentlichen Rechts, § 89 BGB) und alle Personengesellschaften analog
angewendet wird und die Zurechnung des Handelns des Organs zur Gesellschaft ermöglicht.[1]
Neben der Gesellschaft haftet der Handelnde dann gegebenenfalls persönlich nach c.i.c.
und/oder §§ 823 ff. BGB. Für die GbR gilt das Gleiche, selbst wenn nur ein Scheinsozius der
Anwaltssozietät (GbR) handelt.[2]

> **Beachte: § 31 BGB** hat in allen Fallgruppen zwei Voraussetzungen: Einerseits muss die Handlung
> des Organs in Ausführung der ihm zustehenden Verrichtung und **nicht nur bei Gelegenheit** bzw.
> ohne Zusammenhang mit dem Aufgabenkreis des Organs begangen worden sein. Zweitens muss
> ein verfassungsmäßig berufener Vertreter gehandelt haben. Verfassungsmäßig berufene Vertreter
> sind jedoch nicht nur Organe im engeren Sinn. Die Rechtsprechung wendet § 31 BGB auch auf Rep-
> räsentanten an, denen bestimmte Funktionen der Gesellschaft zur eigenverantwortlichen Erfüllung
> zugewiesen wurden.[3] Auf das Bestehen von Vertretungsmacht kommt es nicht an.

Entscheidender Unterschied zu § 831 BGB ist die fehlende Exkulpationsmöglichkeit bei Or- 3
ganhandlungen. Und dies ist auch der Grund für die extensive Anwendung des § 31 BGB.
Hierdurch sollen die Anwendungsbereiche des § 831 BGB und die damit einhergehende Exkulpationsmöglichkeit eingeschränkt werden.[4] Hinzu kommt, dass gerade im Bereich der
eigenverantwortlich handelnden Repräsentanten eine Zurechnung über § 831 BGB an der
notwendigen Weisungsbefugnis scheitern würde.[5]

> **Wichtig:** Die Rechtsprechung wendet § 31 BGB (analog) auch dann an, wenn ein Fall des sog. Orga-
> nisationsverschuldens vorliegt. Eine Gesellschaft darf wichtige Aufgabengebiete nicht durch wei-
> sungsabhängige Verrichtungsgehilfen wahrnehmen lassen, für die sie sich nach § 831 I 2 BGB exkul-
> pieren kann, sondern hat die Pflicht dafür Sorge zu tragen, dass alle wichtigen Aufgabengebiete von
> einem verfassungsmäßig berufenen Vertreter iSd § 31 BGB wahrgenommen werden. Kommt sie
> dieser Pflicht nicht nach (auch wenn ein wichtiges Aufgabengebiet von gar niemandem wahrge-
> nommen wird) haftet die Gesellschaft für das Handeln nach § 31 BGB (analog).

Lernen Sie in Zusammenhängen: 4

- Die Zurechnung von Handeln/Verschulden wird nicht nur bei den §§ 280 ff. BGB relevant,
  sondern auch bei § 823 BGB, § 311 II und III BGB, § 122 BGB etc.
- Die Zurechnung von Kenntnis/Wissen kann dagegen etwa bei §§ 123, 138, 444, 819, 932
  BGB relevant werden.

---

1 Palandt/*Ellenberger* BGB § 31 Rn. 3.
2 BGH NJW 2003, 1445; 2007, 2490; bei angestellten Anwälten oder freien Mitarbeitern gilt im Übrigen stets
  § 278 BGB.
3 Palandt/*Ellenberger* BGB § 31 Rn. 6; ab Rn. 9 ff., mit vielen Beispielen als Argumentationsgrundlage in der
  Klausur!
4 MüKoBGB/*Arnold* § 31 Rn. 1.
5 MüKoBGB/*Arnold* § 31 Rn. 25.

§ 7 Die klausurrelevantesten Gesellschaftsformen

1 Die klausurrelevantesten Gesellschaftsformen sind die OHG, die GbR und die KG. Das JPA greift gerne auf diese Gesellschaften zurück, weil neben einer Haftung der Gesellschaft grundsätzlich auch eine Außenhaftung der Gesellschafter in Betracht kommt. Dies unterscheidet die Personengesellschaften von den Kapitalgesellschaften (GmbH, AG), bei der regelmäßig nur die Gesellschaft gegenüber den Gläubigern im Außenverhältnis haftet, nicht aber auch deren Geschäftsführer oder Gesellschafter. Deshalb ist die GmbH für das JPA nicht ganz so interessant wie die vorgenannten Personenhandelsgesellschaften. Dennoch kommen auch GmbHs immer wieder in den Klausuren vor.

2 Von dem Verhältnis der Gesellschaft und der Gesellschafter zu Dritten (Außenverhältnis) ist die Beziehung der Gesellschafter untereinander und zur Gesellschaft (Innenverhältnis) zu unterscheiden. Auch auf die Haftung im Innenverhältnis kann es in der Klausur ankommen.

3 Nachfolgend sollen die häufigsten Klausurprobleme aus dem Bereich dieser Gesellschaftsformen skizziert werden. In der Klausur müssen Sie wissen,
- wie diese Gesellschaften im Außenverhältnis haften,
- wie und ob die Gesellschafter im Außenverhältnis haften und
- welche Regressansprüche den Gesellschaftern im Innenverhältnis im Falle einer Haftung gegenüber der Gesellschaft und den übrigen Gesellschaftern zustehen.

> **Klausurtipp:** Probleme der Innenhaftung werden in der Klausur typischerweise in folgenden Konstellationen vorkommen:
> - Ein Titel-Gläubiger der Gesellschaft pfändet deren Anspruch gegen den Gesellschafter und macht diesen nun im Wege der Einziehungsklage[1] geltend und
> - der Insolvenzverwalter macht die Ansprüche für die Gesellschaft gegen deren Gesellschafter geltend.[2]
> - Ein von einem Gläubiger der Gesellschaft in Anspruch genommener Gesellschafter macht Regressansprüche gegen Gesellschaft und Mitgesellschafter geltend.

4 Die Darstellung beginnt mit einer ausführlicheren Darstellung der OHG. Bei den nachfolgend beschriebenen Gesellschaftsformen werden nur noch die wesentlichen klausurrelevanten Unterschiede zu dieser Gesellschaftsform dargestellt.

A. Die OHG

5 Die OHG ist in den §§ 105–160 HGB geregelt. Ergänzend gelten über § 105 III HGB die Regeln der GbR für die OHG, soweit in den §§ 105–160 HGB keine spezielleren Regelungen enthalten sind.

I. Die Entstehung der OHG

6 Eine OHG entsteht, wenn ein Gesellschaftsvertrag gem. § 105 III HGB, § 705 BGB vorliegt und die Gesellschafter vereinbart haben, unter einer gemeinsamen Firma ein Handelsgewerbe zu betreiben. Hier sind somit die Voraussetzungen eines Handelsgewerbes gem. § 1 HGB zu prüfen.[3] Sobald diese Voraussetzungen vorliegen, ist die OHG bereits im Innenverhältnis entstanden, sodass die §§ 110 ff. HGB Anwendung finden.

7 Für die Wirksamkeit der OHG nach außen bedarf es der Aufnahme der Geschäfte, § 123 II HGB oder der Eintragung in das Handelsregister gem. § 123 I HGB. Letztere ist für das Entstehen der OHG damit grundsätzlich nicht erforderlich, sondern hat im Regelfall nur deklaratorische Bedeutung. Etwas anderes gilt gem. § 105 II 2 HGB nur für kleingewerbliche Betriebe iSv § 1 II HGB. Diese werden erst mit der Eintragung ins Handelsregister zur OHG. Die Eintragung ist also konstitutiv.

---

1 Vgl. dazu *Kaiser/Kaiser/Kaiser* Zwangsvollstreckungsklausur Rn. 48.
2 Zur Prozessführungsbefugnis des Insolvenzverwalters → § 15 Rn. 6.
3 Baumbach/Hopt/*Roth* HGB § 105 Rn. 4.

Demzufolge kann es durchaus sein, dass eine OHG im Innenverhältnis bereits entstanden ist, **8** nicht jedoch im Außenverhältnis. Das Verneinen einer OHG wäre dann ein schwerer Fehler, wenn lediglich Ansprüche aus dem Innenverhältnis zu prüfen sind. Achten Sie daher immer darauf, welches Rechtsverhältnis für Ihren Sachverhalt relevant ist. Liegt in einem solchen Fall kein Handelsgewerbe, sondern nur ein Kleingewerbe vor, entsteht aber auch im Innenverhältnis keine OHG, da das Tatbestandsmerkmal des Handelsgewerbes nicht erfüllt ist. In diesem Fall liegt lediglich eine GbR vor.

II. Die Haftung der OHG

Die OHG haftet gem. § 124 HGB für die von ihr durch Vertrag und Gesetz begründeten **9** Verbindlichkeiten mit ihrem Vermögen.

Eine vertragliche Verpflichtung der OHG setzt deren wirksame Vertretung durch ihre Orga- **10** ne, dh durch die zur Vertretung berufenen Gesellschafter oder durch einen rechtsgeschäftlich bestellten Vertreter, beispielsweise einen Prokuristen oder einen Handlungsbevollmächtigten, voraus. Anders als bei der GmbH muss sichergestellt sein, dass die Gesellschaft immer auch durch ihre Gesellschafter vertreten werden kann; sog. Grundsatz der **Selbstorganschaft.** Die Vertretung der Gesellschaft richtet sich nach § 125 HGB, den Umfang der Vertretungsmacht bestimmt § 126 HGB. Gemäß § 125 I HGB ist grundsätzlich jeder Gesellschafter einzelvertretungsberechtigt. Der Gesellschaftsvertrag kann jedoch sowohl einzelne Gesellschafter von der Vertretung ausschließen (§ 125 I HGB) als auch bestimmen, dass alle oder mehrere Gesellschafter nur gemeinschaftlich oder gemeinschaftlich mit einem Prokuristen zur Vertretung der Gesellschaft berechtigt sind (sog. Gesamtvertretungsmacht, § 125 II HGB). Abweichungen vom Grundsatz der Einzelvertretungsmacht jedes Gesellschafters sind eine eintragungspflichtige Tatsache (vgl. § 106 II Nr. 4 HGB). Das heißt, soweit keine vom Grundsatz der Einzelvertretungsmacht abweichenden Vertretungsverhältnisse im Handelsregister eingetragen sind, darf der Rechtsverkehr gem. § 15 I HGB davon ausgehen, dass jeder Gesellschafter die OHG einzeln wirksam verpflichten kann.

> **Wichtig:** Haben Sie in diesen Fällen den richtigen Prüfungsaufbau im Blick. Ist ein Gesellschafter nach den Vereinbarungen des Gesellschaftsvertrags lediglich gesamtvertretungsbefugt, fehlt ihm, wenn er alleine handelt, die Vertretungsmacht. Demnach wäre der im Rahmen des § 164 BGB zu prüfende Punkt »mit Vertretungsmacht« nicht erfüllt. Ist die Gesamtvertretungsmacht nicht im Handelsregister eingetragen, begründet sich hieraus gem. § 15 I HGB kraft Rechtsschein eine Einzelvertretungsmacht.
> Von der Vertretungsmacht im Außenverhältnis gem. §§ 125, 126 HGB ist die Geschäftsführungsbefugnis der Gesellschafter im Innenverhältnis gem. §§ 115, 116 HGB zu unterscheiden. Die Vertretungsmacht regelt das rechtliche Können im Außenverhältnis (vgl. § 126 II HGB), die Geschäftsführungsbefugnis dagegen das rechtliche Dürfen im Innenverhältnis. Achten Sie bitte in der Klausur auf eine saubere Begrifflichkeit! Achten Sie ebenfalls darauf, dass Sie Geschäftsführungsbefugnis und Vertretungsmacht nicht miteinander verwechseln.

Bei einer vertraglichen oder gesetzlichen Haftung der OHG auf Schadensersatz wird ihr das **11** Verhalten ihrer Organe, dh ihrer geschäftsführungsbefugten Gesellschafter, sowie aller sonstigen verfassungsmäßig berufenen Vertreter (→ § 6 Rn. 2) nach § 31 BGB analog zugerechnet. Bei allen anderen Personen, dh insbesondere bei den **nicht** geschäftsführungsbefugten Gesellschaftern und Erfüllungs- und Verrichtungsgehilfen, wird der OHG vertragliches Verhalten gem. § 278 BGB zugerechnet und deliktisches Verhalten gem. § 831 BGB geltend gemacht.

III. Die Haftung der Gesellschafter der OHG

1. Die Haftung der Gesellschafter der OHG im Außenverhältnis

Gemäß § 128 S. 1 HGB haften die Gesellschafter der OHG gegenüber den Gläubigern der **12** OHG für die Verbindlichkeiten der OHG als Gesamtschuldner persönlich und unmittelbar. Die Gläubiger müssen sich also nicht primär an die OHG halten, sie können unmittelbar jeden der Gesellschafter auf den vollen Betrag in Anspruch nehmen. Diese gesetzlich angeordnete gesamtschuldnerische Haftung der Gesellschafter ist zwingend und kann nicht im

Gesellschaftsvertrag wirksam gegenüber den Gläubigern abbedungen werden, § 128 S. 2 HGB. Die Haftung der Gesellschafter ist **akzessorisch**, dh, sie hängt von dem Umfang und dem Bestand der Verbindlichkeit der OHG ab. Die Haftung der Gesellschafter setzt damit voraus, dass

- eine OHG besteht (vgl. §§ 105, 123 HGB);
- eine vertragliche oder gesetzliche Verbindlichkeit der OHG besteht und
- dass der Gesellschafter zum Zeitpunkt der Entstehung der Verbindlichkeit (bereits/noch) Gesellschafter der OHG gewesen ist.

13 Aus der Akzessorietät der Gesellschafterhaftung folgt, dass die Gesellschafter die Verbindlichkeit der Gesellschaft genauso zu erfüllen haben wie die Gesellschaft selbst (sog. Inhaltsakzessorietät nach der sog. **Erfüllungstheorie**). Dieser Grundsatz kennt vier Ausnahmen:
- wenn die Gesellschaftsschuld höchstpersönlichen Charakter hat;
- bei unvertretbaren Handlungen iSv § 888 ZPO (zB Abgabe einer Willenserklärung);
- bei Handlungen, deren Erfüllung den Gesellschaftern nicht möglich oder zumutbar ist;
- sofern die Auslegung der Verbindlichkeit der Gesellschaft ergibt, dass die Erfüllung des Primäranspruchs nur von der Gesellschaft selbst geschuldet war (zB Errichtung eines Hauses).

14 Greift eine der Ausnahmen, haften die Gesellschafter nicht auf Erfüllung, sondern lediglich auf Geldersatz.

15 Aus der Akzessorietät der Gesellschafterhaftung folgt weiter, dass jeder Gesellschafter gegenüber den Gläubigern der Gesellschaft nicht nur seine eigenen persönlichen Einwendungen und Einreden geltend machen kann. Vielmehr kann er sich gem. § 129 I HGB auch auf alle Einwendungen berufen, welche von der Gesellschaft erhoben werden können. Der Begriff Einwendungen erfasst nicht nur die rechtshindernden und rechtsvernichtenden Einwendungen, sondern auch die rechtshemmenden Einreden.[4]

> **Wichtig:** Arbeiten Sie hier sauber! Einwendungen, die von der Gesellschaft durch ihre Organe oder rechtsgeschäftlichen Vertreter bereits wirksam geltend gemacht wurden, führen bereits dazu, dass die Verbindlichkeit der Gesellschaft untergeht und damit auch eine Gesellschafterhaftung kraft der bestehenden Akzessorietät nicht mehr in Betracht kommt. Der Gesellschafter muss sich folglich gar nicht erst auf § 129 I HGB berufen (zB Forderung wurde bereits erfüllt). Besteht eine Einwendung, wurde diese aber noch nicht geltend gemacht, kann der Gesellschafter sich auf § 129 I HGB berufen.

> **Klausurtipp:** Hier lassen sich ohne Weiteres Probleme der Rechtskrafterstreckung in die Klausur einbauen (§ 325 ZPO). Der Gesellschafter haftet nur insoweit, als der Gläubiger die Gesellschaft in Anspruch nehmen kann.[5] Umgekehrt gilt dies genauso: Ist ein rechtskräftiges Urteil gegen die Gesellschaft ergangen, wirkt dies auch gegen die Gesellschafter, indem es ihnen die Einwendungen nimmt, die der Gesellschaft abgesprochen wurden.[6]

16 Achten Sie darauf, dass von dieser Rechtskrafterstreckung nur die Einwendungen der Gesellschaft, nicht aber die eigenen Einwendungen des Gesellschafters erfasst werden. Diese können trotz eines bereits gegen die Gesellschaft ergangenen Urteils von dem jeweiligen Gesellschafter geltend gemacht werden. Hierbei kann es sich beispielsweise um eine Stundung, einen Vergleich oder die Vereinbarung einer nachrangigen Haftung handeln.[7]

17 Haben Sie weiterhin im Blick, dass sich die Gesellschaft nicht auf die Einwendungen ihrer Gesellschafter berufen darf.

18 § 129 II HGB wird analog auch auf andere Gestaltungsrechte wie den Rücktritt und die Minderung angewendet.

---

4 *Kindler* GK HandelsR § 10 Rn. 110.
5 *K. Schmidt* GesR § 49 IV 1 mwN.
6 Baumbach/Hopt/*Roth* HGB § 129 Rn. 7; BGH NJW 2011, 2048 (2049).
7 Baumbach/Hopt/*Roth* HGB § 129 Rn. 6.

§ 129 III HGB beruht auf einem Redaktionsversehen; entgegen dem Wortlaut dieser Vor- **19**
schrift kommt es nicht darauf an, dass der Gläubiger, sondern dass die Gesellschaft aufrechnen kann.[8]

Eine Besonderheit gibt es allerdings: Durch die Klageerhebung gegen die Gesellschafter we- **20**
gen einer Gesellschaftsverbindlichkeit wird diesen gegenüber die Verjährung gehemmt. Wenn
im Laufe des Prozesses der Anspruch gegen die nicht mitverklagte Gesellschaft – isoliert
betrachtet – verjährt, können sich die Gesellschafter nach hM[9] nicht auf die Verjährung der
Gesellschaftsschuld berufen. Zur Begründung führt der BGH aus, dass eine Berufung auf
§ 129 I HGB gegen den Grundsatz von Treu und Glauben verstoße (Arg.: der Gläubiger
müsste sonst stets die Gesellschaft und die Gesellschafter zusammen verklagen). Im umgekehrten Fall, also bei einer Klage nur gegen die Gesellschaft, wird aufgrund der Akzessorietät
aus § 129 HGB auch gegenüber den einzelnen Gesellschaftern die Verjährung gehemmt. Die
für die Gesellschaftsschuld maßgebliche Verjährung gilt dabei grundsätzlich auch für die ak-
zessorische Haftung der Gesellschafter.[10]

> **Klausurtipp:** Gehen Sie in der Anwaltsklausur auf Nummer sicher und verklagen die OHG unter
> deren Namen **und** deren Gesellschafter persönlich. Damit stellen Sie auch sicher, dass eine
> Zwangsvollstreckung auch in das Vermögen der Gesellschaft erfolgen kann.

> **Merke:** Gesellschaft und Gesellschafter haften nicht als Gesamtschuldner iSv §§ 421 ff. BGB. Denn
> es fehlt an dem für die Gesamtschuld notwendigen ungeschriebenen Tatbestandsmerkmal der
> Gleichstufigkeit. Jedoch ist eine Verurteilung zur Zahlung »wie Gesamtschuldner« anerkannt.[11] Die
> Regelungen der Gesamtschuld werden, § 423 BGB ausgenommen, analog angewendet.

2. Die Haftung des neu in die Gesellschaft eintretenden Gesellschafters

Der in eine OHG eintretende Gesellschafter haftet für die nach seinem Eintritt begründeten **21**
Verbindlichkeiten unproblematisch gem. § 128 HGB, da er zu diesem Zeitpunkt schon Gesellschafter der OHG ist. Um die Gesellschaftsgläubiger zu sichern, haftet nach dem Willen
des Gesetzgebers der neu eintretende Gesellschafter aber auch für die **Altverbindlichkeiten**
der Gesellschaft, also diejenigen Verbindlichkeiten, die vor seinem Eintritt begründet worden
sind. Da er zu diesem Zeitpunkt noch nicht Gesellschafter war, muss das Gesetz in § 130
HGB eine entsprechende Haftungsfolge anordnen.

> **Wichtig:** In der Klausur ist zu unterscheiden, ob ein Fall des § 130 HGB oder des § 28 I HGB vor-
> liegt. § 130 HGB regelt den Fall, dass ein Gesellschafter in eine bereits **bestehende** Gesellschaft
> eintritt; § 28 I HGB regelt dagegen den Fall, dass durch den Eintritt einer Person als Gesellschafter
> in das Geschäft eines Einzelkaufmanns eine Gesellschaft erst **entsteht**.

> **Beachten** Sie im Übrigen: Die (verpflichtende) Eintragung des Eintretenden als Gesellschafter in das
> Handelsregister (§107 HGB) hat lediglich **deklaratorischen** Charakter, dh, auch wenn der Eintre-
> tende nicht als Gesellschafter eingetragen ist, haftet er nach den §§ 128 I, 130 HGB.

3. Die Haftung des austretenden Gesellschafters

Der Austritt eines Gesellschafters aus der OHG führt nicht dazu, dass er für die vor seinem **22**
Austritt begründeten Verbindlichkeiten der Gesellschaft nicht mehr haftet. Vielmehr ordnet
§ 160 I 1 HGB an, dass er für **Altverbindlichkeiten** (vgl. den Wortlaut von § 160 I HGB: »bis
dahin begründeten Verbindlichkeiten«) der Gesellschaft auch weiterhin haftet, wenn diese vor
dem Ablauf von fünf Jahren nach der Eintragung seines Austritts in das Handelsregister fällig
und gegen ihn gerichtlich geltend gemacht werden. Der Fristlauf beginnt somit grundsätzlich
mit der (deklaratorischen) Eintragung des Austritts in das Handelsregister. Um Wertungs-
widersprüche zur GbR, bei der das Ausscheiden eines Gesellschafters mangels Registerpubli-
zität nicht eingetragen werden kann, zu vermeiden, beginnt die 5-Jahres-Frist auch vor der

---

8 Baumbach/Hopt/*Roth* HGB § 129 Rn. 12.
9 BGH NJW 1988, 1976 f.
10 BGH BeckRS 2010, 2745 mAnm *K. Schmidt* JuS 2010, 356 ff. zur GbR.
11 Palandt/*Sprau* BGB § 714 Rn. 15.

Eintragung aber schon dann, wenn der Gläubiger von dem Ausscheiden des Gesellschafters aus der Gesellschaft Kenntnis erlangt.[12] Umgekehrt ist aber bei vorhandener Eintragung die Kenntnis des Gläubigers vom Austritt irrelevant, sofern die 5-Jahres-Frist abgelaufen ist.

23 Auf die Enthaftung nach § 160 HGB nach Ablauf der 5-Jahres-Frist kann sich der Gesellschafter allerdings nur berufen, wenn sein Austritt in das Handelsregister eingetragen wurde. Ist dies unterblieben (auch im Fall der sog. doppelten Unrichtigkeit des Handelsregisters) haftet er nach § 128 I iVm § 15 III HGB kraft Rechtsschein als Gesellschafter fort, sofern der Gläubiger keine positive Kenntnis vom Austritt hatte.

24 **Altverbindlichkeiten** iSv § 160 I 1 HGB sind alle Schuldverpflichtungen, die vor dem Ausscheiden des Gesellschafters begründet wurden, auch wenn die einzelnen Verpflichtungen erst später fällig werden. Bei vertraglichen Primäransprüchen ist auf den Zeitpunkt des Vertragsschlusses abzustellen; das gilt auch für Dauerschuldverhältnisse.[13] Dass einzelne Forderungen (zB Mietraten aus einem vor dem Austritt begründeten Mietvertrag) aus diesem Dauerschuldverhältnis erst nach dem Austritt des Gesellschafters fällig werden, ändert demzufolge nichts an deren Einordnung als Altverbindlichkeit.[14] Bei Sekundäransprüchen, wie beispielsweise Ansprüchen aus § 280 BGB, ist unter Umständen auch auf den Zeitpunkt der Pflichtverletzung abzustellen. Grundsätzlich ist es aber nicht erforderlich, dass der gesamte haftungsbegründende Tatbestand bereits vor dem Ausscheiden des Gesellschafters vorliegt. Dies folgt aus der Formulierung »begründet«.

> **Wichtig:** Achten Sie auf die richtigen Begrifflichkeiten. Es wird zwischen einem begründeten und einem entstandenen Anspruch differenziert. Entstanden ist ein Anspruch erst dann, wenn alle Tatbestandsvoraussetzungen erfüllt sind. Solange hingegen nur einzelne Tatbestandsvoraussetzungen vorliegen, ist der Anspruch lediglich begründet. Man könnte auch sagen, dass in diesem Fall der Grund für den Anspruch bereits gelegt wurde.

25 Bei Ansprüchen aus ungerechtfertigter Bereicherung ist grundsätzlich auf den Zeitpunkt des Entstehens des vermeintlichen Rechtsgrunds (also den Vertragsschluss) abzustellen. In Fällen der sog. Doppelzahlung ist »Rechtsgrund« der Zahlung jedoch nicht der ursprüngliche Vertrag, sondern die irrtümliche Annahme, die Verbindlichkeit noch einmal bezahlen zu müssen.[15] Dementsprechend handelt es sich, wenn die Doppelzahlung nach dem Austritt des Gesellschafters erfolgte, nicht um eine § 160 HGB unterliegende Altverbindlichkeit, sondern um eine Neuverbindlichkeit.

IV. Die Innenansprüche

26 In manchen Klausuren spielen auch Probleme aus dem Innenverhältnis eine Rolle.[16]

1. Sozialansprüche und Sozialverbindlichkeiten

27 Hier handelt es sich häufig um die Themenbereiche **Sozialansprüche** und **Sozialverpflichtungen**. Sozialansprüche sind die Ansprüche der Gesellschaft gegen ihre Gesellschafter aus dem Innenverhältnis. Wichtige Beispiele sind die über § 105 III HGB anwendbaren §§ 705–707 BGB (Beitragspflicht), die §§ 112 f. HGB (Wettbewerbsverbot), die §§ 114 ff. HGB (Erfüllung der Pflichten durch die Geschäftsführer), die Einhaltung der gesellschaftsrechtlichen Treuepflicht und die Ansprüche im Zusammenhang mit der Verletzung von gesellschaftsvertraglichen Pflichten durch die Gesellschafter. Besonders relevant sind hier die Treuepflichten der Gesellschafter (hierzu → Rn. 33 ff.).

28 Die Sozialverpflichtungen sind die Pflichten der Gesellschaft gegenüber ihren Gesellschaftern aus dem Innenverhältnis (korrespondierend natürlich ein jeweiliger Anspruch). Darunter fallen zB Informations- und Stimmrechte, der Anspruch auf Gewinnauszahlung nach § 120 HGB, der Aufwendungsersatzanspruch für Maßnahmen der Geschäftsführung oder der Ab-

---

12 BGH NJW 2007, 3784.
13 BGH NJW 2006, 765.
14 *Saenger* GesR Rn. 302.
15 BGH WM 2012, 323 (**unbedingt lesen!**).
16 Lesen Sie zu diesem Themenkomplex auch *Kaiser/Kaiser/Kaiser* MatZivilR Rn. 114.

findungsanspruch nach § 105 III HGB iVm § 738 BGB. Der Inhalt beider Pflichten bzw. Ansprüche ergibt sich – wie gesehen – entweder aus dem Gesetz oder aus dem Gesellschaftsvertrag (im Klausursachverhalt abgedruckt).

2. Actio pro socio

Geltend zu machen sind die Sozialansprüche grundsätzlich von der Gesellschaft selbst. Denn bei einer rechtsfähigen bzw. teilrechtsfähigen Gesellschaft ist diese der Gläubiger des vertragswidrig handelnden Gesellschafters. Ausnahmsweise können Sozialansprüche allerdings auch im Wege der gesetzlichen Prozessstandschaft[17] von jedem einzelnen Gesellschafter im eigenen Namen mit Leistung an die Gesellschaft geltend gemacht werden (sog. **actio pro socio**).[18] Dies wird in der Regel nur dann zugelassen, wenn dafür ein **hinreichender Grund** besteht. Dies ist der Fall, wenn die Zuständigkeitsordnung in der Gesellschaft versagt (zB alle anderen Gesellschafter« weigern sich, betroffener Gesellschafter ist »Geschäftsführer« der GbR). Eine Geschäftsführungsbefugnis ist für ein Vorgehen im Wege der *actio pro socio* nicht erforderlich, sodass auch der Kommanditist hierzu berechtigt ist.[19]

> **Wichtig:** Die *actio pro socio* ist nur bei Sozialansprüchen möglich. Bei Ansprüchen gegen Dritte ist sie dagegen nicht zulässig. Weigert sich beispielsweise der geschäftsführende Gesellschafter Ansprüche, zB aus einem Mietvertrag, mit einem externen Mieter, den die Gesellschaft abgeschlossen hat, geltend zu machen, können diese nicht im Wege der *actio pro socio* von jedem nicht geschäftsführungsbefugten Gesellschafter geltend gemacht werden.
> Soweit Ansprüche der Gesellschaft gegenüber außenstehenden Dritten geltend gemacht werden sollen, ist das Notgeschäftsführungsrecht des § 744 II BGB analog einschlägig.[20] Voraussetzung hierfür ist eine akute Gefährdung der Gesellschaft, die schnelles Handeln notwendig macht.[21] Ähnlich der *actio pro socio* kann sich auch ein nicht geschäftsführungsbefugter Gesellschafter auf das Notgeschäftsführungsrecht des § 744 II BGB berufen.[22] Soweit es notwendig ist, berechtigt das Recht des § 744 II BGB analog auch das Recht, Ansprüche der Gesellschaft als Prozessstandschafter geltend zu machen.[23]

3. Innenregress des in Anspruch genommenen Gesellschafters

Wurde ein Gesellschafter gem. § 128 HGB von einem Gläubiger in Anspruch genommen, kann der Gesellschafter gem. § 110 HGB bei der Gesellschaft Regress nehmen. § 110 HGB regelt die Ersatzpflicht der Gesellschaft für sog. Aufwendungen des Gesellschafters. Zahlungen eines Gesellschafters an einen Gläubiger der Gesellschaft stellen immer Aufwendungen iSd § 110 HGB dar. Für die Frage, ob Aufwendungen (freiwillige Vermögensopfer) vorliegen, kommt es auf das Verhältnis zwischen Gesellschaft und Gesellschafter an. Denn § 110 HGB spricht von Aufwendungen in Gesellschaftsangelegenheiten. Aus dieser Formulierung und der systematischen Einordnung in die §§ 109 ff. HGB ergibt sich, dass für die Frage der Freiwilligkeit auf das Verhältnis zwischen Gesellschaft und Gesellschafter abgestellt werden muss und nicht auf das Verhältnis zwischen Gesellschafter und Gläubiger.[24] Der Gesellschafter kann bei der Gesellschaft somit in voller Höhe Regress nehmen, sofern der Gesellschaftsvertrag nicht ausnahmsweise eine andere Verteilung im Innenverhältnis vorsieht.

Bei diesem Anspruch des Gesellschafters gem. § 110 HGB handelt es sich um eine sog. **Sozialverbindlichkeit** der Gesellschaft gegenüber dem Gesellschafter.

Für diese Sozialverbindlichkeiten kann der Gesellschafter aber nicht bei den übrigen Gesellschaftern nach § 110 iVm § 128 HGB Regress nehmen. § 128 HGB regelt nur die Außenhaftung für Verbindlichkeiten der Gesellschaft gegenüber Dritten (vgl. die Stellung dieser Norm

29

30

31

32

---

17 Umstr., nach aA liegt gewillkürte Prozessstandschaft vor; der Streit ist in der Klausur regelmäßig nicht entscheidungserheblich und daher nicht auszuführen.
18 *Steinbeck* JuS 2012, 105 (107); OLG München BeckRS 2017, 102599.
19 BGH BeckRS 2017, 139787.
20 MüKoBGB/*Schäfer* § 709 Rn. 21.
21 BGHZ 17, 181 (183) = NJW 1955, 1027.
22 Baumbach/Hopt/*Roth* HGB § 114 Rn. 7.
23 BGHZ 17, 181 (185) = NJW 1955, 1027.
24 Baumbach/Hopt/*Roth* HGB § 110 Rn. 7.

im Dritten Titel »Rechtsverhältnisse der Gesellschafter zu Dritten«) und ist auf Innenansprüche wie § 110 HGB (vgl. die Stellung dieser Norm im Zweiten Titel »Rechtsverhältnisse der Gesellschafter untereinander«) folglich nicht anwendbar. Im Übrigen würde sonst eine Nachschusspflicht der Gesellschafter begründet, die nach § 105 III HGB iVm § 707 BGB gerade ausgeschlossen sein soll. Die übrigen Gesellschafter haften somit gerade nicht nach § 128 HGB für den Ausgleichsanspruch des in Anspruch genommenen Gesellschafters als Gesamtschuldner.

> **Aber:** Sofern die Gesellschaft nicht dazu bereit oder nicht dazu in der Lage ist, den Regressanspruch des Gesellschafters aus § 110 HGB zu erfüllen, kann der in Anspruch genommene Gesellschafter **subsidiär** auch die übrigen Gesellschafter entsprechend dem Verhältnis ihrer Beteiligung wegen des Gesamtschuldcharakters der Außenhaftung anteilig in Regress nehmen, § 426 I BGB, § 121 III HGB. Die übrigen Gesellschafter haften demzufolge in diesem Innenregress nicht in voller Höhe, sondern nach den Gesamtschuldregeln nur anteilig (*»pro rata«*) in Höhe ihrer Beteiligung.

V. Gesellschaftsrechtliche Treuepflicht

33 Die Grundlage der gesellschaftsrechtlichen Treuepflicht der Gesellschafter wird von der hM in § 242 BGB gesehen. Die Treuepflicht gebietet, dass die Gesellschafter bei ihrem Handeln die Interessen der Gesellschaft schützen und wahren müssen.[25] Sein Handeln muss stets zum Wohle der Gesellschaft erfolgen.

34 Wenn durch die Handlung des treuwidrigen Gesellschafters (gilt im Übrigen bei jedem Verstoß gegen die Sozialansprüche durch die Gesellschafter) der Gesellschaft ein Schaden entsteht, ist der Gesellschafter der Gesellschaft nach **§ 280 I BGB in Verbindung mit dem Gesellschaftsvertrag** zum Schadensersatz verpflichtet, wobei über § 105 III HGB der Haftungsmaßstab des § 708 BGB zu beachten ist. Gegebenenfalls kommen auch Ansprüche aus §§ 823, 826, 812 BGB in Betracht. Bei Schäden der anderen Gesellschafter steht auch diesen ein Schadensersatzanspruch aus § 280 I BGB zu. Für die Geltendmachung des Anspruchs der Gesellschaft kommt erneut die *actio pro socio* in Betracht.[26]

35 Ausprägung dieser Treuepflicht kann es beispielsweise sein, bei einer Beschlussfassung in einer bestimmten Art und Weise abzustimmen, Ansprüche gegen die Gesellschaft zu einem bestimmten Zeitpunkt nicht geltend zu machen oder einen Konkurrenzbetrieb nicht in unmittelbarer Nähe zum Geschäftslokal zu eröffnen. Oft wird eine Abwägung zwischen den schutzwürdigen Interessen der Gesellschaft und den eigenen Interessen der Gesellschafter vorzunehmen sein.[27]

36 Hierbei ist insbesondere die sog. Geschäftschancenlehre zu berücksichtigen, die bereits Thema in Examensklausuren war. Diese wird aus der Treuepflicht der geschäftsführenden Gesellschafter hergeleitet. Diesen ist es – gegebenenfalls auch nach ihrem Ausscheiden – ohne ausdrückliche Erlaubnis nicht gestattet, im Geschäftszweig der Gesellschaft Geschäfte für eigene Rechnung zu tätigen oder tätigen zu lassen oder den Vollzug bereits von der Gesellschaft abgeschlossener Verträge durch Abwicklung auf eigene Rechnung oder in sonstiger Weise zu beeinträchtigen oder zu vereiteln.[28]

VI. Kündigung und Tod eines Gesellschafters

37 Bei der OHG führen Kündigung und Tod eines Gesellschafters lediglich zum Ausscheiden des Gesellschafters aus der Gesellschaft, nicht aber zur Auflösung der Gesellschaft, § 131 III HGB. Die Gesellschaft besteht im Sinne der Sicherung der Unternehmenskontinuität also mit den übrigen Gesellschaftern fort. Der ausscheidende Gesellschafter bzw. dessen Erben haben jedoch

---

25 MüKoBGB/*Schäfer* § 705 Rn. 221 ff.; s. auch *Kaiser/Kaiser/Kaiser* MatZivilR Rn. 114.
26 MüKoBGB/*Schäfer* § 705 Rn. 204.
27 Näher dazu *Steinbeck* JuS 2012, 105 (106); hier ist idR nichts falsch, wichtig ist nur, dass Sie die gesellschaftsrechtliche Treuepflicht und das sich hieraus ergebende Abwägungsgebot erkennen und im Rahmen der Abwägung die Anhaltspunkte aus dem Sachverhalt voll ausschöpfen.
28 BGH NJW-RR 2013, 363.

gem. § 105 III HGB iVm §§ 738 ff. BGB einen Abfindungsanspruch gegen die Gesellschaft. Dieser Abfindungsanspruch kann im Gesellschaftsvertrag ausgestaltet und modifiziert werden.

Die Beteiligung an der OHG ist nicht ohne Weiteres vererblich, vgl. § 139 HGB. Soll die **38** Gesellschaft mit den Erben des Gesellschafters fortgesetzt werden können, sind zwei Gestaltungsmöglichkeiten denkbar: Wird im Gesellschaftsvertrag eine sog. **Eintrittsklausel** vereinbart, erhält der Erbe des verstorbenen Gesellschafters die Möglichkeit, durch eine einseitige Erklärung sein Eintrittsrecht auszuüben und Gesellschafter der Gesellschaft zu werden. Dagegen stellt eine sog. **Nachfolgeklausel** im Gesellschaftsvertrag den OHG-Anteil vererblich. Anders als bei der Eintrittsklausel erhält der Erbe nicht bloß das Recht zum Eintritt, vielmehr fällt der Gesellschaftsanteil dem Erben automatisch zu. Sollen nur bestimmte Erben Gesellschafter werden, spricht man von einer sog. **qualifizierten Nachfolgeklausel.**

B. Die GbR

Die Grundsätze der Haftung der GbR und deren Gesellschafter waren in den vergangenen **39** Jahren immer wieder Gegenstand von Examensklausuren. Wenngleich es um die GbR in der Praxis seit der Entscheidung des BGH vom 29.1.2001 (»Arge Weißes Ross«, auf die gleich zurückgekommen wird) eher ruhig geworden ist, waren Klausuren mit Berührungen oder auch Schwerpunkten aus dem »Recht der GbR« Thema der Wirtschaftsrechtsklausur. Das hat für Sie den Vorteil, dass Sie im Zweifel im *Palandt* nachschlagen können, in dem die §§ 705 ff. BGB kommentiert sind.

Anders als bei der OHG handelt es sich bei der GbR um einen engeren, privateren und per- **40** sönlicheren Verbund. Daraus erklären sich die Hauptunterschiede zur OHG. Im Gegensatz zu der OHG

- betreibt die GbR kein Handelsgewerbe und ist dementsprechend auch kein Kaufmann;
- wird die GbR nicht ins Handelsregister eingetragen;
- sind sämtliche Gesellschafter nach der gesetzlichen Grundwertung nur gemeinschaftlich geschäftsführungsbefugt und vertretungsberechtigt;
- kann die Vertretungsmacht der Gesellschafter auch kraft Gesellschaftsvertrag wirksam beschränkt werden und
- führen Tod und Kündigung eines Gesellschafters grundsätzlich zur Auflösung der Gesellschaft.

Diese vorstehend beschriebenen Besonderheiten sind häufig Gegenstand von Examensklausu- **41** ren. Die wesentlichen Unterschiede im Vergleich zur OHG sollen nachfolgend kurz skizziert werden.

I. Partei- und Rechtsfähigkeit der GbR

Die Partei- und Rechtsfähigkeit der **GbR** ist anzunehmen, wenn sie als sog. **Außengesell-** **42** **schaft** am Rechtsverkehr teilnimmt. Im Umfang der dadurch begründeten Rechte und Pflichten ist die GbR rechts- und parteifähig.[29]

> **Klausurtipp:** Die Partei- und Rechtsfähigkeit der GbR wird zwischenzeitlich von keinem ernstzunehmenden Juristen mehr angezweifelt. Greifen Sie die Problematik in der Klausur deswegen nur auf, wenn Ihnen der Sachverhalt hierzu Hinweise gibt![30] Anderenfalls genügt ein kurzer Hinweis auf die Vorschriften des § 191 II Nr. 1 UmwG und des § 11 II Nr. 1 InsO, aus denen die Rechtsprechung die Rechts- und Parteifähigkeit der GbR herleitet. Sie müssen hierzu in jedem Fall Ausführungen machen. Gerade weil die Rechts- und Parteifähigkeit, anders als bei den Personenhandelsgesellschaften, gesetzlich nicht geregelt ist.

---

29 BGH BeckRS 2016, 1729; NJW 2011, 1595 (1596); BGHZ 146, 341 = NJW 2001, 1056; es handelt sich bei dieser Entscheidung einerseits um juristisches Grundwissen, andererseits ist die Entscheidung in ihren Einzelheiten stellenweise kaum zu durchdringen. Das Urteil sollten Sie deswegen zwar gelesen haben, sich aber nicht allzu lange mit den dogmatischen Einzelheiten beschäftigen. Vgl. auch *Kaiser/Kaiser/Kaiser* MatZivilR Rn. 111 und 113.
30 *Kaiser/Kaiser/Kaiser* Zivilgerichtsklausur I Rn. 328, mit Formulierungsbeispiel.

43 In der **praktischen Umsetzung** folgt aus der (nunmehr nicht mehr ganz so) neuen Rechtsprechung des Bundesgerichtshofs, dass die GbR unter ihrem Namen verklagt werden kann; dem steht es gleich, die Gesellschaft unter Nennung all ihrer Gesellschafter zu verklagen, wobei dann klarzustellen ist, dass sich die Klage gegen die Gesellschaft und nicht gegen die Gesellschafter richtet (etwa durch den Zusatz »in Gesellschaft bürgerlichen Rechts«).[31] In einer Anwaltsklausur sollten Sie aber stets in der Klageschrift die GbR als Partei ausweisen. Aus einem nur auf die GbR bezogenen Titel kann allerdings auch nur in das Gesellschaftsvermögen vollstreckt werden; soll hingegen auf das Vermögen der einzelnen Gesellschafter zugegriffen werden, so bedarf es eines Titels gegen diese selbst.[32] Auch hier ist aus Klägersicht darauf zu achten, dass neben der GbR auch die Gesellschafter mitverklagt werden. In Bezug auf Fragen zu einer Gesamtschuldnerschaft gelten die Ausführungen zur OHG.

II. Die Haftung der Gesellschaft

44 Für die Haftung der GbR ist § 124 HGB analog anwendbar.

45 Eine Besonderheit ergibt sich bei der Vertretung der GbR im Außenverhältnis. Diese bestimmt sich primär nach vorrangigen Regelungen im Gesellschaftsvertrag. Ist dort nichts geregelt, bestimmt sich gem. § 714 BGB die organschaftliche Vertretungsmacht der Gesellschafter (Außenverhältnis) **im Zweifel** gleichlaufend zur Geschäftsführungsbefugnis (Innenverhältnis).

46 Regelt der Gesellschaftsvertrag auch für die Geschäftsführungsbefugnis nichts Abweichendes, ordnet § 709 BGB insofern an, dass alle Gesellschafter nur gemeinschaftlich zur Geschäftsführung (Gesamtgeschäftsführungsbefugnis) befugt sind. Für die – dann gleichlaufende – Vertretungsmacht bedeutet dies somit Gesamtvertretungsmacht.

47 Eine Ausnahme ergibt sich aus **§ 744 II BGB analog**, wonach jeder Gesellschafter die GbR bei Notständen wirksam vertreten kann, egal ob er geschäftsführungs- oder vertretungsbefugt ist.[33]

48 Maßgeblich und vorrangig sind aber die Regelungen des Gesellschaftsvertrags, sodass eine vertraglich vereinbarte Einzelvertretungsmacht der gesetzlich geregelten Gesamtvertretungsmacht vorgeht. Die Bestimmung des § 714 BGB ist insoweit dispositiv.[34]

49 Für die Zurechnung von vertraglichem und deliktischem Verhalten gilt das zur OHG Gesagte.

III. Die Haftung der Gesellschafter

1. Die Haftung der Gesellschafter der GbR im Außenverhältnis

50 Ebenso wie bei der OHG können auch bei der GbR deren Gesellschafter verklagt werden. Haftungsgrundlage ist hier **§ 128 HGB analog**. Die Gesellschafter der GbR haften folglich für die Verbindlichkeiten der GbR persönlich, unmittelbar, akzessorisch und der Höhe nach unbeschränkt und unbeschränkbar wie die Gesellschafter einer OHG.[35]

51 Kommen Sie aus Beklagtensicht zu dem Ergebnis, dass die Verteidigung der gegen Ihre Partei gerichteten Klage einer GbR Aussicht auf Erfolg hat, kann es zweckmäßig und prozessökonomisch sein, im Wege der unbezifferten Drittwiderklage[36] die Gesellschafter der GbR wegen des materiellen Kostenerstattungsanspruchs in Anspruch zu nehmen; der prozessuale Kosten-

---

31 *K. Schmidt* NJW 2001, 993 (1000).
32 So im Übrigen auch die Empfehlung des BGHZ 146, 341 = NJW 2001, 1056; vgl. auch *K. Schmidt* NJW 2001, 993 (1000).
33 BGH NJW 2018, 3014; Palandt/*Sprau* BGB § 744 Rn. 3; vgl. auch *Kaiser/Kaiser/Kaiser* MatZivilR Rn. 111.
34 MüKoBGB/*Schäfer* § 714 Rn. 21.
35 BGH NJW 2001, 1056 ff.; Arg.: Vergleichbarkeit der Außen-GbR mit der OHG; zur Haftung der Gesellschaft und der Gesellschafter lesen Sie auch *Kaiser/Kaiser/Kaiser* MatZivilR Rn. 113.
36 Zur Drittwiderklage aus Beklagtensicht in der Anwaltsklausur *Kaiser/Kaiser/Kaiser* Anwaltsklausur ZivilR Rn. 62 sowie der Musterentwurf in Rn. 72; zur Drittwiderklage im Urteil *Kaiser/Kaiser/Kaiser* Zivilgerichtsklausur I Rn. 270 (Aufbau der Entscheidungsgründe) und Rn. 458 (Zulässigkeit); zur Drittwiderklage allgemein: *Lühl* JA 2015, 374.

erstattungsanspruch aus §§ 91 ff. ZPO ermöglicht nämlich lediglich die Vollstreckung in das (oft nur unzureichend vorhandene) Vermögen der GbR selbst.[37]

Die persönliche Haftung der Gesellschafter setzt – selbstredend – voraus, dass der in Anspruch Genommene tatsächlich Gesellschafter ist. Probleme können in diesem Zusammenhang bei den Treuhandfällen und bei sog. Scheingesellschaftern auftreten:

52

- Bei den **Treuhandfällen** hält der Treuhänder im eigenen Namen, jedoch auf Rechnung eines Treugebers für diesen den Anteil an der GbR. Hier gilt, dass grundsätzlich die (Außen-)Haftung gem. § 128 HGB den Treuhänder und nicht den Treugeber trifft.[38] Solche Konstruktionen werden sehr häufig bei Immobilienfonds gewählt, um zu vermeiden, dass bei einem Gesellschafterwechsel ständig Eintragungen zum Grundbuch zu erfolgen haben; es hält dann ein Treuhänder die Anteile mehrerer Treugeber.[39]

> **Klausurtipp:** Der enormen Flut von Prozessen um gescheiterte Grundstücksfonds in den letzten Jahren wird sich auch das Justizprüfungsamt nicht entziehen. Werten Sie in einem solchen Fall den Sachverhalt vollständig aus und prüfen Sie, ob der Treuhänder tatsächlich den Gesellschaftsanteil treuhänderisch verwaltet oder nur das Grundstück.[40] In einem solchen Fall ist kein wirksames Treuhandverhältnis über den GbR-Anteil begründet worden mit der Folge, dass der vermeintliche Treugeber weiter nach § 128 HGB haftet. Eine solche Prüfung drängt sich insbesondere auf, wenn der Vertrag zumindest teilweise abgedruckt ist.

- **Scheingesellschafter** (Klausurbeispiel ist fast immer der angestellte Anwalt auf dem Briefkopf) haften hingegen wie echte Gesellschafter (Ausnahme: Forderungen, die nicht die anwaltstypische Berufstätigkeit betreffen).[41]

Nach **§ 129 HGB (analog)** kann sich der Gesellschafter gegen die eigene Inanspruchnahme auch auf die **Einwendungen** berufen, die der Gesellschaft zustehen.[42] Umgekehrt gilt dies – wie bei der OHG – genauso: Ist ein rechtskräftiges Urteil gegen die Gesellschaft ergangen, wirkt dies auch gegen die Gesellschafter, indem es ihnen die Einwendungen nimmt, die der Gesellschaft abgesprochen wurden.[43]

53

> **Wichtig:** Merken Sie sich hierzu, dass ein gegen die Gesellschafter einer GbR aus deren persönlicher Haftung ergangenes Urteil keine Rechtskraft im Hinblick auf einen weiteren Prozess nunmehr gegen die GbR selbst entfaltet. **Lesen** Sie dazu **unbedingt** BGH NJW 2011, 2048.[44] Die neue Klage gegen die GbR ist zulässig. Die Gesellschaft kann sich also nicht auf Einwendungen berufen, die (nur) den Gesellschaftern zustehen.

2. Die Haftung des neu in die Gesellschaft eintretenden Gesellschafters

Der in die GbR eingetretene Gesellschafter haftet auch für die **Altschulden der GbR nach § 130 I HGB analog.** Ebenso wie bei der OHG ist beim Eintritt eines Gesellschafters sorgsam zu unterscheiden, ob die GbR bereits besteht (dann § 130 HGB analog) oder ob diese erst

54

---

37 *K. Schmidt* NJW 2001, 993 (999 f.); *Jacoby* ZMR 2001, 401.
38 BGHZ 178, 276 = BeckRS 2008, 24723, mit guter Besprechung von *K. Schmidt* in JuS 2009, 276.
39 Nach wie vor müssen neben der GbR auch die Gesellschafter im Grundbuch eingetragen werden, § 47 II GBO.
40 Letzteres war in der Entscheidung des BGH BeckRS 2011, 21069, der Fall; vgl. die Besprechung von *K. Schmidt* JuS 2011, 1124.
41 BGH NJW 2008, 2330: dort verneint für den Kauf einer PC-Anlage durch die Sozietät; s. auch *Kaiser/Kaiser/Kaiser* MatZivilR Rn. 113.
42 BGH NJW-RR 2006, 1268 ff.; Palandt/*Sprau* BGB § 714 Rn. 24. Von der Gesellschaft abgeleitete Einwendungen kann der Gesellschafter nach rechtskräftiger Verurteilung der Gesellschaft analog § 767 II ZPO nur dann erheben, wenn diese erst nach Schluss der letzten mündlichen Verhandlung im Prozess des Gläubigers gegen die Gesellschaft entstanden sind (vgl. BGH NJW-RR 2006, 1268 ff.).
43 BGH NJW-RR 2006, 1268 ff.
44 Arg.: Weder aus § 129 HGB noch aus § 736 ZPO ergeben sich Anhaltspunkte für eine derartige Erstreckung. **Beachte:** Die Problematik stellt sich nur, wenn der Anspruchsteller im Vorprozess gegen die Gesellschafter verloren hat. Verklagt er alle Gesellschafter und gewinnt, liegt ein Fall von § 736 ZPO vor. Er kann dann nicht nur in das Privat-, sondern auch in das Gesellschaftsvermögen vollstrecken, ohne einen zusätzlichen Titel gegen die GbR zu benötigen, vgl. *Kaiser/Kaiser/Kaiser* Zwangsvollstreckungsklausur Rn. 67 und *Kaiser/Kaiser/Kaiser* MatZivilR Rn. 113.

entsteht (dann gegebenenfalls § 28 HGB; **Achtung:** § 28 HGB setzt den Eintritt in das Geschäft eines **Kaufmannes** voraus; die Rechtsprechung lehnt die analoge Anwendbarkeit von § 28 HGB bei Zusammenschlüssen von Freiberuflern wie Ärzten und Anwälten ab).[45]

3. Die Haftung des Gesellschafters für Altverbindlichkeiten

55 Die Nachhaftung des aus der GbR austretenden Gesellschafters richtet sich nach § 736 II BGB iVm § 160 HGB.

> **Klausurtipp:** Gerne weist der Aufgabensteller darauf hin, dass die Verweisung auf § 160 I HGB hinsichtlich des Beginns der 5-Jahres-Frist für die Nachhaftungsbegrenzung aufgrund der in Bezug genommenen Registereintragung des Ausscheidens im Recht der GbR keine Entsprechung finden kann. Geht man von der Informationsfunktion der Handelsregistereintragung gegenüber Gläubigern und dem Rechtsverkehr aus, so macht die sinngemäße Anwendung dieser Vorschrift die Anknüpfung an einen entsprechenden Publizitätsschritt bei der GbR erforderlich. Das Datum des Ausscheidens ist hierfür nicht geeignet. Abzustellen ist vielmehr auf den Zeitpunkt, zu dem die jeweiligen Gläubiger vom Ausscheiden des Gesellschafters **Kenntnis** erhalten.[46]
> In der kautelarjuristischen Klausur sollten Sie aus Sicht des ausscheidenden Gesellschafters deswegen darauf achten, dass allen möglichen Gläubigern durch Rundschreiben Mitteilung über das Ausscheiden gemacht wird.

IV. Die Innenansprüche

56 Wird ein Gesellschafter für die Schuld der Gesellschaft persönlich gem. § 128 HGB analog in Anspruch genommen, kann er bei der GbR Regress nehmen. Anspruchsgrundlage für den Regress des Gesellschafters gegen die GbR ist nicht etwa § 110 HGB analog, sondern §§ 713, 670 BGB (greift § 713 BGB nicht, kommt zumindest ein Anspruch aus § 670 BGB oder GoA in Betracht).[47]

57 Darüber hinaus kommt auch eine Haftung der Gesellschafter der GbR in Betracht. Deren Haftung wird jedoch – wie bei der OHG – wegen der gesellschaftlichen Treuepflicht als subsidiär angesehen: Ein Mitgesellschafter kann nur dann auf Ausgleich in Anspruch genommen werden, wenn aus der Gesellschaftskasse kein Ausgleich erlangt werden kann.[48] Im Übrigen kann der Gesellschafter nach den Gesamtschuldregeln gem. § 426 I und II BGB bei den übrigen persönlich haftenden Gesellschaftern anteilig in Höhe des internen Verlustanteils Regress nehmen.

58 Beruht der Anspruch gegen die GbR, auf den der Gesellschafter gezahlt hat, auf seinem Verschulden, ist ein Regress in der Regel erfolglos: Der Regressanspruch gegen die GbR scheitert an einem Gegenanspruch der GbR aus § 280 I iVm § 241 II BGB in gleicher Höhe, mit dem sie aufrechnen kann. Der Regress bei den übrigen Gesellschaftern scheitert an § 254 BGB analog.[49] Die Auflösung der GbR ändert an der Haftung nichts.[50]

59 Einzelansprüche eines Gesellschafters gegen die GbR oder gegen einen anderen Gesellschafter sind während der **Liquidationsphase** (§§ 723 ff. BGB) gem. § 730 BGB gesperrt (**Durchsetzungssperre**). Derartige Ansprüche sind nämlich nur noch Rechnungsposten im Rahmen der Auseinandersetzung und können zur Klarstellung lediglich Inhalt einer Feststellungsklage sein; in eine solche kann ein unter Verkennung der Durchsetzungssperre auf Zahlung gerichteter Leistungsantrag auch ohne entsprechenden (Hilfs-)Antrag im Urteil umgedeutet werden.[51] Allerdings lässt der BGH Ausnahmen zu.[52]

---

45 BGH NZG 2012, 65 mAnm *K. Schmidt* JuS 2012, 357.
46 BGH NJW 2007, 3784.
47 BGH BeckRS 2011, 21069: Anders als bei der Bürgschaft finden bei der Zahlung (auf die Gesellschaftsschuld) dann §§ 774 I, 412, 401 BGB keine Anwendung, auch nicht analog!
48 BGH NJW 2011, 1730; NJW-RR 2008, 256 = MDR 2008, 92.
49 BGH NJW-RR 2008, 1722 = WM 2008, 1873.
50 Palandt/*Sprau* BGB § 714 Rn. 17.
51 BGH NZG 2012, 1107; arg.: Die Feststellungsklage ist ein Minus zur Leistungsklage (§ 308 I ZPO).

Die Durchsetzungssperre gilt auch für Ansprüche der GbR gegen einen Gesellschafter. Eine 60
Leistungsklage wird nur dann zugelassen, wenn der eingeforderte Betrag zur Auseinandersetzung erforderlich ist.

V. Kündigung und Tod eines Gesellschafters

Anders als bei der OHG führen Kündigung und Tod eines Gesellschafters nach der gesetzlichen Grundwertung zur Auflösung und Abwicklung der Gesellschaft nach §§ 723 ff., 730 ff. 61
BGB.

Diese gesetzliche Regelung ist oftmals von den Gesellschaftern nicht gewünscht. Achten Sie 62
in der Kautelarklausur daher darauf, ob die Mandanten bei einer GbR tatsächlich möchten,
dass die Gesellschaft bei Tod oder Kündigung eines Gesellschafters liquidiert wird. Regelmäßig ist dies nicht gewollt. Für diesen Fall sind verschiedene Gestaltungsmöglichkeiten denkbar.

Möglich ist dann die vertragliche Vereinbarung einer **Fortsetzungsklausel** im Gesellschafts- 63
vertrag.[53] Hiernach wird die Gesellschaft unter den verbliebenen Gesellschaftern fortgesetzt.
Der verstorbene oder kündigende Gesellschafter scheidet lediglich aus der Gesellschaft aus
und erhält sodann einen Abfindungsanspruch, der dem Wert seines Gesellschaftsanteils entspricht.

Soll die Gesellschaft nicht nur unter den übrigen Gesellschaftern fortgesetzt, sondern zudem 64
einem Dritten (zB dem Erben des verstorbenen Gesellschafters) die Möglichkeit eröffnet
werden, die Gesellschafterstellung des verstorbenen/austretenden Gesellschafters zu übernehmen, kommt wie bei der OHG auch die Vereinbarung einer Nachfolgeklausel[54] oder einer
Eintrittsklausel in Betracht (vgl. hierzu → Rn. 38).

Im Hinblick auf die Erben eines Gesellschafters ist somit zu differenzieren, ob die Fortset- 65
zungsklausel ein Eintrittsrecht eines Erben vorsieht oder nicht. Haben die Gesellschafter im
Gesellschaftsvertrag eine Fortsetzungsklausel ohne Eintrittsrecht oder Nachfolgeklausel vereinbart, so wächst nach § 738 I 1 BGB beim Ausscheiden eines Gesellschafters aus der Gesellschaft dessen Anteil am Gesellschaftsvermögen den übrigen Gesellschaftern zu. Diese sind
dann nach § 738 I 2 BGB verpflichtet, dem ausscheidenden Gesellschafter dasjenige zu zahlen,
was er bei einer Auseinandersetzung erhalten hätte. Der Erbe erbt nur den Abfindungsanspruch des Erblassers aus § 738 I 2 BGB.

C. Die Partnerschaft

Die **Partnerschaft** ist die alternative Rechtsform zur Gesellschaft bürgerlichen Rechts für 66
Freiberufler. Die Partnerschaft ist gem. § 7 II PartGG iVm § 124 HGB selbst Träger von
Rechten und Pflichten, sie kann also klagen und verklagt werden. § 6 PartGG regelt das Recht
der Geschäftsführung (Innenverhältnis), während § 7 PartGG das Recht der Vertretung der
Partnerschaftsgesellschaft regelt (Außenverhältnis). Die Partnerschaft haftet nach § 8 I
PartGG grundsätzlich gesamtschuldnerisch neben ihren Partnern. § 130 HGB findet auch bei
Partnerschaftsgesellschaften Anwendung, vgl. § 8 I 2 PartGG.

---

52 Palandt/*Sprau* BGB § 730 Rn. 7; zu den Ausnahmen; lesen Sie bei Interesse den guten Aufsatz von *Freund*
MDR 2011, 577; zum Ganzen auch *Kaiser/Kaiser/Kaiser* MatZivilR Rn. 114.
53 Palandt/*Weidlich* BGB § 1922 Rn. 14 ff.; zu den Fortsetzungsklauseln im Einzelnen lesen Sie unbedingt
auch *Kaiser/Kaiser/Kaiser* MatZivilR Rn. 114.
54 Palandt/*Weidlich* BGB § 1922 Rn. 17; zum Sonderfall des Eintritts einer Erbengemeinschaft; von einer
qualifizierten Nachfolgeklausel spricht man, wenn im Gesellschaftsvertrag konkret bestimmt ist, wer von
den Erben eintreten soll. Dann tritt auch nur der in der Klausel benannte Erbe in die Gesellschaft ein; im
Übrigen haben die übergangenen Erben keinen Abfindungsanspruch gegen die Gesellschaft. Der nachgerückte Erbe ist aber nach § 242 BGB seinen Miterben zum Ausgleich verpflichtet, BGHZ 22, 186 = NJW
1957, 180; zur Fortsetzungsklausel mit Eintrittsrecht einerseits und mit Nachfolgeklausel andererseits vgl.
auch *Kaiser/Kaiser/Kaiser* MatZivilR Rn. 114; *Steinbeck* JuS 2012, 199.

D. Die Kommanditgesellschaft

67 Für die Kommanditgesellschaft (KG) gelten die §§ 161 ff. HGB, über § 161 II HGB auch die Regeln für die OHG gem. §§ 105 ff. HGB und über § 105 III HGB ergänzend auch die Regeln für die GbR. Kennzeichnend für die KG sind ihre zwei Arten von Gesellschaftern, die persönlich haftenden Komplementäre einerseits und die grundsätzlich nur mit ihrer Einlage haftenden Kommanditisten andererseits. Für die Komplementäre gilt nichts anderes als für die persönlich haftenden Gesellschafter der OHG (→ Rn. 12 ff.).

68 Die Haftungsbeschränkung der Kommanditisten ist das Hauptmerkmal der KG und (alleiniges) Abgrenzungskriterium zur OHG (vgl. § 105 I Hs. 2 BGB: »… wenn bei keinem der Gesellschafter die Haftung gegenüber den Gesellschaftsgläubigern beschränkt ist«).

69 Mit dieser beschränkten Haftung ist eine beschränkte Einflussmöglichkeit auf die Vertretung der Gesellschaft verbunden. Vertreten wird die KG gem. § 161 II iVm §§ 125 ff. HGB ausschließlich durch ihre Komplementäre, die Kommanditisten sind dagegen von der organschaftlichen Vertretung der KG ausgeschlossen, § 170 HGB. Möglich ist allerdings, den Kommanditisten, zB im Wege der Prokura (§§ 48 ff. HGB), rechtsgeschäftliche Vertretungsmacht zu erteilen (beachten Sie: der Kommanditist, dem Prokura erteilt wurde, kann die Gesellschaft nicht nur rechtsgeschäftlich verpflichten, sein Handeln wird der KG auch nach § 31 BGB analog zugerechnet).

70 Die Haftungsbeschränkung des Kommanditisten ist der klausurrelevanteste Bereich der KG. Diese war gerade in den vergangenen Jahren mehrfach Gegenstand der Wirtschaftsrechtsklausur. Problematisch an der gesetzlichen Regelung ist, dass das HGB in den §§ 161 ff. HGB mehrfach von der »Einlage« spricht, damit aber zwei verschiedene Dinge gemeint sind. Auch der in § 161 I HGB verwendete Begriff der »Vermögenseinlage« wird nicht einheitlich durchgehalten.

71 Worum geht es? Die Rechtfertigung der Haftungsbeschränkung des Kommanditisten liegt darin, dass er eine Einlage zu leisten hat, die den Gläubigern als Haftungsmasse zur Verfügung steht. Zu unterscheiden sind die im Innenverhältnis nach §§ 161 II, 105 III HGB iVm § 705 BGB zu leistenden Einlagen und die im Verhältnis zu den Gläubigern zu erbringende Haftsumme. Nur diese wird gem. § 172 I HGB im Handelsregister eingetragen. Vermögenseinlage im Innenverhältnis und Haftsumme im Außenverhältnis sind folglich nicht dasselbe und können daher auch betragsmäßig voneinander abweichen. Soweit das HGB den Begriff »Einlage« verwendet, können damit einerseits die Haftsumme und andererseits die Einlageleistung gemeint sein. Was gemeint ist, ergibt sich aus der jeweiligen Vorschrift. Besonders tritt dies bei der missverständlichen Formulierung in § 171 I HGB hervor. Dort ist mit der Einlage einmal im ersten Halbsatz die Haftsumme und das andere Mal im zweiten Halbsatz die Einlageleistung im Innenverhältnis gemeint. »Richtig« formuliert müsste § 171 I HGB wie folgt lauten:

72 »Der Kommanditist haftet gegenüber den Gläubigern der Gesellschaft bis zur Höhe der im Handelsregister eingetragenen **Haftsumme** unmittelbar; die Haftung ist ausgeschlossen, soweit die **Einlageleistung** gegenüber der Gesellschaft geleistet ist und diese Einlageleistung betragsmäßig die Haftsumme erreicht.«

73 Eine bestimmte Form der Erbringung der Einlage ist vom Gesetz nicht vorgeschrieben. Sie kann als Geld- oder Sacheinlage, durch Aufrechnung mit einer Forderung gegen die KG oder durch Stehenlassen eines Gewinns erbracht werden. Auch kann der Kommanditist die Forderung eines Gesellschaftsgläubigers erfüllen und dann mit seinem Erstattungsanspruch aus den §§ 161 II, 110 HGB gegen die Gesellschaft aufrechnen.[55] Wird die Einlage nicht durch Geld erbracht, ist der Kommanditist darlegungs- und beweispflichtig dafür, dass die Sacheinlage objektiv den Wert der Einlageleistung erreicht.[56]

---

55 *Saenger* GesR Rn. 354.
56 BGH NJW 1987, 3184 (3185).

Nur dann, aber auch schon dann, wenn der Kommanditist das in die Gesellschaft eingebracht **74** (»eingelegt«) hat, was das Handelsregister als Haftsumme ausweist, ist seine Haftungsbeschränkung gerechtfertigt.

Die Haftung des Kommanditisten gegenüber den Gläubigern der Gesellschaft ist somit gem. **75** § 171 I HGB ausgeschlossen, sobald der Kommanditist seine Einlageleistung gegenüber der Gesellschaft erbracht hat und diese betragsmäßig die im Handelsregister eingetragene Haftsumme erreicht. Da es sich hierbei um einen Haftungsausschluss handelt, ist der Kommanditist für die vollständige Leistung der Haftsumme darlegungs- und beweispflichtig.[57]

Vor der Eintragung der KG in das Handelsregister haftet jeder Kommanditist, der dem **76** Geschäftsbeginn zugestimmt hat, gem. § 176 I HGB wie ein Komplementär (= persönlich haftender Gesellschafter) für die bis zur Eintragung begründeten Verbindlichkeiten der Gesellschaft, wenn dem Gläubiger die Stellung des Gesellschafters als Kommanditist nicht positiv bekannt war. Zur Verdeutlichung: Es genügt nicht, dass der Gläubiger weiß, dass es sich um eine KG handelt. Vielmehr muss er in Bezug auf den konkreten Gesellschafter wissen, dass dieser Kommanditist ist.

Nach der Eintragung der KG in das Handelsregister gilt entsprechendes für den der KG **77** beitretenden Kommanditisten, der gem. § 176 II HGB für die zwischen dem Beitritt und bis zur Eintragung seiner Kommanditistenstellung im Handelsregister begründeten Verbindlichkeiten persönlich haftet. Um diese nachteilige Folge zu umgehen, wird in der Praxis häufig vereinbart, dass der Beitritt in die KG unter die aufschiebende Bedingung gestellt wird, dass der Kommanditist als solcher in das Handelsregister eingetragen wird. Auf diese Weise kann die gem. § 176 II HGB bestehende Haftungslücke geschlossen werden.

Die nach § 171 I HGB ausgeschlossene Haftung des Kommanditisten lebt jedoch gem. **78** § 172 IV HGB wieder auf, wenn die Gesellschaft die Einlageleistung an den Kommanditisten zurückgewährt und dadurch die im Handelsregister eingetragene Haftsumme unterschritten wird.

> **Beispiel:** Hat sich der Kommanditist im Gesellschaftsvertrag dazu verpflichtet, als Einlageleistung ein Grundstück im Wert von 100.000 EUR in die Gesellschaft einzubringen und wird im Handelsregister als Haftsumme des Kommanditisten eine Haftsumme in Höhe von 50.000 EUR eingetragen, sind Rückzahlungen bis zu einem Wert in Höhe von 50.000 EUR unschädlich, da durch diese die im Handelsregister eingetragene Haftsumme nicht unterschritten wird. Zahlt die KG dagegen einen Betrag in Höhe von 70.000 EUR an den Kommanditisten zurück, so lebt dessen persönliche Haftung in Höhe eines Betrages von 20.000 EUR wieder auf.

Wichtig: Der Begriff »zurückbezahlt« in § 172 IV HGB ist **weit auszulegen**. Eine Rückzahlung ist jede Zuwendung an den Kommanditisten, die dem Gesellschaftsvermögen einen bestimmten Geldwert ohne entsprechende Gegenleistung entzieht.[58] Hierunter fallen insbesondere auch **Abfindungszahlungen**, wenn der Kommanditist die KG verlässt oder auch »versteckte« Rückzahlungen wie überzogene Tätigkeitsvergütungen etc.

Soll ein Kommanditistenwechsel herbeigeführt werden, also ein Kommanditist die KG verlas- **79** sen und ein anderer an seiner Stelle in die KG eintreten, bestehen zwei Möglichkeiten, dies rechtlich umzusetzen:

1. Zum einen kann der Altkommanditist austreten und sich gem. §§ 161 II, 105 II iVm **80** § 738 I 2 HGB seinen Abfindungsanspruch auszahlen lassen. Gleichzeitig kann der neue Kommanditist seinen Beitritt in die KG vereinbaren. Dies hat jedoch den Nachteil, dass für den Altkommanditisten durch die Gewährung der als Rückzahlung einzuordnenden Abfindung die Haftung gem. § 172 IV HGB wieder auflebt und gleichzeitig die Haftung des neu eintretenden Kommanditisten begründet wird, solange dieser seine Einlageleistung nicht erbracht hat, § 171 I HGB.

---

57 Baumbach/Hopt/*Roth* HGB § 171 Rn. 10.
58 *Kindler* GK HandelsR § 13 Rn. 27.

81 2. Sinnvoller ist es deshalb, dass der Altkommanditist und der neue Kommanditist vereinbaren, dass der Altkommanditist seine Kommanditbeteiligung an den neuen Kommanditisten gem. §§ 398, 413 BGB überträgt (trotz der Einstufung als Abtretung sieht die hM hier die Notwendigkeit der Zustimmung aller Gesellschafter vor). Auf diese Weise bleibt die Einlage des alten Kommanditisten in der KG und nützt damit dem Altkommanditisten, da es mangels einer Abfindung zu keiner Rückgewähr iSv § 172 IV HGB kommt, gleichzeitig aber auch dem neuen Kommanditisten, da dessen Einlageleistung bereits erbracht ist. Die Haftung ist damit für beide ausgeschlossen. Der Haftungsausschluss setzt allerdings voraus, dass diese Übertragung als sog. **Sonderrechtsnachfolgevermerk** im Handelsregister eingetragen wird.

> **Klausurtipp:** Gelegentlich wird auf die **GmbH & Co. KG** in den Examensdurchgängen zugegriffen. Die GmbH & Co. KG ist eine KG, deren einzige Komplementärin eine GmbH ist. Da sie eine KG darstellt, ist in erster Linie das Recht der KG maßgebend; bezüglich der Komplementär-GmbH ist GmbH-Recht anzuwenden.

82 Alternativ wird nunmehr immer häufiger statt einer GmbH eine

- UG (haftungsbeschränkt)[59] (UG & Co. KG)[60] oder auch eine
- Limited (Ltd. & Co. KG)

als Komplementärin eingesetzt. Dies hat den Vorteil, dass die Haftsumme entsprechend niedriger ausfallen kann (»Stammkapital« der UG und der Ltd. ist mindestens 1,00 EUR, das der GmbH 25.000 EUR) und die haftungsbeschränkenden Wirkungen erhalten bleiben.

E. Die Kapitalgesellschaften (GmbH und AG)

83 Die Rechtsfähigkeit von **GmbH** (§ 13 I GmbHG) und **AG** (§ 1 I 1 AktG) ist zwar völlig unproblematisch. Gleichwohl wurde in der jüngsten Vergangenheit in Examensklausuren gefordert, dass die entsprechenden Vorschriften kurz genannt werden. Achten Sie daher darauf, dies mit einem Satz in Ihre Klausurlösung einzuarbeiten. Die GmbH wird im Prozess grundsätzlich durch ihren Geschäftsführer vertreten (§ 35 I GmbHG); die AG durch ihren Vorstand (§ 78 I AktG).

84 Die GmbH entsteht als juristische Person erst mit ihrer Eintragung in das Handelsregister (vgl. § 11 I GmbHG). In der Gründungsphase vor der Eintragung sind zwei Phasen zu unterscheiden:

85 Schließen sich die künftigen Gesellschafter zum Zwecke der Errichtung der GmbH zusammen, so entsteht eine **Vorgründungsgesellschaft**.[61] Bei ihr handelt es sich grundsätzlich um eine Innengesellschaft in Form einer GbR. Denn der Gesellschaftszweck »Gründung einer GmbH« ist ersichtlich nicht auf den Betrieb eines Handelsgewerbes gerichtet. Damit fehlt es an einer notwendigen Voraussetzung für das Vorliegen einer OHG. Lediglich dann, wenn sie zusätzlich zur Gründung der GmbH bereits das geplante Handelsgewerbe betreibt, ist sie OHG. Auf die Vorgründergesellschaft finden die Regelungen der GbR bzw. der OHG Anwendung.

86 Mit dem Abschluss des Gesellschaftsvertrags der GmbH (in notarieller Form, vgl. § 2 I 1 GmbHG) entsteht die sog. Vor-GmbH[62], deren Vermögen und Verpflichtungen auf die GmbH mit der Eintragung – ohne weiteren Übertragungsakt – übergehen. Bei ihr handelt es sich jedoch nicht um eine juristische Person, man spricht von einer Gesellschaft *»sui generis«*.

87 Die Vor-GmbH firmiert unter der Bezeichnung »*GmbH i.Gr.*« und ist parteifähig; sie wird von ihrem bzw. ihren in dem bereits protokollierten Gesellschaftsvertrag bestimmten Geschäftsführer(n) vertreten,[63] wobei die unbeschränkte Vertretungsmacht iSv § 37 II GmbHG

---

59 Vgl. → Rn. 90 ff.
60 Baumbach/Hueck/*Servatius* GmbHG § 5a Rn. 36; *Hucke/Holfter* JuS 2010, 861.
61 S. auch *Kaiser/Kaiser/Kaiser* MatZivilR Rn. 111.
62 S. auch *Kaiser/Kaiser/Kaiser* MatZivilR Rn. 111.
63 *Kaiser/Kaiser/Kaiser* Zivilgerichtsklausur I Rn. 329.

(analog) von der hM hier abgelehnt wird.[64] Die Vertretungsmacht erfasst gemäß dem Zweck der Vor-GmbH daher in der Regel lediglich alle Handlungen, welche die Entstehung der GmbH fördern und das bis dahin schon eingebrachte Vermögen zu verwalten und zu erhalten.[65] Darüber hinaus erstreckt sie sich auf alle Geschäfte, zu denen die Gesellschafter ihre Zustimmung erteilen.

Mit der Eintragung geht die Vorgesellschaft in der GmbH auf, die sogleich ihre Rechtsfähigkeit erlangt (vgl. § 13 I GmbHG). **88**

Die Eintragung der GmbH darf aber erst erfolgen, wenn alle Stammeinlagen entsprechend **89** § 7 II GmbHG eingezahlt sind.[66] Auf der anderen Seite kann auf die Einlageschuld erst dann gezahlt werden, wenn diese überhaupt durch die notarielle Beurkundung des Gesellschaftsvertrags begründet worden ist. Daraus folgt, dass die Einlagen erst in die Vor-GmbH eingebracht werden können, da die vor der Protokollierung des Gesellschaftsvertrags bestehende Vorgründungsgesellschaft weder mit der Vor-GmbH noch mit der späteren GmbH identisch ist und somit ein automatischer Vermögensübergang ausgeschlossen ist.

Klausurtipp: In der kautelarjuristischen Klausur sollten Sie deswegen – entgegen weit verbreiteter Praxis – den Gesellschaftern und dem Geschäftsführer unbedingt empfehlen, erst den Gesellschaftsvertrag notariell protokollieren zu lassen, dann die Stammeinlagen einzuzahlen und erst danach die Anmeldung durch den Geschäftsführer in öffentlich beglaubigter Form (§ 12 I HGB) vorzunehmen.

I. Die Unternehmergesellschaft (haftungsbeschränkt)

Die mit Inkrafttreten des MoMiG neu eingeführte haftungsbeschränkte Unternehmergesell- **90** schaft (UG) ist keine eigene Rechtsform, sondern eine **Unterform der GmbH**.[67] Wesentlicher Unterschied zur »normalen« GmbH ist, dass bei der UG das Mindeststammkapital nach § 5 I GmbHG unterschritten werden kann und somit die Übernahme eines Geschäftsanteils von 1,00 EUR genügt (§ 5a I GmbHG). Zur Kennzeichnung dieser geringen Kapitalausstattung muss die Firma abweichend von der Firmierungsregel des § 4 GmbHG die Bezeichnung »*Unternehmergesellschaft (haftungsbeschränkt)*« oder »*UG (haftungsbeschränkt)*« enthalten. Zudem hat der Gesetzgeber die Gesellschafter verpflichtet, Rücklagen zu bilden (§ 5a III GmbHG).

Für die **Klausur** bedeutet dies, dass die UG – als Unterfall der GmbH wie diese selbst – **91** rechtsfähig ist und von ihrem Geschäftsführer vertreten wird.

Die Gesellschafter selbst haften grundsätzlich nicht für die Verbindlichkeiten der Gesellschaft **92** (Trennungsprinzip, § 13 II GmbHG). Das gleiche gilt selbstverständlich für den Geschäftsführer, auch dann, wenn er gleichzeitig Gesellschafter ist.

II. Die Ansprüche der GmbH gegen ihre Gesellschafter

Nach § 5 GmbHG haben die Gesellschafter die von ihnen im Gesellschaftsvertrag übernom- **93** menen Stammeinlagen einzuzahlen. Das Stammkapital der Gesellschaft beträgt mindestens 25.000 EUR.

Die Eintragung der GmbH darf erst erfolgen, wenn alle Stammeinlagen entsprechend § 7 II **94** GmbHG eingezahlt sind. Werden die Stammeinlagen – was nach § 7 II GmbHG grundsätzlich möglich ist – nicht vollständig eingezahlt, so steht der Gesellschaft ein **Anspruch auf Einzahlung der (restlichen) Stammeinlage aus § 19 GmbHG in Verbindung mit dem Gesellschaftsvertrag** zu. Im Insolvenzfall wird dieser Anspruch durch den Insolvenzverwalter

---

64 Vgl. *Rubner* NJW-Spezial 2008, 303 f. mwN.
65 *Kindler* GK HandelsR § 14 Rn. 52.
66 Es genügt dabei die Einzahlung von ¼ der Stammeinlage, mindestens jedoch muss der Gesamtbetrag die Hälfte des vertraglich bestimmten Stammkapitals erreichen.
67 Die UG ist ausdrücklich in den Stoffkatalog des hessischen JPA für das zweite Staatsexamen aufgenommen worden! Dies ist umso bemerkenswerter, als es einer Erwähnung überhaupt nicht bedurft hätte, weil die UG als Unterfall der GmbH ohnehin Gegenstand von Prüfungsklausuren sein kann.

der GmbH geltend gemacht. Kann ein Gründer seine Einlage nicht leisten (Subsidiarität), trifft die anderen Gründer dafür eine **Ausfallhaftung nach § 24 GmbHG.** Veräußert ein Gesellschafter seinen Anteil bevor die Einlage voll eingezahlt ist, haften sowohl Erwerber als auch Veräußerer (§ 16 II GmbHG).

95 Unter bestimmten Voraussetzungen kann der Anspruch der Gesellschaft auf Einzahlung der Stammeinlage auch dann wiederaufleben, wenn die Einlage zunächst bereits vollständig eingezahlt wurde. Es handelt sich dabei um die Fälle der **verdeckten Sacheinlage** und des »**Hin- und Herzahlens**«:

- Vereinbaren die Gesellschafter, dass zwar zunächst eine Barzahlung erfolgt, die GmbH aber dann dem Gesellschafter nach Eintragung einen Gegenstand abkauft und dafür die Einlage an ihn zurückzahlt, spricht man von verdeckter Sacheinlage, weil bei wirtschaftlicher Betrachtung von vornherein vereinbart werden könnte, den Gegenstand – als Sacheinlage – einzuzahlen und die Vermutung nahe liegt, dass die strengeren Regeln zur Sacheinlage (§ 5 IV GmbHG) umgangen werden sollten. Diese Fälle regelt nunmehr[68] **§ 19 IV GmbHG,** indem die Bareinlage (die in Wirklichkeit verdeckte Sacheinlage ist) zwar den Gesellschafter von seiner Einlageverpflichtung nicht befreit; auf die (fortbestehende) Einlageverpflichtung ist aber der Wert der tatsächlich eingebrachten Sacheinlage (also des Kaufgegenstandes) anzurechnen, sodass der Gesellschafter »nur« noch die Differenz zwischen seiner vertraglich festgelegten Einlageverpflichtung und dem Wert des als »verdeckte Sacheinlage« eingebrachten Gegenstandes einzuzahlen hat.
- In den Fällen des Hin- und Herzahlens fließt die auf die Stammeinlage gezahlte Summe aufgrund einer vor oder bei der Einzahlung getroffenen Abrede zwischen dem einzahlenden Gesellschafter und dem Geschäftsführer wieder an den Gesellschafter zurück, beispielsweise als Darlehen. Diese Fälle sind nunmehr in **§ 19 V GmbHG** geregelt. Erfüllungswirkung bezüglich der Einlagepflicht tritt nur ein, wenn trotz der Rückzahlung an den Gesellschafter ein vollwertiger Gegenanspruch gegen den Gesellschafter entsteht, der jederzeit fällig ist oder durch fristlose Kündigung fällig gestellt werden kann.

96 Die soeben dargestellten Regelungen über die Kapitalaufbringung werden für den Zeitraum nach der Gründung der Gesellschaft durch die **§§ 30, 31 GmbHG** ergänzt (**Kapitalerhaltung**). Grundsätzlich kann die Gesellschaft mit dem eingezahlten Stammkapital arbeiten. Solange das Stammkapital erhalten bleibt, können aus dem Gesellschaftsvermögen auch an die Gesellschafter Auszahlungen erfolgen. Erhalten die Gesellschafter jedoch Zahlungen, durch welche die Stammkapitalziffer unterschritten wird, so sind sie nach §§ 30, 31 GmbHG der Gesellschaft zum Ersatz verpflichtet.[69] Beachten Sie, dass auch hier die übrigen Gesellschafter eine Ausfallhaftung für den nicht leistungsfähigen Gesellschafter trifft (§ 31 III GmbHG). Diese nach § 31 III GmbHG als Sekundärschuldner in Anspruch genommenen Gesellschafter (nicht die nach § 31 I und II GmbHG primär haftenden Gesellschafter) können ihrerseits wiederum einen verschuldensabhängigen Regressanspruch gegen den Geschäftsführer nach § 31 VI GmbHG haben. Der Gesellschaft gegenüber haftet der Geschäftsführer ebenfalls verschuldensabhängig nach § 43 III GmbHG.

97 Eine persönliche Haftung eines Gesellschafters wird auch dann bejaht, wenn dieser unter Missachtung der Zweckbindung des Gesellschaftsvermögens durch Entnahmen die Existenz der Gesellschaft vernichtet (sog. **existenzvernichtender Eingriff**). Der Bundesgerichtshof stützt diese Ansprüche nunmehr auf § 826 BGB und gewährt nur noch der Gesellschaft einen Anspruch gegen den Gesellschafter (also im Innenverhältnis).[70] Voraussetzung des Anspruchs ist eine sittenwidrige, insolvenzverursachende oder insolvenzvertiefende »Selbstbedienung« des Gesellschafters vor den Gläubigern der Gesellschaft. Vertiefte Kenntnisse werden in der Klausur sicherlich nicht erwartet; Sie werden sich schon deutlich abgrenzen, wenn Sie die Rechtsfigur erkennen und gestützt auf § 826 BGB den Sachverhalt unter die Sittenwidrigkeit subsumieren. Nennen Sie dabei ruhig Schlagwörter wie »Ausplünderung« oder »Selbstbedienung«.

---

68 Seit Inkrafttreten des MoMiG; zuvor wurde § 27 III 1 AktG analog angewendet.

69 Das Stammkapital bleibt erhalten, wenn in der Bilanz zu Buchwerten die Aktiva nach Abzug der Schulden mindestens die Stammkapitalziffer erreicht.

70 BGH NJW 2007, 2689 (Trihotel); 2008, 2437.

III. Die Ansprüche der GmbH gegen ihre Geschäftsführer

Im Fokus der Innenhaftung steht regelmäßig (neben den Gesellschaftern) auch der Geschäfts- **98** führer.

Soweit Ansprüche der GmbH gegen ihren Geschäftsführer geltend zu machen sind, ist zu- **99** nächst zu beachten, dass die Gesellschaft im Prozess durch den Aufsichtsrat vertreten wird (§ 112 AktG analog); ist ein Aufsichtsrat nicht vorhanden, kann die Gesellschafterversammlung nach § 46 Nr. 8 GmbHG durch Beschluss einen oder mehrere Vertreter bestimmen.

Zentrale Anspruchsnorm für die Haftung des Geschäftsführers ist **§ 43 GmbHG**; wichtig ist **100** hier, dass Sie den richtigen Sorgfaltsmaßstab benennen: Der Geschäftsführer haftet für die Sorgfalt eines ordentlichen Geschäftsmannes. Hierbei hat er diejenigen Standards einzuhalten, die eine Person in der verantwortlichen leitenden Stellung des Verwalters eines fremden Vermögens[71] oder als selbstständiger treuhänderischer Verwalter fremder Vermögensinteressen[72] zu beachten haben. Soweit er neben seiner Stellung als Organ der GmbH auch gleichzeitig deren Arbeitnehmer ist, greift die für Arbeitnehmer geltende Haftungsbeschränkung nicht.[73] Für die Klausur bietet sich beispielsweise die Haftung für das Verjährenlassen von Forderungen der Gesellschaft (auch gegen den Geschäftsführer selbst) an.[74]

Nach dem Willen des Gesetzgebers sollen die Organe von juristischen Personen und Gesell- **101** schaften möglichst frühzeitig einen Insolvenzantrag stellen, um durch eine unwirtschaftliche Fortführung des Unternehmens weiteren Schaden von den Gläubigern abzuwenden. Dieses Ziel soll insbesondere durch Haftungsandrohungen erreicht werden. Die klausurrelevanten Anspruchsgrundlagen sind:

* Nach **§ 64 GmbHG** hat der Geschäftsführer einer GmbH Zahlungen zu erstatten, die in der Krise veranlasst wurden. Zweck der Haftung ist die gleichmäßige Befriedigung der Gläubiger (Masseerhaltung).

  Gläubiger des Anspruchs ist die Gesellschaft: Weil der Anspruch jedoch erst mit Eröffnung **102** des Insolvenzverfahrens entsteht, macht regelmäßig der Insolvenzverwalter den Anspruch für die Gesellschaft geltend.[75] Die Klage des Insolvenzverwalters ist vor den ordentlichen Gerichten zu erheben; hinsichtlich der sachlichen und örtlichen Zuständigkeit ergeben sich keine klausurrelevanten Besonderheiten. Beachten Sie, dass Streitigkeiten aus § 64 GmbHG Handelssachen sind (§ 95 I Nr. 4a GVG).[76]

  Zahlungen **von einem debitorischen Bankkonto** an einzelne Gesellschaftsgläubiger sind **103** keine pflichtwidrigen Zahlungen iSd § 64 S. 1 GmbHG, da es sich um eine Zahlung aus Kreditmitteln handelt, wodurch nur ein Gläubigeraustausch (Verbindlichkeit gegenüber der Bank anstatt gegenüber dem Gesellschaftsgläubiger) erfolgt, jedoch nicht die verteilungsfähige Vermögensmasse geschmälert wird. Anders verhält es sich jedoch bei Zahlungen **auf** ein debitorisches Konto: Lässt der Geschäftsführer solche Zahlungen in der Krise zu, handelt es sich um eine ersatzpflichtige Zahlung an die Bank, weil dadurch das Aktivvermögen der Gesellschaft zulasten ihrer Gläubigergesamtheit und zum Vorteil der Bank verringert wird.[77]

  Einer Pflichtenkollision sah sich der Geschäftsführer ausgesetzt, indem er einerseits **Sozial-** **104** **versicherungsbeiträge** abführen musste, um sich nicht nach § 266a StGB strafbar zu machen und andererseits für die Veranlassung solcher Zahlungen in der Krise nach § 64 GmbHG haftete. Mit Urteil vom 14.5.2007 hat der 2. Zivilsenat sich der Auffassung der Strafsenate angeschlossen und entschieden, dass ein Geschäftsführer den Pflichten eines ordentlichen und gewissenhaften Geschäftsleiters entspricht, wenn er mit seinem Verhalten entsprechende sozial- und steuerrechtlichen Vorschriften befolgt.[78]

---

71 OLG Bremen GmbHR 1964, 8.
72 OLG Oldenburg NZG 2007, 434.
73 Baumbach/Hueck/*Zöllner/Noack* GmbHG § 43 Rn. 6.
74 OLG Koblenz BeckRS 2007, 03820; OLG Köln NZG 2000, 1137.
75 Zur Amtstheorie → § 15 Rn. 6.
76 Zum Zuständigkeitsbereich der Kammern für Handelssachen → § 3 Rn. 2.
77 BGH NJW 2000, 668.
78 BGH NJW 2007, 2118.

- Dem § 64 GmbHG im Wesentlichen nachgebildet normieren § 130a HGB bzw. §§ 130a, 177a HGB für die Geschäftsführer einer OHG bzw. die Komplementäre einer KG eine (ebenfalls zur Erstattung von Zahlungen verpflichtende) Schadensersatzpflicht. Nach Wortlaut und Sinn und Zweck ist die Haftung auf solche Gesellschaften beschränkt, bei der keiner der unbeschränkt persönlich haftenden Gesellschafter eine natürliche Person ist; Hauptanwendungsfall ist die GmbH & Co. KG.

IV. Die Außenhaftung der Gesellschafter und der Geschäftsführer der GmbH

105 Aus § 13 II GmbHG folgt, dass den Gläubigern gegenüber nur die Gesellschaft (und zwar unbeschränkt!) mit ihrem gesamten Vermögen haftet. Die Haftungsbeschränkung bei der GmbH ergibt sich daraus, dass deren Geschäftsführer und Gesellschafter gegenüber den Gläubigern grundsätzlich nicht haften.

106 Ausnahmsweise kann sich jedoch eine persönliche Haftung der Gesellschafter und des Geschäftsführers ergeben.[79] Es haben sich verschiedene Fallgruppen herauskristallisiert:

1. Außenhaftung des Geschäftsführers

107
- Der Geschäftsführer kann gegenüber einzelnen Gläubigern nach den Grundsätzen des Verschuldens bei Vertragsschluss (§§ 280 I, 311 III BGB) haften, wenn er zB nicht über die »Krisensituation« aufklärt. Die Durchgriffshaftung entsteht aber nur bei einem (sorgfältig zu begründenden) wirtschaftlichen Eigeninteresse; dieses kann bei einem Gesellschafter-Geschäftsführer vorliegen, wenn er gleichsam in eigener Sache (»*procurator in rem suam*«) handelt.[80] Die Durchgriffshaftung trifft also nicht »automatisch« jeden Gesellschafter-Geschäftsführer (sonst wäre die Einmann-GmbH überflüssig), sondern nur denjenigen, bei dem weitere Umstände hinzutreten, die das Eigeninteresse begründen.
- Eine persönliche Haftung der für eine GmbH auftretenden Person kann sich neben § 311 III BGB[81] auch aus **§ 179 BGB analog** ergeben, zB wenn ein Vertreter für die GmbH auftritt, ohne dass die GmbH mit dem erforderlichen Rechtsformzusatz kenntlich gemacht wird und so das berechtigte Vertrauen des Geschäftsgegners auf die Haftung mindestens einer natürlichen Person hervorgerufen wurde.[82] Auch das Auftreten für einen nicht vorhandenen Rechtsträger führt zur Haftung nach § 179 BGB analog.[83]
- Haftung nach **§ 823 II BGB wegen Verletzung eines Schutzgesetzes:** Die Rechtsentwicklung geht dahin, den Geschäftsführern ständig neue gewerberechtliche und umweltschutzrechtliche, lebensmittelrechtliche, wettbewerbsrechtliche und steuerrechtliche Pflichten aufzuerlegen und deren Verletzung strafrechtlich zu sanktionieren. Im Einzelnen sind die Schutzgesetze im Palandt[84] aufgelistet; Sie brauchen also auch insoweit nichts auswendig zu lernen.
- Wer als Geschäftsführer einer GmbH an einer Verletzung von fremden Rechtsgütern schuldhaft mitwirkt, kann auch nach **§ 823 I BGB** unmittelbar haften.[85]
- Auch eine Haftung des Geschäftsführers gem. **§ 826 BGB** kann gegebenenfalls in Betracht kommen.
- Nach dem Bundesgerichtshof ist der Geschäftsführer einer GmbH bei **Wettbewerbsverstößen** persönlich als **Störer** haftbar, wenn er wenigstens Kenntnis und die Möglichkeit hatte, sie zu verhindern.
- **Insolvenzverschleppung (§ 15a InsO iVm § 823 II BGB):** Wird eine juristische Person zahlungsunfähig oder überschuldet, haben die organschaftlichen Vertreter ohne schuldhaf-

---

79 *Pfeifer* JuS 2008, 490 ff.

80 In BGH NJW 1988, 2234, hat der Gesellschafter-Geschäftsführer eines Fleischhandels zu einem Zeitpunkt Frischfleisch im Wert von 180.000 DM bestellt, in welcher die Gesellschaft bereits überschuldet war. Der BGH begründete die Haftung des Gesellschafter-Geschäftsführers für die gesamte Warenschuld aus dessen wirtschaftlichem Eigeninteresse, das sich im konkreten Fall daraus ergab, dass der Gesellschafter-Geschäftsführer Grundschulden auf seinem Privathaus für Kredite der Gesellschaft gestellt hatte.

81 Lesen Sie dazu *Kaiser/Kaiser/Kaiser* MatZivilR Rn. 33.

82 Palandt/*Ellenberger* BGB § 164 Rn. 3.

83 BGH NJW 2009, 215 ff.

84 Palandt/*Sprau* BGB § 823 Rn. 61 ff.

85 BGH NJW 1971, 1358; Palandt/*Ellenberger* BGB § 823 Rn. 77.

tes Zögern, spätestens aber drei Wochen nach Eintritt der Zahlungsunfähigkeit oder Überschuldung, einen Insolvenzantrag zu stellen. Wird gegen diese Pflichten verstoßen, machen sich Vorstand und Geschäftsführer schadensersatzpflichtig (§ 15a InsO ist Schutzgesetz iSv § 823 II BGB).[86] Zu ersetzen ist sodann derjenige Schaden, der durch die verspätete Stellung des Insolvenzantrags jedem einzelnen Dritten entstanden ist. Bei der Schadensberechnung wird sodann zwischen Alt- und Neugläubigern unterschieden.[87] Altgläubiger sind diejenigen Gläubiger, die zum Zeitpunkt der eigentlich notwendigen Stellung des Insolvenzantrages bereits Gläubiger der GmbH waren. Neugläubiger sind diejenigen Gläubiger, die bei einer rechtzeitigen Stellung des Insolvenzantrages keine vertragliche Bindung mit der GmbH mehr eingegangen wären. Hierbei handelt es sich nicht um eine mögliche GmbH-typische Besonderheit. Die Unterscheidung zwischen Alt- und Neugläubigern folgt schlicht aus der Schadensberechnung gem. der §§ 249 ff. BGB.

2. Außenhaftung des Gesellschafters

- Aus dem Gesichtspunkt einer durch den maßgeblichen und verschuldeten Einfluss eines Gesellschafters (meist gleichzeitig Geschäftsführer) entstandenen **Vermögens- oder Sphärenvermischung** des GmbH-Vermögens mit dem Privatvermögen des Gesellschafters kann sich dessen unmittelbare Haftung gegenüber den Gläubigern begründen;[88] beispielsweise bei einer mangelnden oder undurchsichtigen Buchführung (sog. *Waschkorblagen*). Die Haftung wird in diesen Fällen aus **§ 128 HGB analog** hergeleitet.[89] Der Gesellschafter-Geschäftsführer kann entsprechend § 129 I HGB dem Gesellschaftsgläubiger Einwendungen, die nicht in seiner Person begründet sind, nur entgegenhalten, soweit die GmbH das auch könnte.[90]
- Auch für den GmbH-Gesellschafter kommt eine deliktische Außenhaftung gem. **§ 823 II BGB in Verbindung mit dem Schutzgesetz** sowie gem. **§ 826 BGB** in Betracht.
- Schließlich ist auch bei dem GmbH-Gesellschafter an eine Haftung als *falsus procurator* nach § 179 BGB analog zu denken, wenn er nach außen hin auftritt.

V. Die Haftung vor Eintragung der GmbH im Handelsregister

Aus § 11 I GmbHG folgt, dass die GmbH erst mit ihrer Eintragung ins Handelsregister entsteht. Bei der Haftung vor Eintragung der GmbH in das Handelsregister gilt es, die zwei Gründungsphasen voneinander zu unterscheiden:

108

1. Die Haftung in der Vorgründungsgesellschaft

Die Vorgründungsgesellschaft besteht, wie bereits dargestellt, zwischen der Beschlussfassung zur Gründung der GmbH aber vor dem Abschluss des Gesellschaftsvertrags in notarieller Form. Entsprechend der Anwendung der Regelungen über die GbR bzw. OHG auf die Vorgründungsgesellschaft haften die Gesellschafter der Vorgründungsgesellschaft persönlich, unbeschränkt und gesamtschuldnerisch; dementsprechend richten sich die Vertretungsregelungen auch nach dem Recht der GbR bzw. der OHG.[91] Die Handelndenhaftung nach § 11 II GmbHG (des Fremdgeschäftsführers; der Gesellschafter-Geschäftsführer haftet bereits nach § 128 HGB analog) gilt nicht. Eine solche Haftung kann sich nur aus allgemeinen Regeln ergeben, zB aus § 179 BGB bei fehlender Vertretungsmacht.

109

2. Die Haftung in der Vor-GmbH

Ist der Gesellschaftsvertrag zwar schon notariell beurkundet (§ 2 GmbHG), die GmbH jedoch noch nicht in das Handelsregister eingetragen (§ 11 I GmbHG), spricht man von **der sog. Vor-GmbH**. Sie ist mit der durch Eintragung entstehenden GmbH insofern identisch, als ihr Vermögen mit Aktiva und Passiva bei der Eintragung der GmbH ohne rechtsgeschäftliche

110

---

86 Im mündlichen Examen kann an dieser Stelle der Strafrechtler (vermeintlich überraschend) die Zwischenfrage nach den strafrechtlichen Konsequenzen stellen; die Antwort liefert in diesem Fall seit dem 1.11.2008 einheitlich § 15a IV InsO (Insolvenzverschleppung).
87 Dazu sehr lesenswert NZG 2012, 864.
88 Arg.: Missbrauch der Haftungsprivilegien; s. auch *Kaiser/Kaiser/Kaiser* MatZivilR Rn. 113.
89 AA § 242 BGB iVm § 13 II GmbHG analog.
90 BGH NJW 1986, 188.
91 BGHZ 91, 148 = NJW 1984, 2164.

Übertragungsakte Vermögen der GmbH wird. Im Übrigen ergibt sich eine Identität hinsichtlich der Gesellschafter der Vor-GmbH und des Gesellschaftsvertrags der Vor-GmbH. Bei ihr handelt es sich jedoch noch nicht um eine juristische Person, man spricht von einer Gesellschaft »*sui generis*«. Sie ist teilrechtsfähig, partei- und prozessfähig und kann wie eine GmbH am Rechtsverkehr teilnehmen.[92]

111 Für die Haftung der **Handelnden** vor Eintragung der GmbH normiert **§ 11 II GmbHG** eine Handelndenhaftung.[93] Nach der bislang noch ständigen Rechtsprechung des BGH gilt § 11 II GmbHG nur bei Handeln im Namen der späteren GmbH und nicht bei Handeln für die Vor-GmbH.[94] Die in der Literatur hM will § 11 II GmbHG auch dann anwenden, wenn im Namen der Vor-GmbH gehandelt wird.[95] Da es um die Lösung eines praktischen Falls geht, sollten Sie hier in jedem Fall der Rechtsprechung folgen. Wenn der Geschäftsführer der Vor-GmbH ohne Vertretungsmacht handelt, ist § 11 II GmbHG darüber hinaus anwendbar; in diesen Fällen verdrängt § 11 II GmbHG als *lex specialis* § 179 BGB.[96] Die Haftung **des** *falsus procurator* nach § 11 II GmbHG erlischt dann auch nicht bei späterer Entstehung der GmbH.[97] Hat der Geschäftsführer die Vor-GmbH wirksam verpflichtet, tritt die Handelndenhaftung nach § 11 II GmbHG neben die Haftung der Vor-GmbH und erlischt mit Entstehung der GmbH (also mit Eintragung im Handelsregister), weil diese dann für sämtliche Verpflichtungen eintritt.[98]

3. Die Innenhaftung der Gesellschafter der Vor-GmbH[99]

112 Nach hM haften die (Gründungs-)**Gesellschafter** gegenüber den Gläubigern der Vor-GmbH (also im Außenverhältnis) grundsätzlich **nicht** neben der Gesellschaft.

113 Die **Gesellschafter** der Vorgesellschaft haften allerdings im Innenverhältnis (der Gesellschaft gegenüber) im Wege der sog. **unbeschränkten Verlustdeckungsinnenhaftung**. Dogmatisch handelt es sich bei dem Haftungsmodell um höchstrichterliche Rechtsfortbildung. Der BGH stützt seine Rechtsprechung im Wesentlichen auf den Rechtsgedanken der §§ 9 und 24 GmbHG, aus dem abgeleitet wird, dass zum Zeitpunkt der Eintragung der GmbH das einzuzahlende Stammkapital vollständig vorhanden sein muss. Sind die eingezahlten Einlagen bereits verbraucht, müssen sie aufgefüllt werden. Übersteigen die Verluste das Stammkapital, so sind sie von den Gesellschaftern auszugleichen. Die Gesellschafter können gegen den Anspruch der Gesellschaft grundsätzlich nicht aufrechnen (§ 19 II GmbHG); ist die Einlage von einem Gesellschafter nicht zu erlangen, trifft die Mitgesellschafter eine Ausfallhaftung (§ 24 GmbHG). Wichtig ist, dass die Haftung der Gesellschafter nach dem BGH nur dann eintreten soll, wenn diese der Aufnahme von Geschäften im Voreintragungsstadium (wenigstens stillschweigend) zugestimmt haben. Die Vorbelastungshaftung greift – bereits qua Definition – **nur, soweit es zur Eintragung der Gesellschaft kommt.**

114 Kommt es nicht zur Eintragung, spricht man von **Verlustdeckungshaftung**, die aber auch nur im Innenverhältnis der Gesellschafter zur Vorgesellschaft besteht. Danach sind die Gesellschafter verpflichtet, die Verluste auszugleichen.[100]

115 Nur ausnahmsweise wird eine Außenhaftung gegenüber den Gläubigern der Gesellschaft anerkannt, insbesondere wenn die Gesellschafter die Eintragungsabsicht aufgeben und dennoch den Geschäftsbetrieb fortsetzen[101] bzw. von vornherein die Eintragungsabsicht nur vorgetäuscht haben (sog. unechte Vor-GmbH), bei Vermögenslosigkeit der Vorgesellschaft,

---

92 Baumbach/Hueck/*Fastrich* GmbHG § 11 Rn. 12.
93 Eine ähnliche Regelung für die AG ist in § 41 I 2 AktG enthalten.
94 BGHZ 65, 3/8 (380) = NJW 1976, 419.
95 Baumbach/Hueck/*Fastrich* GmbHG § 11 Rn. 48.
96 Palandt/*Ellenberger* BGB § 177 Rn. 3.
97 BGHZ 80, 182 ff. = NJW 1981, 1452.
98 BGHZ 80, 129 ff. = NJW 1981, 1373.
99 Die Darstellung an dieser Stelle (im Rahmen der Außenhaftung) erfolgt aus Gründen der besseren Verständlichkeit.
100 BGH NJW 1997, 1507.
101 BGH NJW 2008, 2441 f. Denn dann bleibt es dabei, dass die Gesellschaft entweder eine GbR oder eine OHG ist, bei der die Gesellschafter persönlich haften.

bei nur einem einzigen Gläubiger oder wenn die Vorgesellschaft aus lediglich einem Gesellschafter besteht (Ein-Mann-Vor-GmbH).

VI. Abtretung von GmbH-Geschäftsanteilen

Bei der Übertragung von Geschäftsanteilen an einer GmbH ist § 16 GmbHG zu beachten. **116**
Für die rechtswirksame Übertragung eines GmbH-Anteils ist dessen Abtretung gem. § 15 III GmbHG aufgrund eines notariell beurkundeten Vertrags erforderlich. Die Aktualisierung der Gesellschafterliste (§ 40 GmbHG) berührt die Abtretung an sich nicht. Auswirkungen kann eine unterbliebene Aktualisierung der Gesellschafterliste jedoch auf den **gutgläubigen Erwerb** des Gesellschaftsanteils vom Nichtberechtigten haben.[102] Nach § 16 III GmbHG (**lesen!**) darf sich der Erwerber auf die Berechtigung des Veräußerers am Geschäftsanteil verlassen, wenn

- der Veräußerer **seit mindestens drei Jahren** in die Gesellschafterliste **eingetragen** ist,
- diese Eintragung in die Gesellschafterliste **unwidersprochen** geblieben ist und
- der Erwerber keine positive Kenntnis von der Unrichtigkeit der Gesellschafterliste hat (er also **nicht bösgläubig** ist).

Beachte: Die Liste der Gesellschafter wird in der Registerakte geführt, ohne dass jedoch die Gesellschafter in das Handelsregister eingetragen werden. Der Gesellschafterliste kommt daher **nicht die Publizitätswirkung des § 15 HGB** zu.

VII. Die GmbH in Liquidation

Auch die sich in **Liquidation** befindende Gesellschaft kann noch parteifähig sein. Die Beendi- **117** gung von Gesellschaften vollzieht sich grundsätzlich in zwei Stufen: In einem ersten Schritt erfolgt die Auflösung (durch einen der Auflösungstatbestände des § 60 GmbHG). Die Gesellschaft besteht dann noch fort, allerdings in einem Liquidationsstadium, in dem sie nicht mehr werbend, sondern nur noch abwickelnd tätig ist. In diesem Stadium ist die Gesellschaft unverändert parteifähig. Die aufgelöste GmbH wird – soweit nichts anderes vereinbart ist – nach wie vor durch ihren Geschäftsführer vertreten, der dann Liquidator heißt (§ 66 GmbHG). Erst nachdem das gesamte Vermögen verteilt und die Löschung aus dem Handelsregister erfolgt ist, ist die dann vollbeendete Gesellschaft nicht mehr parteifähig.

Formulierungsvorschlag:

In dem Rechtsstreit der Meier GmbH i.L. vertreten durch den Liquidator, Herrn Michael Meier, ... (Rubrum)
Die Klägerin ist parteifähig; infolge der Auflösung tritt lediglich eine Änderung des Gesellschaftszwecks ein. Sie wird im Rechtsstreit durch den (geborenen) Liquidator vertreten. (Zulässigkeit)

Beachten Sie aber, dass die Löschung während der Anhängigkeit eines Prozesses die Parteifähigkeit der GmbH nicht beseitigt; in dem geltend gemachten Anspruch oder behaupteten Rechtsverhältnis (Aktivprozess) bzw. in dem möglichen Kostenerstattungsanspruch (Passivprozess) ist noch ein Vermögensgegenstand zu erblicken, über dessen Vorhandensein erst in dem anhängigen Verfahren entschieden wird. Ist die Gesellschaft im Prozess anwaltlich vertreten, tritt nach § 246 I ZPO keine Unterbrechung ein; anderenfalls muss ein Nachtragsliquidator bestellt werden.

F. Der Verein

Der **eingetragene Verein** (»e.V.«, §§ 21 ff. BGB) kann klagen und verklagt werden. Er wird **118** durch seinen Vorstand vertreten (§ 26 II BGB).

Der **nicht rechtsfähige Verein** (§ 54 BGB) kann bereits wegen § 50 II ZPO verklagt werden. **119** Im Lichte der Rechtsprechung des Bundesgerichtshofs zur (Teil-)Rechtsfähigkeit der GbR ist er nunmehr auch aktiv parteifähig (Arg.: er ist im Gegensatz zur GbR ja sogar körperschaft-

---

102 Der gutgläubige Erwerb eines GmbH-Anteils ist erst seit Inkrafttreten des MoMiG am 1.1.2008 und der damit einhergehenden Änderung des § 16 III GmbHG möglich.

lich strukturiert).[103] Nach der Rechtsprechung haftet nur der Verein im Rechtsverkehr nach außen, dabei ist die Vertretungsmacht des Handelnden konkludent auf das Vereinsvermögen beschränkt. Die Handelndenhaftung ist in § 54 S. 2 BGB geregelt.

120 Wichtig bei der Haftung des Vorstands und des Vorstandsmitglieds gegenüber dem Verein ist die **Haftungsbegrenzung** auf Vorsatz und grobe Fahrlässigkeit in **§ 31a I BGB** für bestimmte Vorstandsmitglieder. Diese gilt nur im Innenverhältnis gegenüber dem Verein und dessen Mitgliedern.[104]

121 Für die bloßen Mitglieder des Vereins ergibt sich diese Privilegierung aus § 31b I BGB.

122 In den §§ 31a II und 31b II BGB sind Freistellungsansprüche gegen den Verein geregelt, die dann greifen, wenn der Verschuldensmaßstab in den §§ 31a I und 31b I BGB nicht überschritten wird.

G. Die fehlerhafte Gesellschaft

123 Soweit Mängel bei Abschluss (oder Änderung) des Gesellschaftsvertrags vorliegen, können die Grundsätze über die **fehlerhafte Gesellschaft** zum Tragen kommen. Grundsätzlich wird eine fehlerhafte Gesellschaft trotz der Fehlerhaftigkeit ihres Gesellschaftsvertrags als vorhanden angesehen und nur *ex nunc* abgewickelt. Die Voraussetzungen[105] sind:

- Der **Gesellschaftsvertrag** muss **abgeschlossen** worden und gültig gewollt gewesen sein, dh, die Beteiligten müssen auf den Abschluss eines Gesellschaftsvertrags gerichtete Willenserklärungen abgegeben haben;[106]
- es muss ein **Mangel** vorliegen, der den Gesellschaftsvertrag insgesamt unwirksam macht (klausurrelevant sind hier insbesondere die Anfechtungstatbestände (§§ 119, 123 BGB) und die Verletzung gesetzlicher Formvorschriften (§ 311b I BGB);
- das Gesellschaftsverhältnis muss bereits **in Gang gesetzt** worden sein;
- es dürfen **keine schutzwürdigen Interessen** entgegenstehen (beispielsweise fehlende Geschäftsfähigkeit).[107]

124 Rechtsfolge der fehlerhaften Gesellschaft ist dann, dass die Gesellschaft für die Vergangenheit als bestehend behandelt wird. Im Außenverhältnis sind die Vorschriften über die Vertretungsmacht und die Haftung der Gesellschafter anwendbar, dh, im Außenverhältnis können die in Anspruch genommenen Gesellschafter nicht einwenden, die Gesellschaft bestehe nicht; sie haften für die Verbindlichkeiten der Gesellschaft trotz derer Fehlerhaftigkeit.

125 Trotz Fiktion des Bestehens der fehlerhaften Gesellschaft, können die Gesellschafter die Auflösung *ex nunc* herbeiführen. Dies hat in der Form zu geschehen, die das Gesetz für die Auflösung aus wichtigem Grund vorsieht (Kündigung nach § 723 I BGB bei der GbR und Auflösungsklage bei der OHG und der KG nach §§ 133, 161 II HGB).

> **Klausurtipp:** Liegt eine fehlerhafte Gesellschaft vor, wird es in der Klausur regelmäßig um die Haftung der Gesellschafter einer Personenhandelsgesellschaft oder einer GbR im Außenverhältnis gehen und nicht um die Haftung der Gesellschaft, weil spätestens zum Zeitpunkt des Schlusses der mündlichen Verhandlung ein Beendigungstatbestand geltend gemacht worden sein wird.

---

103 StRspr seit BGH NJW 2008, 69; *Kaiser/Kaiser/Kaiser* Zivilgerichtsklausur I Rn. 328.
104 Palandt/*Ellenberger* BGB § 31a Rn. 4.
105 Palandt/*Sprau* BGB § 705 Rn. 18.
106 Hieran fehlt es bei den bei den sog. Falsus-procurator-Fällen, bei denen der Gesellschaftsvertrag durch einen Vertreter ohne Vertretungsmacht (nicht) zustande gekommen ist, vgl. dazu BGH NJW 2011, 66, und die Besprechung von *K. Schmidt* JuS 2010, 918; Arg.: Eine fehlerhafte Gesellschaft setzt wie jede Gesellschaft einen Gesellschaftsvertrag und dieser wiederum zwei Willenserklärungen voraus; ein solches rechtsgeschäftliches Handeln der Gesellschafter fehlt jedoch, wenn eine Willenserklärung durch einen vollmachtlosen Vertreter zustande gekommen ist.
107 *Kliebisch* JuS 2010, 958 (959).

H. Allgemeine Grundsätze der Rechtsscheinhaftung iSv § 242 BGB

Eine Haftung kraft Rechtsscheins (§ 242 BGB) des (vermeintlichen) Gesellschafters und der 126
Gesellschaft kann eintreten, wenn folgende **Voraussetzungen** erfüllt sind:

- zurechenbarer Rechtsschein gesetzt (zB falscher Briefkopf,[108] Gerieren als Kaufmann),
- Redlichkeit/Schutzbedürftigkeit des Dritten, dh Vertrauen in Rechtsschein und
- Kausalität zwischen Rechtsschein und Handlung/Schaden.

Rechtsfolge ist ein Wahlrecht des Vertragspartners. Dieser kann sich entscheiden, ob er sich 127
auf den Rechtsschein oder die Realität berufen will. Der Dritte darf aber durch die Rechts-
scheinhaftung nicht bessergestellt werden, als wenn der Rechtsschein Wirklichkeit wäre.

Wichtig: Eine zum Schein bestehende Gesellschaft (sog. Scheingesellschaft) kann lediglich Zurech-
nungsobjekt für die Haftung der Gesellschafter sein. Da eine Scheingesellschaft aber selbst über
kein Vermögen verfügt, kann der Gläubiger nicht einen Anspruch gegen die Scheingesellschaft
selbst geltend machen.

---

108 Sowohl in der Praxis als auch in der Klausur handelt es sich regelmäßig um Rechtsanwaltssozietäten, die
einen angestellten Rechtsanwalt oder freien Mitarbeiter ohne entsprechenden Zusatz auf dem Briefbogen
führen, vgl. nur BGHZ 70, 247 = NJW 1978, 996 und BGH NJW 2007, 2490.

§ 8 Der Kaufmann

1   Die **Kaufmann**seigenschaft zumindest einer der an einem Rechtsverhältnis beteiligten Parteien ist Tatbestandsvoraussetzung für die Anwendung zahlreicher handelsrechtlicher Normen.[1] Mit Ausnahme der Kaufmannseigenschaft kraft Rechtsnorm (§ 6 HGB) ist das Betreiben eines Handelsgewerbes die Grundlage für den Erwerb der Kaufmannseigenschaft. Eine nähere Umschreibung des **Gewerbe**begriffs findet sich im HGB nicht. Die hM versteht unter dem Gewerbebegriff (im handelsrechtlichen Sinne) eine selbstständige Tätigkeit, die nach außen erkennbar und auf Dauer angelegt ist, sowie in erlaubter Weise mit Gewinnerzielungsabsicht und nicht als freier Beruf betrieben wird.[2] Damit ein Gewerbe zum Handelsgewerbe wird, bedarf es aufgrund seines Umfangs oder seiner Art eines in kaufmännischer Weise eingerichteten Geschäftsbetriebs. Die Notwendigkeit eines in kaufmännischer Art und Weise eingerichteten Geschäftsbetriebs ergibt sich aus zahlreichen Faktoren, wie zB dem Umfang der Geschäftsbeziehungen, der Vielfalt der angebotenen und vertriebenen Produkte, der Anzahl der Arbeitnehmer und der Standorte.[3] Da dies für einen außenstehenden Dritten regelmäßig schwer nachzuweisen sein wird, vermutet § 1 II HGB, dass es sich bei einem Gewerbe um ein Handelsgewerbe handelt. Demzufolge muss der Unternehmer, der nicht unter den Anwendungsbereich des HGB fallen will, darlegen und beweisen, dass sein Handelsgewerbe keine Einrichtung in kaufmännischer Weise erfordert.[4]

2   Neben dem Kaufmann iSd § 1 HGB gibt es sodann noch die Kaufleute kraft Eintragung gem. der §§ 2, 3 HGB.

3   Auf den Kaufmannsbegriff kann es beispielsweise bei folgenden Tatbeständen ankommen: Zuständigkeit der Kammer für Handelssachen (§ 95 I Nr. 1 GVG), Prorogation (§ 38 I ZPO), Handelsgeschäfte (§§ 343 ff. HGB), Prokura (§§ 48 ff. HGB).

> **Klausurtipp:** Auf der Kaufmannseigenschaft wird in der Klausur – gerade im zweiten Staatsexamen – selten der Schwerpunkt liegen. In der Regel werden die Voraussetzungen unstreitig und sehr leicht festzustellen sein. Ausufernde (und theoretische) Ausführungen zum Kaufmannsbegriff langweilen den Korrektor und kosten Punkte. Versuchen Sie sich deswegen in diesem Bereich möglichst kurz zu fassen, um zu zeigen, dass Sie eine problemorientierte Schwerpunktsetzung beherrschen. Prüfen Sie aber gleichwohl aufmerksam, ob die Kaufmannseigenschaft vorliegt.

4   Nach § 17 II HGB *kann* der in das Handelsregister eingetragene **(Einzel-)Kaufmann** unter seiner Firma[5] klagen und verklagt werden. Eine Klageerhebung unter der Firma setzt aber voraus, dass der Rechtsstreit einen unternehmensbezogenen Gegenstand hat, es sich also um ein Handelsgeschäft iSd §§ 343 ff. HGB handelt. Das einzelkaufmännische Unternehmen ist als solches nicht rechtsfähig; Träger von Rechten und Pflichten und deshalb Partei bleibt daher der **Kaufmann selbst** und nicht »die Firma«.[6]

---

1 Kenntnisse über die Grundlagen des Kaufmannsbegriffs werden für das Verständnis dieses Skriptes vorausgesetzt. Zur Vertiefung lesen Sie *Kaiser/Kaiser/Kaiser* MatZivilR Rn. 102.
2 *Hucke/Holfter* JuS 2011, 534 ff. mwN.
3 *Kindler* GK HandelsR Rn. 54.
4 Baumbach/Hopt/*Hopt* HGB § 1 Rn. 25.
5 Die Firma ist der Name des Kaufmanns, unter dem er im Handelsverkehr seine Geschäfte betreibt, vgl. § 17 I HGB; vgl. auch *Kaiser/Kaiser/Kaiser* MatZivilR Rn. 106.
6 Vgl. auch *Kaiser/Kaiser/Kaiser* Zivilgerichtsklausur I Rn. 315.

§ 9 Die Publizität des Handelsregisters

Auf die Eintragung im Handelsregister (§ 15 HGB) werden sich die Parteien in der handels- 1
rechtlichen Klausur vielfach berufen.

§ 15 HGB enthält Publizitätswirkungen, die nur für eintragungs*pflichtige* Tatsachen gelten. 2
Ob eine Tatsache eintragungspflichtig ist, ergibt sich aus dem HGB: zB die Eintragung der
Firma (§ 29 HGB), der Prokura (§ 53 HGB), die Gründung einer GmbH/AG/OHG/KG
oder der Ausschluss eines Gesellschafters von der Vertretung (§ 125 HGB). § 15 HGB gilt
nicht bei lediglich eintragungsfähigen Tatsachen, wie zB die Haftungsausschlüsse nach den
§§ 25 II, 28 II HGB oder die Gestattung des Selbstkontrahierens des Geschäftsführers einer
GmbH nach § 10 I 2 GmbHG.

> **Merken** Sie sich für § 15 HGB die folgende Systematik:
> * **negative Publizität, § 15 I HGB:** Geschützt wird das »Schweigen« des Handelsregisters, dh das
>   Vertrauen auf die Nichtexistenz nicht eingetragener und/oder bekanntgemachter Tatsachen.
> * **positive Publizität, § 15 III HGB:** Geschützt wird das »Reden« des Handelsregisters, dh das
>   Vertrauen auf die Existenz (unrichtig) bekanntgemachter Tatsachen.

Derjenige, zu dessen Gunsten § 15 HGB angewendet wird, hat stets ein **Wahlrecht**, ob er sich 3
auf den Rechtsscheintatbestand des § 15 HGB beruft oder die wahre Sachlage gelten lässt.[1]

> **Beachte:** Auch innerhalb eines zusammenhängenden Sachverhalts besteht nach der Rechtspre-
> chung des BGH ein Wahlrecht dahingehend, dass derjenige, der sich auf § 15 HGB berufen kann,
> sein Wahlrecht einmal zugunsten der wahren Rechtslage und einmal zugunsten des Rechtsscheins
> ausüben kann (sog. **Rosinentheorie, Beispiel:** Inanspruchnahme als Gesellschafter mangels Eintra-
> gung des Ausscheidens [§ 15 I HGB] und gleichzeitiges Berufen auf die Alleinvertretungsmacht des
> verbliebenen Gesellschafters [wahre Rechtslage]; umstr.).

§ 15 I HGB normiert die **negative Publizität** des Handelsregisters: Nicht eingetragene 4
und/oder nicht bekanntgemachte Tatsachen gelten als nicht existent (**»Schweigen darf man
vertrauen«**). Das heißt, ein gutgläubiger Dritter braucht diese nicht bekanntgemachten Tatsachen nicht gegen sich gelten zu lassen (zB ein nicht eingetragener Widerruf einer Prokura).
Nach hM ist noch nicht einmal die **Voreintragung** der Tatsache erforderlich (zB weder Erteilung noch Widerruf der Prokura sind eingetragen worden: hier kann sich der Dritte trotzdem
auf die fehlende Eintragung des Widerrufs berufen). In diesen Fällen spricht man von der sog.
sekundären Unrichtigkeit des Handelsregisters.[2]

> **Klausurtipp:** Prüfen Sie zunächst ganz normal die Rechtslage ohne § 15 I HGB. An der Stelle der
> Lösungsskizze, bei der die nicht eingetragene Tatsache relevant wird, ist dann zu fragen, ob die Tat-
> sache gegenüber dem Vertragspartner wegen § 15 I HGB überhaupt geltend gemacht werden kann.

Beachten Sie, dass der Schutz des § 15 I HGB nur bei positiver Kenntnis von der nicht einge- 5
tragenen Tatsache entfällt (Beweislast hat jedoch nicht der Dritte, sondern die andere Partei,
vgl. Wortlaut »… es sei denn …«). Nicht erforderlich ist, dass der Dritte das Handelsregister
tatsächlich eingesehen hat (**abstrakter Vertrauensschutz**). Ferner findet § 15 I HGB keine
Anwendung bei Deliktshaftung, da dieser nur »typisiertes Vertrauen« im Geschäftsverkehr
schützt (vgl. § 15 IV HGB: »Geschäftsverkehr«).

§ 15 III HGB normiert dagegen die **positive Publizität**, er schützt den guten Glauben an die 6
Richtigkeit von unrichtig bekanntgemachten Tatsachen (**»Reden darf man vertrauen«**). Ent-
scheidendes Merkmal bei § 15 III HGB ist die »unrichtige **Bekanntmachung**« der Tatsache,
also die unrichtige Veröffentlichung der Tatsache durch das Gericht. Ob die **Eintragung** selbst
richtig oder falsch ist, ist nicht entscheidend. Deshalb findet § 15 III HGB (»erst recht«) auch
dann Anwendung, wenn – was häufig genug vorkommt – die Eintragung **ebenfalls** unrichtig ist.

---

1 BGHZ 65, 309 = NJW 1976, 569 (bzgl. § 15 I HGB).
2 BGHZ 116, 37 = NJW 1992, 505.

7   Nach hM[3] wird § 15 III HGB (aber nicht § 15 I HGB) durch das sog. **Veranlasserprinzip** eingeschränkt: Um unbillige und unerwartete Haftungsfolgen auszuschließen, muss der erzeugte Rechtsschein dem Betroffenen zuzurechnen sein (zB durch seinen Eintragungsantrag). Als Argument dient der Wortlaut »... in dessen Angelegenheiten die Tatsache einzutragen war...«. Solange ein Dritter eine unrichtig bekanntgemachte Tatsache also nicht (mindestens fahrlässig) veranlasst hat, braucht er diese nicht gegen sich gelten zu lassen.

8   § 15 III HGB wird für den umgekehrten Fall der **unrichtigen Eintragung,** aber richtigen Bekanntmachung dagegen nach hM **nicht** analog angewendet.[4] Hiergegen spricht schon der Gesetzeswortlaut, der eben nur von der unrichtigen Bekanntmachung spricht. Gleiches gilt für eine unrichtige Eintragung bei unterbliebener Bekanntmachung. Auch hier ist der Wortlaut eindeutig.

9   Im Fall einer unrichtigen Eintragung kommen daher nur allgemeine Rechtsscheingrundsätze als sog. **Ergänzungssätze** zur Anwendung: Danach haftet einem gutgläubigen Dritten gegenüber, wer eine unrichtige Erklärung zum Handelsregister abgibt oder veranlasst oder es aber unterlässt, eine unrichtige Eintragung beseitigen zu lassen.

Eintragung	Bekanntmachung	Rechtsfolge
richtig	unrichtig	Bekanntmachungsfehler (§ 15 III HGB)
unrichtig	unrichtig	nach ganz hM Anwendbarkeit von § 15 III HGB
unrichtig	richtig	Allgemeine Rechtsscheingrundsätze
unrichtig	fehlt	Allgemeine Rechtsscheingrundsätze

---

3 Vgl. Baumbach/Hopt/*Hopt* HGB § 15 Rn. 19.
4 Umstritten, vgl. Baumbach/Hopt/*Hopt* HGB § 15 Rn. 18.

§ 10 Haftung bei Inhaberwechsel

Im Zusammenhang mit der Übertragung von Einzelunternehmen und auch bei der Fortfüh- 1
rung von Gesellschaften kann die Frage der Haftung des Erwerbers relevant sein.

Bei einem **Inhaberwechsel** haftet der neue Inhaber grundsätzlich nicht für die Altschulden 2
seines Vorgängers. Anders ist dies nur, wenn er das **Handelsgeschäft und die Firma fort-
führt, vgl. § 25 I 1 HGB**.[1] Eine ähnliche Regelung wie § 25 I HGB findet sich für den Erben
in § 27 I HGB (lesen!), die sog. handelsrechtliche Erbenhaftung, die selbstständig neben die
erbrechtliche Haftung aus den allgemeinen Grundsätzen des Erbrechts in den §§ 1967 ff.
BGB tritt. Lesen Sie auch § 25 II HGB.

Beachten Sie, dass durch eine solche Übernahme die Haftung des alten Firmeninhabers nicht 3
entfällt. Dessen Haftung besteht neben der Haftung des Firmenübernehmers fort. Es handelt
sich demnach um einen Fall des gesetzlichen Schuldbeitritts, bei dem Alt- und Neuinhaber
gesamtschuldnerisch haften.[2] § 26 HGB regelt sodann, wie lange die Nachhaftung des Altinha-
bers andauert.[3]

Die Voraussetzungen der Haftung nach § 25 I HGB sind: 4

§ 25 I HGB greift nach hM schon bei einer **tatsächlichen Fortführung** des Betriebes, ein
wirksames schuldrechtliches oder dingliches Rechtsgeschäft ist nicht erforderlich. Für die
Klausur bedeutet dies, dass die Wirksamkeit des Übertragungsvertrags **nicht** zu prüfen ist. Es
muss nicht einmal überhaupt ein Rechtsgeschäft zwischen Altinhaber und Erwerber vorliegen
(Sukzession zweier Pächter, die ausschließlich Verträge mit dem Eigentümer abgeschlossen
haben). § 25 I HGB erfasst auch die sukzessiv erfolgende Unternehmensübernahme oder
einen Teilerwerb, wenn dieser den Kern des Unternehmens ausmacht.[4]

- Entscheidend für eine Firmenfortführung ist die **Identität des Firmenkerns,** die sich nach
  der Verkehrsanschauung bestimmt. Hierfür kommt es nicht darauf an, welche Firma der
  Übernehmer gegenüber dem Registergericht angegeben hat, sondern darauf, welche Bezeichnung er für sein Auftreten am Markt gewählt und firmenmäßig geführt hat. Nach hM
  liegt eine »**Fortführung unter der bisherigen Firma**« iSd § 25 I HGB daher auch dann
  vor, wenn die alte Firma nicht wort- und buchstabengetreu übernommen wird. Es wird
  darauf abgestellt, ob der Geschäftsverkehr die neue Firma noch mit der alten Firma identi-
  fiziert.[5] Hier ist zwischen der Firma des Handelsgewerbes und einzelnen Etablissementbezeichnungen zu differenzieren. Wenn das Einzelhandelsgewerbe Gastro Müller eine Stu-
  dentenkneipe »Larenz Vergeltung« und ein Feinschmeckerrestaurant »Chez Savigny«
  nennt, dann ist lediglich »Gastro Müller« die Firma iSd § 17 HGB. Bei den übrigen Namen
  handelt es sich lediglich um Etablissementbezeichnungen.

Dem neuen Inhaber stehen **analog § 417 BGB** alle Einwendungen des ehemaligen Firmen- 5
inhabers zu.

> **Wichtig:** Gemäß § 25 I 2 HGB *gelten* die in dem Betrieb des ehemaligen Inhabers begründeten
> Forderungen den Schuldnern gegenüber als auf den Erwerber übergegangen, wenn der bisherige
> Inhaber oder seine Erben in die Fortführung der Firma eingewilligt haben. Das heißt aber nicht, dass
> diese Forderungen auch übergegangen *sind*. Bei § 25 I 2 HGB handelt es sich also um eine Schuld-
> nerschutzvorschrift (wie die §§ 407 ff. BGB), die bewirkt, dass der Schuldner seine Einwendungen
> auch dem Erwerber entgegenhalten kann. Wenn die Forderungen wirklich übergehen sollen, müssen
> der bisherige Inhaber und der Erwerber dies vereinbaren.

---

1 Bei dem Anspruch des Dritten gegen den Firmenfortführer handelt es sich nicht um eine Handelssache iSv
  § 95 GVG. Unter § 95 I Nr. 4d GVG fallen nur Ansprüche »im Innenverhältnis«, also zwischen Veräußerer
  und Erwerber.
2 Baumbach/Hopt/*Hopt* HGB § 25 Rn. 12.
3 *Kindler* GK HandelsR § 5 Rn. 37.
4 BGH NJW-RR 2009, 820 f. und NJW 2010, 236 ff.
5 BGH NJW 2006, 1001 ff. stellt auf die »Beibehaltung des prägenden Teils der Firma« ab. Es ist auch irrelevant, ob im Handelsregister eine völlig andere Firma eingetragen wurde, da es allein auf die tatsächliche Fortführung der Firma ankommt, vgl. BGH NJW 1987, 1633.

Klausurtipp: In der kautelarjuristischen Klausur sollten Sie daran denken, dass die Haftung nach § 25 II HGB ausgeschlossen werden kann. Voraussetzung hierfür ist eine hinreichend bestimmte Vereinbarung zwischen Veräußerer und Erwerber sowie die Eintragung im Handelsregister und Bekanntmachung.

6 Bei der Klage des einzelkaufmännischen Unternehmers kommt es für die Frage der Inhaberschaft auf den Zeitpunkt der **Anhängigkeit** an; ist der Einzelkaufmann **Beklagter**, so ist der Zeitpunkt der **Rechtshängigkeit** entscheidend.[6]

Klausurtipp: In diesem Bereich bietet es sich an, die Klausur mit dem zivilprozessualen Problem der Veräußerung der streitbefangenen Sache anzureichern.[7] Es ist zu differenzieren:

- Ein bloßer Inhaberwechsel berührt den Rechtsstreit nicht; es ist aber das Rubrum zu berichtigen und der Kaufmann als natürliche Person aufzuführen.
- Veräußert der Kläger das Unternehmen **und** die Streitsache während des Prozesses, so berührt auch das den Rechtsstreit grundsätzlich nicht (§ 265 ZPO), es ist aber die Klage auf Leistung an den Rechtsnachfolger umzustellen.

Beachte: § 28 HGB regelt – obwohl dies aus seinem Wortlaut nicht klar wird – den Zusammenschluss einer Person mit einem Einzelkaufmann, der sein Geschäft als Einlage in die dann neu entstehende Personenhandelsgesellschaft einbringt; es handelt sich also im Ergebnis um die Gründung einer OHG oder einer KG. Die Gesellschaft haftet dann unabhängig von einer Firmenfortführung für die Altschulden des Einzelkaufmanns, die Gesellschafter haften daneben persönlich nach §§ 128, 161 II HGB. Nach hM muss es sich bei der neuen Gesellschaft um eine Personenhandelsgesellschaft (OHG oder KG) handeln. Noch nicht abschließend geklärt ist, ob die Gründung einer GbR für eine analoge Anwendung von § 28 I 1 HGB ausreicht.[8] Die (neuere) Rechtsprechung des BGH legt dies jedenfalls nahe, mangels Kaufmannseigenschaft des Rechtsanwalts nicht jedoch die Gründung einer Anwaltssozietät.[9] § 28 I 1 HGB gilt auch nicht analog, wenn ein Handelsgeschäft in eine bestehende Gesellschaft eingebracht wird.[10]

7 Für § 28 I 2 HGB gilt das oben zu § 25 I 2 HGB gesagte. Auch hierbei handelt es sich nur um eine Schuldnerschutzvorschrift, dh, die Forderungen *gelten* den Schuldnern gegenüber als auf die Gesellschaft übergegangen. Ohne eine entsprechende Vereinbarung *sind* sie aber nicht auf die Gesellschaft übergegangen.

---

6 Thomas/Putzo/*Hüßtege* ZPO vor § 50 Rn. 7.
7 Lesen Sie dazu *Kaiser/Kaiser/Kaiser* Zivilgerichtsklausur I Rn. 315 mit Formulierungsvorschlag.
8 Zum Streitstand Baumbach/Hopt/*Hopt* HGB § 28 Rn. 2.
9 BGH Urt. v. 17.11.2011 – IX ZR 16/09.
10 BGH NJW 2010, 3720 f.

§ 11 Zustandekommen von Handelsgeschäften

Häufig handelt es sich bei der wirtschaftsrechtlichen Klausur im Kern um eine völlig »norma- 1
le« Zivilrechtsklausur, die mit einigen wenigen handels- oder gesellschaftsrechtlichen Problemen angereichert ist. Es gilt daher, die Klausur in der gewohnten Weise sauber zu gliedern
und die spezifischen wirtschaftsrechtlichen Probleme in diesen Aufbau einzuarbeiten.[1]

Vertragliche Primäransprüche setzen naturgemäß voraus, dass 2
- ein Vertrag überhaupt wirksam entstanden,
- nicht untergegangen und
- durchsetzbar ist.[2]

Ein Vertrag kommt durch zwei übereinstimmende Willenserklärungen zustande (§§ 145 ff. 3
BGB). Dieser Grundsatz gilt selbstverständlich ohne jede Einschränkung auch in der wirtschaftsrechtlichen Klausur; er wird aber um einige, auf die Gepflogenheiten des Handelsverkehrs zugeschnittene Regelungen ergänzt.

A. Die Vertretung des Kaufmanns, §§ 48 ff. HGB

Der Kaufmann kann anderen Personen ohne Weiteres eine Vollmacht iSd §§ 167 ff. BGB 4
erteilen. In §§ 48 ff. HGB sind lediglich zwei Sonderformen rechtsgeschäftlicher Vertretungsmacht geregelt, nämlich die **Prokura** und die **Handlungsvollmacht**. Die Ladenvoll-
macht in § 56 HGB (lesen!) wiederum regelt einen Sonderfall der Anscheinsvollmacht. Analog § 54 III HGB muss der Vertragspartner bei § 56 HGB allerdings redlich sein; das heißt,
§ 56 HGB gilt nicht, wenn der Geschäftspartner die Beschränkung oder den Ausschluss des
Bevollmächtigten kannte oder kennen musste (beispielsweise durch einen klaren Hinweis im
Ladenlokal).

Kaufmann in diesem Sinne sind auch die Personenhandels- und Kapitalgesellschaften, § 6 I 5
HGB. Möglich ist also, dass beispielsweise der Geschäftsführer einer GmbH als deren organ-
schaftlicher Vertreter einem Dritten rechtsgeschäftlich eine Vollmacht erteilt. Die Gesellschaft
wird dann von dem Geschäftsführer und dem rechtsgeschäftlich bestellten Dritten (beispielsweise Prokuristen) vertreten.

Die **Prokura** ist nach § 48 HGB nur ausdrücklich und persönlich durch den Inhaber des 6
Handelsgeschäfts zu erteilen. Die in § 53 HGB vorgeschriebene Eintragung in das Handelsregister ist für die Wirksamkeit (der Erteilung und des Widerrufs) nicht erforderlich, sie hat also
nur deklaratorische Wirkung! Im Außenverhältnis ist der Umfang der Vertretungsmacht des
Prokuristen nach den §§ 49, 50 HGB unbeschränkt und unbeschränkbar, dh, der Prokurist ist
grundsätzlich zu allen Geschäften ermächtigt, die der Betrieb **irgendeines** Handelsgewerbes
mit sich bringt. Ausgenommen sind Grundlagen- und Inhabergeschäfte (zB Einstellung des
Gewerbes). Im Übrigen kann der Prokurist den Inhaber nicht in solchen Geschäften vertreten, die keinen Bezug zu dem Handelsgewerbe aufweisen.[3] Der Kaufmann ist natürlich nicht
gehindert, im Innenverhältnis Richtlinien für den Gebrauch der Prokura aufzustellen. Überschreitet der Prokurist diese Vereinbarungen (rechtliches Dürfen), ist das Geschäft nach außen
dennoch wirksam (rechtliches Können). Der Prokurist macht sich lediglich im Innenverhältnis schadensersatzpflichtig. Dadurch ist das Auftreten eines Prokuristen im Examen ein häufiger Anwendungsfall des **Missbrauchs der Vertretungsmacht**.[4]

Eine mögliche und zulässige Beschränkung der Prokura stellt die Gesamtprokura dar (§ 48 II 7
HGB). Sind mehrere Prokuristen bestellt, so vertreten sie die Gesellschaft grundsätzlich ge-
meinschaftlich. **Wichtig** ist, dass die Gesamtvertretung der Prokuristen nur für die aktive
Vertretung gilt; zur passiven Vertretung (Empfang von Willenserklärungen) ist jeder Prokurist

---

1 Behalten Sie auch in der wirtschaftsrechtlichen Klausur die schulmäßige Rangfolge der Anspruchsgrundlagen
  im Auge; näher dazu *Kaiser/Kaiser/Kaiser* MatZivilR Rn. 1.
2 Näher *Kaiser/Kaiser/Kaiser* MatZivilR Rn. 1.
3 Baumbach/Hopt/*Hopt* HGB § 49 Rn. 2.
4 S. *Kaiser/Kaiser/Kaiser* MatZivilR Rn. 6.

auch einzeln vertretungsbefugt.[5] Zulässig ist es, die Vertretungsmacht des Prokuristen dahingehend zu beschränken, dass er nur gemeinsam mit einem anderen Prokuristen oder einem Geschäftsführer vertreten kann (§ 48 II HGB). Unzulässig ist es aber umgekehrt, die Vertretungsmacht des alleinigen geschäftsführungsbefugten Gesellschafters einer Personengesellschaft auf eine gemeinschaftliche Vertretung mit einem Prokuristen zu beschränken (Verstoß gegen den Grundsatz der Selbstorganschaft).

8 Die **Handlungsvollmacht** erfasst im Gegensatz zur Prokura nur **branchentypische** Geschäfte (»eines derartigen Handelsgewerbes«, § 54 I HGB). Darüber hinaus kann sie auf drei verschiedene Weisen erteilt werden. Man unterscheidet die General-, Art- und Spezialhandlungsvollmacht. Die Generalhandlungsvollmacht ermächtigt zur Vornahme sämtlicher Geschäfte, die ein derartiges Handelsgewerbe üblicherweise mit sich bringt. Die Art-Handlungsvollmacht erfasst lediglich eine bestimmte Art von Geschäften (zB: Leiter Einkauf). Die Spezialhandlungsvollmacht erfasst nur ein konkretes zum Handelsgewerbe gehörendes Geschäft (Einzelvollmacht zur Realisierung eines konkreten Bauvorhabens).[6] Handlungsbevollmächtigt ist beispielsweise der Stationsleiter einer Tankstelle, wobei dessen Vertretungsmacht auch die Abgabe eines Schuldanerkenntnisses wegen einer Falschbetankung erfasst.[7] Die Handlungsvollmacht kann auch ohne ausdrückliche Erklärung erteilt werden. Eine fehlgeschlagene Erteilung der Prokura kann gem. § 140 BGB in die Erteilung einer Handlungsvollmacht iSd § 54 HGB umgedeutet werden. Beschränkungen der Handlungsvollmacht regelt § 54 III HGB (lesen!).

B. Schweigen des Kaufmanns (§ 362 HGB)

9 Nach § 362 I HGB kann das Schweigen des Kaufmanns auf ein Vertragsangebot als Annahme eines Angebots gelten. Ein »Antrag« iSd § 362 HGB ist ein Vertragsangebot gerichtet auf eine Geschäftsbesorgung. **Wichtig** ist hier (was in Examensklausuren erstaunlicherweise immer wieder übersehen wird), dass nicht das Schweigen jedes Kaufmanns auf ein Vertragsangebot als Annahme qualifiziert werden kann (es gibt keinen »allgemeinen Handelsbrauch« dahingehend, dass dem Schweigen eines Kaufmanns Rechtswirkung zukommt!), sondern nur das Schweigen eines Kaufmanns, der einen **Geschäftsbesorgungsbetrieb** unterhält.[8] Nicht von § 362 HGB erfasst sind Kaufgeschäfte und daher auch keine Lieferungsverträge.[9]

10 Es sind zwei Fälle zu unterscheiden:
- **§ 362 I 1 HGB** setzt voraus, dass der Kaufmann einen Geschäftsbesorgungsbetrieb betreibt, **mit dem Antragenden eine Geschäftsbeziehung unterhält** und der Antrag für den Geschäftsbesorgungsbetrieb nicht unüblich ist.
- **§ 362 I 2 HGB** verlangt, dass der Kaufmann eine **invitatio ad offerendum**[10] ausgesprochen hat, sich diese an eine bestimmte Person (eben an den Antragenden) richtete und das Angebot sich im Rahmen der *invitatio ad offerendum* hält.

Klausurtipp: Grenzen Sie § 362 HGB von § 151 BGB ab: In den Fällen des § 151 BGB ist lediglich der *Zugang* der Annahme nach § 130 BGB erlässlich (die Annahme an sich muss aber – sei es auch nur konkludent – erklärt werden); § 362 HGB hingegen fingiert bereits die Annahmeerklärung selbst.

C. Das kaufmännische Bestätigungsschreiben

11 Der für die Klausur relevanteste Handelsbrauch iSd § 346 HGB ist das **kaufmännische Bestätigungsschreiben.**[11] Unter Kaufleuten ist es üblich, dass eine Partei der anderen kurz

---

5 Arg.: Rechtsgedanke der § 26 S. 2 BGB, § 125 II 3 HGB, § 35 II 2 GmbHG.
6 Baumbach/Hopt/*Hopt* HGB § 54 Rn. 10.
7 OLG Hamm NJW-RR 2011, 532, **unbedingt lesen!**
8 Zum Begriff der Geschäftsbesorgung kann auf § 675 BGB zurückgegriffen werden; vgl. deswegen zu den Voraussetzungen Palandt/*Sprau* BGB § 675 Rn. 2, 9 ff., mit zahlreichen Beispielen, von denen Makler- sowie Fracht- und Lager- bzw. Speditionsgeschäfte am klausurrelevantesten sind.
9 Arg.: Solche Geschäfte kann der Kaufmann nicht unbegrenzt abschließen.
10 S. dazu *Kaiser/Kaiser/Kaiser* MatZivilR Rn. 4.
11 Vgl. zu den Voraussetzungen Palandt/*Ellenberger* BGB § 147 Rn. 8 ff. Sie brauchen nichts auswendig zu lernen!

schriftlich den (vermeintlichen) Vertragsschluss und dessen Inhalt bestätigt. Das Schweigen auf ein solches kaufmännisches Bestätigungsschreiben gilt kraft Gewohnheitsrechts als Zustimmung.

Die Voraussetzungen des kaufmännischen Bestätigungsschreibens sind: **12**

- Der Empfänger und Absender[12] sind Kaufleute oder nehmen als solche am Rechtsverkehr teil,
- vorausgegangene Vertragsverhandlungen, die – jedenfalls aus der Sicht des Verwenders – bereits zum Vertragsschluss geführt haben: Hier ist das kaufmännische Bestätigungsschreiben regelmäßig von der Auftragsbestätigung abzugrenzen (vgl. Klausurtipp → Rn. 13);
- Redlichkeit des Absenders: Der Inhalt des Bestätigungsschreibens muss sich so nah am Vertragsinhalt bewegen, dass der Absender redlicherweise mit einer Genehmigung rechnen darf;
- Schweigen des Empfängers: kein unverzüglicher Widerspruch (§ 121 I 1 BGB analog, dh maximal eine Woche).

Durch das kaufmännische Bestätigungsschreiben wird nach dessen Maßgabe der Vertrag ge- **13** ändert oder sogar geschlossen, wenn noch kein Vertrag geschlossen wurde. Dies gilt jedoch nicht im Fall von zwei sich kreuzenden kaufmännischen Bestätigungsschreiben für den sich jeweils widersprechenden Inhalt, da hier der jeweilige Absender grundsätzlich bei Schweigen der anderen Partei nicht davon ausgehen darf, dass diese dem Inhalt des jeweils anderen kaufmännischen Bestätigungsschreiben zustimmt.[13] Lesen Sie zu dem Thema BGH NJW 2011, 1965 mAnm *Grothe* (»Verhandlungsprotokoll als KBS?«).[14]

> **Klausurtipp:** Das kaufmännische Bestätigungsschreiben ist streng von der sog. **Auftragsbestätigung** (Annahme eines Angebots, gegebenenfalls unter Änderungen) zu unterscheiden. Der Versender einer Auftragsbestätigung geht anders als der Versender eines kaufmännischen Bestätigungsschreiben nicht von einem bereits geschlossenen Vertrag aus, sondern will diesen durch die Auftragsbestätigung erst zustande bringen. Weicht aber die Annahme vom Angebot ab, kommt der Vertrag gerade nicht zustande, vgl. § 150 II BGB. Sie müssen dann durch Auslegung ermitteln, was vorliegt (Bestätigung der Vereinbarung oder Annahme des noch im Raum stehenden Angebots?). Auf die Bezeichnung des Schreibens kommt es nicht an, auch ein als »Auftragsbestätigung« bezeichnetes Schreiben kann daher ein kaufmännisches Bestätigungsschreiben sein, umgekehrt gilt dies genauso.[15]
> Mit einer erstaunlichen Regelmäßigkeit dienen kaufmännische Bestätigungsschreiben in der Klausur der Einführung von **Allgemeinen Geschäftsbedingungen.**

Häufig wird sich der Empfänger mit einer **Anfechtung** wehren. Eine Anfechtung wegen Irr- **14** tums über die Bedeutung des Schweigens scheidet als unbeachtlicher Rechtsfolgenirrtum aus. Alternativ wird die Anfechtung darauf gestützt, dass das kaufmännische Bestätigungsschreiben und die mündlichen Abreden voneinander abweichen und dieses durch Nachlässigkeit nicht erkannt wurde. In diesen Fällen lässt die Rechtsprechung eine Anfechtung ebenfalls nicht zu, da dies dem Sinn und Zweck des kaufmännischen Bestätigungsschreiben zuwiderlaufen würde.[16]

> **Wichtig:** Durch das kaufmännische Bestätigungsschreiben gibt es keine Vermutung dafür, dass keine anderen Abreden als solche, die im kaufmännischen Bestätigungsschreiben genannt sind, zwischen den Parteien getroffen wurden.

---

12 Strittig, wie hier Palandt/*Ellenberger* BGB § 147 Rn. 10, mit Hinweis auf die Rspr. des BGH; OLG Frankfurt a.M. BeckRS 2017, 145485 = juris Rn. 16.

13 *Lettl* JuS 2008, 849.

14 Laut BGH sind die Grundsätze des kaufmännischen Bestätigungsschreibens nicht direkt anwendbar, weil ein Protokoll über eine nach Vertragsschluss durchgeführte Verhandlung über den geschlossenen Vertrag kein kaufmännisches Bestätigungsschreiben ist. Es kommt einem solchen Schreiben inhaltlich und seinem Zweck nach aber so nahe, dass eine entsprechende Anwendung der Grundsätze des kaufmännischen Bestätigungsschreibens gerechtfertigt sei.

15 Vgl. dazu Palandt/*Ellenberger* BGB § 147 Rn. 12.

16 BGH NJW 1972, 45; Palandt/*Ellenberger* BGB § 147 Rn. 8.

§ 12 Gesetzliche Besonderheiten bei Handelsgeschäften

1 Im vierten Buch des HGB sind die Handelsgeschäfte geregelt. Der erste Abschnitt bildet den allgemeinen Teil. Dort ist im Wesentlichen nur der Begriff des Handelsgeschäfts in den §§ 343 f. HGB klausurrelevant.

2 Ein Handelsgeschäft ist ein Geschäft eines Kaufmanns,[1] das zum Betrieb seines Handelsgewerbes gehört (vgl. die **Vermutung in § 344 I HGB**).[2] Die Vermutung des § 344 HGB kann auch für die Anwendbarkeit von Vorschriften aus dem BGB herangezogen werden, so etwa für den Verbrauchsgüterkauf (§ 474 BGB)[3] oder den Verbraucherdarlehensvertrag (§ 491 BGB), weil es auch dort darauf ankommt, dass der Vertrag »in Ausübung der gewerblichen Tätigkeit« geschlossen wurde (§ 14 BGB). Es reicht grundsätzlich für die Anwendung der §§ 343 ff. HGB aus, wenn das Geschäft zumindest für eine Partei ein Handelsgeschäft ist, vgl. § 345 HGB. Wann ein beidseitiges Handelsgeschäft zwingend ist, ergibt sich aus der jeweiligen Norm, so zB bei § 377 HGB.

3 Die Vorschriften zum Handelsgeschäft gelten selbstverständlich für alle in den Abschnitten zwei bis sechs (im Besonderen) geregelten Handelsgeschäfte. Als besonders klausurrelevant haben sich in den vergangenen Jahren jedoch vor allem der Handelskauf, die Übertragung von Forderungen und das Frachtgeschäft herauskristallisiert.

A. Besonderheiten bei der Bürgschaft (§§ 349 f. HGB)

4 Von den Kreditsicherungsmitteln wird mit weitem Abstand der Bürgschaftsvertrag sowohl am häufigsten in der Praxis verwendet als auch zum Gegenstand von Examensklausuren gemacht.[4]

5 Bei der Prüfung, ob der **Bürgschaftsvertrag zustande gekommen** ist, muss **§ 350 HGB** beachtet werden. Danach bedarf die Bürgschaftserklärung eines Kaufmanns nicht der Schriftform des § 766 BGB. Beachten Sie, dass der Kaufmann die Bürgschaftsverpflichtung im Rahmen des Betriebs seines Handelsgewerbes eingegangen sein muss. Das ist regelmäßig nicht der Fall, wenn sich der Organvertreter (beispielsweise Geschäftsführer, Vorstand einer GmbH bzw. einer AG) persönlich verpflichtet hat;[5] Kaufmann ist nur die juristische Person selbst, die aber nicht Partei des Bürgschaftsvertrags wird.

> **Lernen Sie in Zusammenhängen:** Aus dem gleichen Grund ist beispielsweise der Geschäftsführer einer GmbH, soweit er sich als Bürge persönlich verpflichtet, auch nicht Unternehmer, sondern Verbraucher iSd § 13 BGB, was unter anderem iRv § 310 BGB[6] oder § 312 BGB relevant sein kann. Beachten Sie, dass es nach der neueren Rechtsprechung des BGH nur noch darauf ankommt, dass der Bürge Verbraucher ist; unerheblich ist, dass die hauptschuldnerisch haftende juristische Person (deren Organ der Bürge ist und für die er sich – in der Klausur regelmäßig – an seinem Arbeitsplatz verbürgt hat) Unternehmerin ist.[7]

6 Der **Fremdgeschäftsführer** einer GmbH kann die von ihm persönlich gestellte Bürgschaft (oder sonstige Sicherheiten wie Schuldbeitritt) nicht aus wichtigem Grund kündigen, wenn er als Geschäftsführer ausscheidet.[8] Die Fortdauer des Geschäftsführeramtes liegt allein in der Risikosphäre des Fremdgeschäftsführers und nicht bei dem Gläubiger. Der Fremdgeschäftsführer kann allenfalls gegenüber der GmbH (im Innenverhältnis) verlangen, dass diese dem Gläubiger eine Ersatzsicherheit anbietet, gegen welche der Gläubiger ihn aus der Haftung entlässt.

---

1 Zum Kaufmannsbegriff → § 8 Rn. 1 f.

2 S. auch *Kaiser/Kaiser/Kaiser* MatZivilR Rn. 105.

3 Nach BGH NJW 2011, 3435, gehören auch **branchenfremde Nebengeschäfte** zum Betrieb des Handelsgewerbes, solange die Vermutung nicht widerlegt ist.

4 *Kaiser/Kaiser/Kaiser* MatZivilR Rn. 69.

5 *Kaiser/Kaiser/Kaiser* MatZivilR Rn. 69.

6 Zur Einbeziehung von AGB in den Vertrag *Kaiser/Kaiser/Kaiser* MatZivilR Rn. 7.

7 BGH NJW 2006, 845; Palandt/*Grüneberg* BGB § 312 Rn. 8.

8 BGH NJW-RR 2011, 1518.

Nach § 349 HGB steht dem Bürgen die **Einrede der Vorausklage (§ 771 BGB) nicht** zu, 7
~~wenn er Kaufmann ist~~ und er die Bürgschaftsverpflichtung im Rahmen seines Handelsgewerbes abgegeben hat.

Bei den Einwendungen gegen die Bürgschaft selbst ist die **Sittenwidrigkeit (§ 138 BGB)** 8
wichtig. Grundsätzlich gelten die zur Frage der Sittenwidrigkeit von Bürgschaften entwickelten Grundsätze[9] unabhängig vom Vorliegen aller anderen Voraussetzungen nicht für Bürgschaftserklärungen von GmbH-Gesellschaftern.[10] Nur in Ausnahmefällen kann etwas anderes gelten, wenn es sich bei dem krass überforderten Bürgen um einen **Strohmann-Gesellschafter**[11] handelt oder bei unbedeutenden **Splitter- oder Bagatellbeteiligungen.**[12] Hinzu kommen muss, dass diese Umstände evident oder dem Bürgschaftsnehmer (in der Regel der Bank) bekannt sein müssen.[13]

Eine Einschränkung findet auch die von der Rechtsprechung des BGH herausgearbeitete 9
Kontrolle **formularmäßig übernommener Globalbürgschaften** nach §§ 305c, 307 I BGB.[14]
Formularmäßig übernommene Globalbürgschaften, etwa solche für sämtliche gegenwärtigen und künftigen Forderungen des Gläubigers gegen den Hauptschuldner aus der zwischen ihnen bestehenden Geschäftsverbindung, begründen unkalkulierbare Haftungsrisiken zulasten des Bürgen, vor denen dieser grundsätzlich im Wege der Einbeziehungs- und Inhaltskontrolle nach §§ 305c I und 307 BGB zu schützen ist. Handelt es sich hingegen bei dem Bürgen um einen **persönlich haftenden Gesellschafter,**[15] einen **Mehrheitsgesellschafter**[16] oder einen **Geschäftsführer**[17] der hauptschuldnerisch haftenden Gesellschaft, greifen diese Grundsätze nicht, weil sie eine Erweiterung der Verbindlichkeiten des Hauptschuldners verhindern und damit das Risiko steuern können. **Beachten** Sie aber, dass der Bürge bei einer Krediterweiterung ein Recht zur Kündigung aus wichtigem Grund hat.

B. Provision und Lagergeld nach § 354 HGB

In einigen Klausuren kommt es auf § 354 HGB an.[18] Danach kann ein Kaufmann, der in Aus- 10
übung seines Handelsgewerbes einem anderen Geschäfte besorgt oder Dienste leistet (beides wird grundsätzlich weit ausgelegt), von diesem Provision oder/und Lagergeld verlangen. Relevant wird dies zB dann, wenn ein entsprechender ausdrücklicher Verwahrungsvertrag nicht geschlossen wurde. Klausurrelevant[19] ist der Fall, dass der Verkäufer im Annahmeverzug des Käufers die Kaufsache bei sich einlagert. Ohne § 354 HGB hätte der Verkäufer nur § 304 BGB.

C. Wirksamkeit der Abtretung (§ 354a HGB)

Auch § 354a I HGB wird zum Teil relevant. So ist die Übertragung von Forderungen und 11
Gesellschaftsanteilen in der Praxis ein wichtiges und beliebtes Sicherungsmittel, was sich mitunter auch auf die Klausurrelevanz solcher Rechtsgeschäfte auswirkt. Gemäß § 354a I HGB ist ein Abtretungsverbot iSv § 399 Alt. 2 BGB zwischen den Vertragsparteien eines Handelskaufs zwar nicht unwirksam, die gleichwohl erfolgte Abtretung jedoch wirksam.

---

9   Lesen Sie dazu *Kaiser/Kaiser/Kaiser* MatZivilR Rn. 69.
10 Arg.: Die Gesellschaftsgläubiger haben ein **berechtigtes Interesse** an der persönlichen Haftung, BGH NJW 1998, 597; 2002, 956; 2003, 967; OLG Düsseldorf NJOZ 2008, 1485.
11 BGH NJW 1998, 597.
12 Eine Beteiligung von zehn Prozent stellt bereits keinen solchen unerheblichen Vermögenswert dar, BGH NZG 2003, 288.
13 BGH NJW 1998, 597.
14 Vgl. dazu *Kaiser/Kaiser/Kaiser* MatZivilR Rn. 69.
15 MüKoBGB/*Habersack* § 765 Rn. 75 mwN.
16 BGH NJW 1995, 2553.
17 BGH NZG 2004, 237.
18 Klausurrelevant könnte die Entscheidung OLG München NJOZ 2013, 254 werden.
19 Dies rechtfertigt die Behandlung an dieser Stelle im Rahmen der Sekundäransprüche.

12 Nach § 354a I 2 HGB kann der Schuldner trotzdem mit befreiender Wirkung an den Zedenten leisten.[20] Dies hindert den Zessionar aber nicht, auf Leistung nur an sich selbst zu klagen; ein Klageantrag auf »Zahlung an den Zessionar oder den Zedenten« ist nicht notwendig.[21]

> **Klausurtipp:** § 354a HGB wird häufig im Rahmen von Drittwiderspruchsklagen[22] geprüft, indem der klagende Zedent als »die Veräußerung hinderndes Recht« die Inhaberschaft an der an ihn abgetretenen Forderung einwendet. In der Begründetheit ist dann zu prüfen, ob die Forderung trotz des Abtretungsverbotes wegen § 354a HGB an den Kläger abgetreten werden konnte.

> **Beachten** Sie in diesem Zusammenhang auch, dass § 354a I HGB wegen Abs. 2 für die Abtretung von Darlehensforderungen durch Kreditinstitute nicht gilt.[23]

D. Gutgläubiger Erwerb von beweglichen Sachen gem. § 366 HGB

13 Von Bedeutung kann die Erweiterung der Möglichkeiten des gutgläubigen Erwerbs von beweglichen Sachen nach § 366 HGB sein.

14 Das BGB schützt nur den guten Glauben an das Eigentum (§ 932 BGB), nicht aber den, der weiß, dass der Veräußerer nicht Eigentümer ist, ihn jedoch für befugt hält, die einem Dritten gehörende Sache zu veräußern.[24] Der gute Glaube eines Dritten an die Verfügungsbefugnis wird allerdings unter gewissen Voraussetzungen durch § 366 HGB gewährt.[25]

15 Umstritten ist, ob § 366 I HGB auch den guten Glauben an die in Wirklichkeit nicht bestehende Vertretungsmacht des Kaufmanns schützt. Gemeint sind Fälle, in denen der veräußernde Kaufmann ohne Vollmacht für einen anderen auftritt.[26] Oftmals wird hierfür angeführt, der Verkehr unterscheide letztlich nicht zwischen der Veräußerung im fremden Namen und der Veräußerung mit Verfügungsmacht für einen Dritten. § 366 HGB ist auf Scheinkaufleute nicht anwendbar.[27]

---

20 Dies gilt nach BGH NJW-RR 2005, 624 = WM 2005, 429 ff. auch für eine Aufrechnung.
21 BGH NJW 2011, 443 ff.; entgegen der hL, etwa Baumbach/Hopt/*Hopt* HGB § 354a Rn. 2.
22 Lesen Sie dazu *Kaiser/Kaiser/Kaiser* Zwangsvollstreckungsklausur Rn. 28 ff.
23 § 354a II HGB wurde durch das Risikobegrenzungsgesetz am 12.8.2008 eingeführt.
24 *Kaiser/Kaiser/Kaiser* MatZivilR Rn. 39.
25 Klausurbeispiel: guter Glaube an Verfügungsmacht des Kfz-Händlers bei Kauf eines Vorführwagens auch ohne Vorlegung des Kfz-Briefs, OLG Hamm NJW 1964, 2257; vgl. auch *Kaiser/Kaiser/Kaiser* MatZivilR Rn. 39.
26 *Medicus/Petersen* BürgerlR Rn. 567 mwN; Arg. pro: Sicherheit des Handelsverkehrs; Arg. contra: Vorrang der Rechtsscheinvollmachtsregelungen; welcher Ansicht Sie sich in der Klausur anschließen, ist unerheblich.
27 *Müller* JA 2007, 258 mwN.

§ 13 Der Handelskauf

Von den Handelsgeschäften kommt dem Handelskauf die meiste Klausurrelevanz zu. Ein 1 Handelskauf ist grundsätzlich ein Handelsgeschäft iSd §§ 343 ff. BGB. Bei den Voraussetzungen ist also neben den §§ 433 ff. BGB jedenfalls die Kaufmannseigenschaft eines der beiden Vertragspartner zu prüfen.

A. Selbsthilfeverkauf nach §§ 373, 374 HGB

Wichtig sind die Vorschriften über den Annahmeverzug des Käufers nach §§ 373, 374 HGB. 2 Wenn der Käufer im Annahmeverzug ist, kann der Verkäufer als Erfüllungssurrogat zB nach § 373 II HGB einen sog. **Selbsthilfeverkauf** »für Rechnung des säumigen Käufers« veranlassen (zB Versteigerung der Ware). Mit dem eigenen Anspruch auf Ersatz der Versteigerungskosten (§ 373 III HGB iVm § 670 BGB) und dem Kaufpreisanspruch kann er dann gegenüber dem Anspruch des Käufers auf Herausgabe des Erlöses aus § 667 BGB aufrechnen. Etwaige Lagerkosten kann der Verkäufer nach § 373 I HGB iVm § 670 BGB ersetzt verlangen.

> **Klausurtipp:** Der Selbsthilfeverkauf kann in der Klausur in zwei Konstellationen vorkommen:
> - Fordert der (sich in Annahmeverzug befindende) Käufer die Erfüllung des Vertrags, ist zu prüfen, ob sein Anspruch infolge des Selbsthilfeverkaufs durch den Verkäufer wegen **Erfüllung** untergegangen ist **(§ 362 BGB** iVm § 373 II und III HGB).
> - Fordert der Käufer die Herausgabe des Erlöses (§ 667 BGB), so kann der Verkäufer gegen diesen Anspruch die **Aufrechnung** mit seinem Kaufpreisanspruch (und den Versteigerungskosten) erklären; die Voraussetzungen der §§ 373 f. HGB sind dann innerhalb von **§§ 387 ff. BGB** zu prüfen. In der Anwaltsklausur dürfen Sie (aus Verkäufersicht) nicht vergessen, die Aufrechnung ausdrücklich zu erklären (es handelt sich um ein Gestaltungsrecht!)

B. Untersuchungs- und Rügeobliegenheit (§ 377 HGB)

Auch die Untersuchungs- und Rügeobliegenheit des Kaufmanns hinsichtlich eines Mangels 3 der gelieferten Ware nach **§ 377 I und III HGB** (lesen!) ist sehr klausurrelevant und lässt sich wegen der Rechtsfolgen in § 377 II und III HGB gut in jede Gewährleistungsklausur einbauen.

> **Klausurtipp:** Achten Sie auf die richtige Verwendung der Begrifflichkeiten. Häufig liest man fälschlicherweise auch von Rügepflicht. Dies ist unzutreffend und lässt sich anhand eines Vergleichs der Pflicht und der Obliegenheit leicht abgrenzen. Eine Pflicht ist dann gegeben, wenn der Schuldner gegenüber einem Dritten ein bestimmtes Tun oder Unterlassen vorzunehmen hat. Eine Obliegenheit dient regelmäßig immer der Erfüllung eigener Interessen. Die rechtzeitige Rüge iSd § 377 HGB soll den Käufer in die Lage versetzen, seine Gewährleistungsrechte zu erhalten. Die Rüge ist daher ausschließlich in seinem Interesse gelegen, nicht aber im Interesse des Verkäufers.[1]

Rechtsfolge des § 377 I und III HGB ist, dass der Käufer bei Nichtbeachtung der Rügeoblie- 4 genheit sämtliche Gewährleistungsansprüche aufgrund des Mangels verliert (Ausnahme: arglistiges Verschweigen des Mangels durch den Verkäufer, § 377 V HGB). Dies erfasst auch vertragliche Ansprüche wegen Schäden an anderen Rechtsgütern, die aus dem Mangel resultieren.

§ 377 HGB gilt nur bei einem beidseitigen Handelskauf. Beide Parteien müssen daher Kauf- 5 leute sein und der Kaufvertrag oder Werklieferungsvertrag iSv § 381 II HGB zu dem Betrieb des jeweiligen Gewerbes gehören.

Der Käufer eines solchen beiderseitigen Handelskaufes hat die an ihn abgelieferten Waren 6 *unverzüglich zu untersuchen* (§ 377 I Hs. 1 HGB). Stellt er einen Mangel fest, so hat er ihn

---

1 Baumbach/Hopt/*Hopt* HGB § 377 Rn. 21.

unverzüglich zu rügen (§ 377 I Hs. 2 HGB). Der Begriff der Unverzüglichkeit[2] ist also auf zwei verschiedenen Stufen heranzuziehen: in einem ersten Schritt bei der Untersuchung und in einem zweiten Schritt bei der Rüge. Die dem Käufer zustehende Zeit wird nach dem jeweiligen Einzelfall bestimmt. Diese kann abhängig vom Umfang, des Zeitaufwands und der Komplexität der durchzuführenden Untersuchungen von wenigen Tagen[3] bis hin zu einem Monat betragen.[4] Bei der Berechnung des zur Verfügung stehenden Zeitraums bleibt ein zusätzlicher Aufwand, der daraus resultiert, dass die Sache bereits weiterverkauft wurde, außer Betracht.[5]

7   Art und Umfang der vorzunehmenden Untersuchung hängt ebenfalls vom Einzelfall ab. Hierbei sind insbesondere die Kosten, der technische und organisatorische Zeitaufwand und die Branchenüblichkeit einer bestimmten Art der Untersuchung ausschlaggebend.[6]

8   Die Genehmigungsfiktion durch die unterlassene Rüge tritt allerdings nur bei einem offenen Mangel ein. Es handelt sich also um einen Mangel, der bei einer ordnungsgemäßen Untersuchung erkennbar war. Einen **verdeckten Mangel** (§ 377 II Hs. 2 HGB) kann der Käufer naturgemäß erst nach seiner Entdeckung rügen. Unterlässt er bei einem entdeckten, verdeckten Mangel allerdings die Mängelrüge, tritt erneut die Rechtsfolge des § 377 I und III HGB ein und er verliert seine Gewährleistungsansprüche. Die Abgrenzung zwischen einem »offenen« und einem »verdeckten« Mangel erfolgt danach, ob bei einer verkehrsüblichen Untersuchung der Mangel erkennbar wäre.[7] Liegt ein verdeckter Mangel vor, so ist unerheblich, ob der Käufer (pflichtgemäß) die Ware geprüft hat, wenn er den Mangel auch bei einer ordnungsgemäßen Untersuchung nicht entdeckt hätte. Ohne Untersuchung kann der darlegungs- und beweisbelastete Käufer aber Probleme bekommen nachzuweisen, dass ein verdeckter Mangel vorliegt.

9   Die Mängelrüge muss **ausreichend substantiiert** sein, dh, die bloße Mitteilung, dass »die Ware Mist ist«, reicht nicht aus, weil der Verkäufer allein daraus nicht erkennen kann, was konkret als nicht vertragsgemäß beanstandet wird.[8]

10 Wird die Ware direkt vom Lieferanten an einen Abnehmer des Käufers (»durch-«)geliefert (»**Durchlieferung**«), bleibt es grundsätzlich bei der Rügeobliegenheit des Käufers aus § 377 HGB. Die Rügen haben in den jeweiligen Rechtsverhältnissen zu erfolgen.[9] Dieser muss dann dafür sorgen, dass entweder er selbst oder sein Abnehmer eine Untersuchung durchführt, weshalb ihm in der Regel auch eine geringfügige Fristverlängerung gewährt wird. Dies gilt auch, wenn der Abnehmer nicht selbst Kaufmann oder nicht (Zweit-)Käufer, sondern Leasingnehmer ist.[10]

> **Beachte:** Die Zulässigkeit der **Vereinbarung einer Rügefrist** iSv § 377 HGB zulasten des nicht-kaufmännischen Käufers ist an den §§ 309 Nr. 8 lit. b, ee, 475 I 2 BGB zu messen.

11 **Nicht von den Rechtsfolgen des § 377 HGB erfasst sind** Ansprüche aus den **§§ 823 ff. BGB.** Ein Gegenbeweis zur Genehmigungsfiktion ist nicht möglich, ebenso wenig wie die Anfechtung der Fiktion.

---

2   Zitieren Sie in diesem Zusammenhang **§ 121 I 1 BGB analog**, auch wenn die Vorschrift für die konkrete zeitliche Eingrenzung wenig hilfreich ist. Es ist immer auf den Einzelfall abzustellen: Bei verderblichen Waren wie Obst erstreckt sich »unverzüglich« idR auf wenige Stunden.
3   OLG Karlsruhe OLGR 1998, 25
4   OLG München NJW-RR 1999, 331.
5   Baumbach/Hopt/*Hopt* HGB § 377 Rn. 23.
6   BGH NJW 2016, 2645 (2647).
7   BGH NJW 2016, 2645 (2647).
8   OLG Düsseldorf NJW-RR 2001, 821.
9   OLG Karlsruhe BB 2016, 2065 (2066).
10 BGH NJW 1990, 1290 ff.

§ 14 Der Provisions- und Ausgleichsanspruch des Handelsvertreters

Als **Handelsvertreter** iSd § 84 I HGB gelten Personen, die als selbstständige Gewerbetreibende ständig damit betraut sind, für einen Unternehmer Geschäfte zu vermitteln oder in dessen Namen abzuschließen. Der Handelsvertreter und der Unternehmer sind in der Regel über einen Dienstvertrag in Form eines Geschäftsbesorgungsvertrags nach den §§ 675, 611 BGB verbunden. Zwischen dem Handelsvertreter und der (Ziel-)Kunden des von ihm vertretenen Unternehmers (sog. Prinzipal) kommt in der Regel kein eigener Vertrag zustande.[1]   **1**

Der wichtigste Anspruch des Handelsvertreters ist der **Provisionsanspruch aus den §§ 87 ff. HGB**. Wenn der Unternehmer nach Beendigung des Vertrags mit dem Handelsvertreter noch Vorteile aus dessen Arbeit zieht, dann kommt – sofern § 87 III HGB nicht greift – ein (in der Praxis enorm wichtiger) Anspruch auf **Ausgleichszahlung aus § 89b HGB** in Betracht, der analog auch für den Vertragshändler gilt.[2] In derartigen Klausuren geht es oft um den wegen § 89b IV HGB unwirksamen Ausschluss des Ausgleichsanspruches nach **§ 89b III Nr. 1 und Nr. 2 HGB** (lesen!). Dazu sollten Sie BGH NJW-RR 2011, 614 ff., NJW 2007, 3068 f. und 2011, 858 ff. lesen, wenn Sie in Hessen oder Bayern Examen schreiben.[3]   **2**

> **Klausurtipp:** Denken Sie bei Klausuren, in denen der Provisionsanspruch des Handelsvertreters in Streit steht, immer an die Stufenklage.[4] In der Praxis wie auch in der Klausur hat der Handelsvertreter regelmäßig keine konkrete Kenntnis über den Umfang der zwischen dem Prinzipal und dem Zielkunden zustande gekommenen Verträge. Er wird daher auf der ersten Stufe Abrechnung nach § 87c HGB einklagen,[5] um seinen Zahlungsantrag auf der dritten Stufe anschließend beziffern zu können.

Eine Pflicht zum Ersatz von Aufwendungen besteht nach §§ 675, 670 BGB wegen des vorrangigen § 87d HGB nur in Ausnahmefällen, zB bei Aufwendungen außerhalb des regelmäßigen Geschäftsbetriebes. § 670 BGB kann analog bei Ersatz von Zufallsschäden herangezogen werden. Für das Verhältnis von Handelsvertreter und Unternehmer gelten daneben die allgemeinen Vorschriften, vor allem die §§ 280 ff., 823 BGB.   **3**

Die **Kündigung** des Handelsvertretervertrags ist in den §§ 89, 89a HGB geregelt. Nach ständiger Rechtsprechung des BGH muss eine außerordentliche Kündigung nach Kenntnis des Kündigungsgrundes, wenn auch nicht sofort, so doch in angemessener Zeit, ausgesprochen werden.[6] Der BGH wendet die Zweiwochenfrist des § 626 II BGB nicht an und greift auf § 314 III BGB zurück (Kündigung innerhalb »angemessener Zeit«, jedoch in jedem Fall kürzer als zwei Monate). Streitig ist, wann diese Frist bei einem Dauer(fehl)verhalten zu laufen beginnt.[7]   **4**

---

1 BGH NJW 2006, 2321.

2 BGHZ 29, 83 ff. = NJW 1959, 144; dies gilt auch für § 89a HGB.

3 Prominentester Kündigungsgrund dürfte in diesem Bereich die Tätigkeit des Handelsvertreters für ein Konkurrenzunternehmen und der darin verwirklichte Wettbewerbsverstoß sein (§ 86 I HGB, § 90a HGB gilt nur für die Zeit nach Beendigung des Vertragsverhältnisses).

4 Lesen Sie zur Stufenklage *Kaiser/Kaiser/Kaiser* Anwaltsklausur ZivilR Rn. 32.

5 Die Vollstreckung des (titulierten) Anspruchs auf Abrechnung über die Provision ist ein klassischer Fall der vertretbaren Handlung nach § 887 ZPO (lesen Sie dazu *Kaiser/Kaiser/Kaiser* Zwangsvollstreckungsklausur Rn. 2).

6 BGH NJW 2011, 3361.

7 Hier können Sie alles vertreten. Der BGH hat diese Frage ausdrücklich offen gelassen, ZVertriebsR 2012, 50; im Anwendungsbereich von § 626 II BGB geht der BGH aber davon aus, dass die Frist nicht vor Ablauf des Dauer(fehl)verhaltens beginnt, BGH NJW 1975, 1698.

§ 15 Die Grundzüge des Insolvenzrechts

1 Klausuren mit überwiegend insolvenzrechtlichen Problemgestaltungen kommen – selbst in Hessen und Bayern – eher selten vor. Gleichwohl werden insbesondere zu den Zweckmäßigkeitserwägungen in Anwaltsklausuren häufig Ausführungen mit insolvenzrechtlichen Bezügen erwartet. Ohne die Grundzüge des Insolvenzverfahrens zu beherrschen, »verrät« man seine Unkenntnis gerade in diesem Rechtsgebiet sehr schnell bereits durch missglückte Formulierungen.

A. Die Grundbegriffe

2 Ziel des Insolvenzverfahrens ist es, einen Wettlauf der Gläubiger zu vermeiden und stattdessen eine gleichmäßige Befriedigung der Gläubiger zu gewährleisten (§ 1 S. 1 InsO). Hierzu verwertet der Insolvenzverwalter das gesamte pfändbare Vermögen des Schuldners, das dieser zum Zeitpunkt der Eröffnung des Insolvenzverfahrens hat und das er während dieser Zeit erwirbt (die sog. **Insolvenzmasse, §§ 35, 36 InsO**).[1]

3 Regelmäßig reicht die Insolvenzmasse für eine vollständige Gläubigerbefriedigung jedoch nicht aus, sodass die Gläubiger aus der Insolvenzmasse nur mit der sog. **Insolvenzquote** anteilig befriedigt werden. Hierzu haben die Gläubiger ihre jeweiligen Forderungen bis zu einem bestimmten Stichtag anzumelden und – sofern der Insolvenzverwalter ihre Berechtigung bestreitet – diese im Klageverfahren (durch eine Feststellungsklage) nachzuweisen. Während der gesamten Dauer des Insolvenzverfahrens besteht ein Verbot der Einzelzwangsvollstreckung (§ 89 InsO). Zwar besteht nach Beendigung des Insolvenzverfahrens grundsätzlich die Möglichkeit, noch offene Ansprüche gegen den Schuldner im Wege der Einzelzwangsvollstreckung zu verfolgen. Die Eintragung in die Insolvenztabelle hat dabei dieselbe Wirkung wie die eines vollstreckbaren Urteils (§ 201 II InsO). In den meisten Fällen ist eine solche Zwangsvollstreckung jedoch erfolglos. Soweit sich der Anspruch gegen natürliche Personen richtet, scheidet eine solche Zwangsvollstreckung von vornherein aus, wenn es im Anschluss an das Insolvenzverfahren zu einer **Restschuldbefreiung kommt (§§ 286 ff. InsO)**.

4 Das Insolvenzverfahren beginnt regelmäßig mit dem Antrag entweder eines Gläubigers oder des Schuldners selbst (§ 13 I InsO). Der Antrag des Schuldners wird *Eigenantrag* genannt. Mit dem Insolvenzantrag beginnt das Eröffnungsverfahren, während welchem das Insolvenzgericht prüft, ob ein Insolvenzgrund vorliegt (§ 16 InsO)[2]. In dieser Phase kann das Insolvenzgericht zudem **Sicherungsmaßnahmen** anordnen (**§ 21 InsO**), beispielsweise einen **vorläufigen Insolvenzverwalter** bestellen. Liegt ein Insolvenzgrund vor und ist hinreichend Masse vorhanden, um die voraussichtlichen Kosten des Verfahrens zu decken, so eröffnet das Insolvenzgericht das Verfahren (§§ 26, 27 InsO). In dem Eröffnungsbeschluss bestellt das Insolvenzgericht gleichzeitig einen **Insolvenzverwalter**, auf den die Verfügungsbefugnis über die Insolvenzmaßnahme übergeht (Klage im eigenen Namen, § 80 InsO).

---

1 Ohne Examensrelevanz ist das Insolvenzplanverfahren, bei welchem eine Verwertung ausnahmsweise nicht erfolgen muss (§§ 217 ff. InsO).

2 Insolvenzgründe sind Zahlungsunfähigkeit (§ 17 II 1 InsO), Überschuldung (§ 19 InsO) und drohende Zahlungsunfähigkeit (§ 18 InsO); vertiefte Kenntnisse können im Examen nicht erwartet werden, es wird idR genügen, die jeweilige **Legaldefinition** der §§ 17–19 InsO heranzuziehen.

Die Phasen des Insolvenzverfahrens: 5

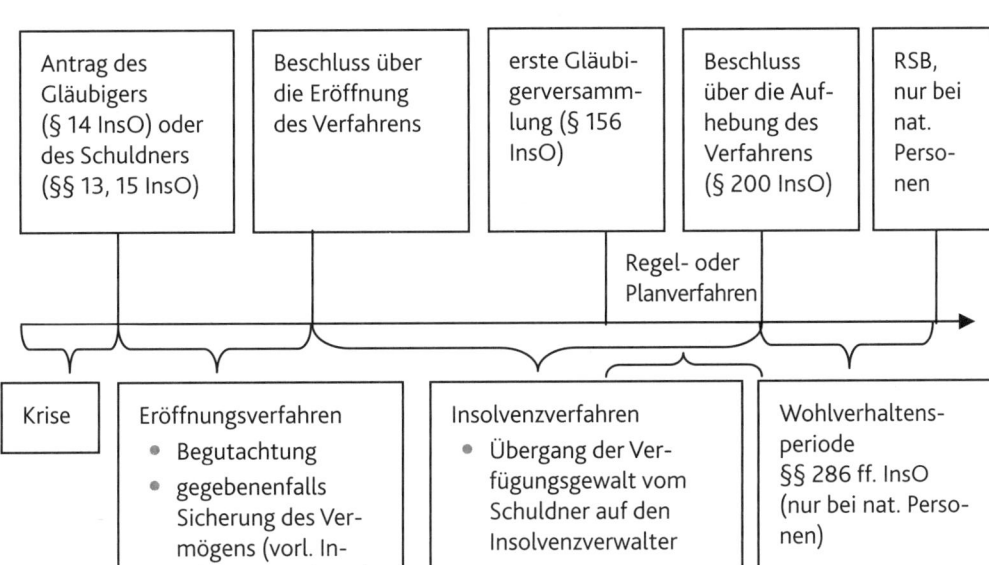

B. Die Stellung des Insolvenzverwalters im Prozess

Der Insolvenzverwalter ist **Partei kraft Amtes** (deswegen »**Amtstheorie**«).[3] Im Rubrum ist   6
dies dadurch kenntlich zu machen, dass die Person des Insolvenzverwalters mit dem Zusatz
»als Insolvenzverwalter über das Vermögen der ...« versehen wird. Hierdurch wird deutlich,
dass er nur mit der von ihm verwalteten Insolvenzmasse haftet (§ 80 InsO).[4]

> **Formulierungsvorschlag:**
>
> In dem Rechtsstreit des Rechtsanwalts Müller als Insolvenzverwalter über das Vermögen der
> A-GmbH ... (Rubrum)
> Der Kläger ist Partei kraft Amtes. Er ist in seiner Eigenschaft als Insolvenzverwalter über das Ver-
> mögen der A-GmbH im Wege der gesetzlichen Prozessstandschaft § 80 InsO berechtigt, deren
> Ansprüche im eigenen Namen geltend zu machen (Amtstheorie).

> **Klausurtipp:** Sollen Sie aus Sicht des Insolvenzverwalters eine Klageschrift fertigen, denken Sie
> daran, dessen Prozessführungsbefugnis (kurz) darzulegen und Beweis anzubieten:
>
> Der Kläger wurde mit Beschluss des Amtsgerichts Darmstadt zum Insolvenzverwalter über das
> Vermögen der A-GmbH bestellt.
>
> **Beweis:** Vorlage der Bestellungsurkunde.

Beachten Sie, dass diese Grundsätze in der Regel **nicht** für den vorläufigen Insolvenzverwal-   7
ter gelten; nur der sog. starke vorläufige Insolvenzverwalter kann im eigenen Namen klagen,
weil diesem nicht nur ein Zustimmungsvorbehalt zukommt (so bei einem »vorläufig schwa-
chen Insolvenzverwalter«), sondern – was nur in Ausnahmefällen geschieht – bereits die gesamte Verwaltungs- und Verfügungsbefugnis vom Schuldner auf ihn übergeht.

C. Aussonderungs- und Absonderungsrechte

Wer aufgrund eines dinglichen oder persönlichen Rechts geltend machen kann, dass ein Ge-   8
genstand nicht zur Insolvenzmasse gehört, ist nicht Insolvenzgläubiger. Sein Anspruch auf

---

3 StRspr seit RGZ 29, 29 ff.; aus der neueren Rspr. BGHZ 88, 331 = NJW 1984, 739.
4 Zur Prozessführungsbefugnis kraft Amtes *Kaiser/Kaiser/Kaiser* Zivilgerichtsklausur I Rn. 349; auch der
Testamentsvollstrecker, der Nachlassverwalter und der Zwangsverwalter sind Parteien kraft Amtes.

Aussonderung bestimmt sich nach den außerhalb des Insolvenzverfahrens geltenden Gesetzen (§ 47 InsO). Klassisches Aussonderungsrecht ist das Eigentum; auch der einfache Vorbehaltsverkäufer ist aussonderungsberechtigt. Ein zeitlich begrenztes Aussonderungsrecht besteht aber beim verlängerten Eigentumsvorbehalt. Solange sich das Vorbehaltsgut beim Käufer befindet, besteht ein Aussonderungsrecht. Dieses erlischt, wenn der Vorbehaltskäufer von der ihm erteilten Ermächtigung Gebrauch macht und das Vorbehaltsgut veräußert. An dem als Surrogat abgetretenen Kaufpreisanspruch besteht nur ein Absonderungsrecht.[5] Aussonderungsberechtigt sind aber auch schuldrechtliche Herausgabeansprüche, wie zB der Herausgabeanspruch des Vermieters aus § 546 I BGB.[6] Aussonderungsfähig ist darüber hinaus auch das Leasinggut; unabhängig, ob es sich um ein Finanzierungsleasing, ein Null-Leasing oder einen Sale-and-lease-back-Leasingvertrag handelt. Gerät der Leasingnehmer in Insolvenz, besteht daher ein Aussonderungsrecht des Leasinggebers; es sei denn der Insolvenzverwalter wählte die Erfüllung des Vertrags gem. § 103 I InsO.[7]

9 Achten Sie bei der Prüfung darauf, dass tatsächlich ein Herausgabeanspruch und nicht lediglich ein Verschaffungsanspruch vorliegt. Denn letzterer berechtigt grundsätzlich nicht zur Aussonderung. Dies kann allenfalls dann der Fall sein, wenn der Verschaffungsanspruch durch eine Vormerkung dinglich gesichert ist, § 106 InsO.[8]

10 Gegenstände bzw. Rechte, die zur **Absonderung** berechtigen, gehören ihrer Substanz nach nicht dem gesicherten Gläubiger (wie es bei der Aussonderung der Fall ist), sondern diesem steht nur der in dem Gegenstand verkörperte Wert bis zur Höhe seiner gesicherten Forderung zu (§ 49 InsO). Der Gläubiger ist lediglich Inhaber eines Verwertungsrechts an dem Absonderungsgut. Der Gläubiger kann deshalb im Insolvenzverfahren nur vorrangige Befriedigung vor den anderen Gläubigern verlangen. Die absonderungsberechtigten Gläubiger sind in den §§ 49–51 InsO geregelt. Typische Absonderungsrechte sind sämtliche Pfandrechte (§ 50 InsO) sowie **Sicherungseigentum** und -abtretung (§ 51 Nr. 1 InsO), Grundschulden und Hypotheken (§ 51 Nr. 2 InsO).

11 **Lernen Sie in Zusammenhängen:** Das Aussonderungsrecht verhält sich zum Absonderungsrecht wie § 771 ZPO zu § 805 ZPO. Den Insolvenzgläubigern haftet grundsätzlich nur das Vermögen des Schuldners selbst (§ 35 InsO). Fremdes Vermögen ist auszusondern. Das entspricht dem Ziel des § 771 ZPO. Absonderungsberechtigte Gläubiger können hingegen wie die Vorzugsgläubiger bei § 805 ZPO die Verwertung nicht verhindern, sondern haben lediglich ein Recht zur vorzugsweisen Befriedigung aus dem Erlös.

12 Die Aussonderungs- und Absonderungsrechte sind vor dem Prozessgericht und nicht vor dem Insolvenzgericht geltend zu machen. Es kann auf den Gerichtsstand des § 19a ZPO zurückgegriffen werden, wonach der Sitz des Insolvenzgerichts maßgeblich ist (**kein** ausschließlicher Gerichtsstand im Unterschied zu § 771 ZPO bzw. § 805 iVm § 802 ZPO). Die Klage ist gegen den Insolvenzverwalter (Partei kraft Amtes, → Rn. 6) zu richten. Aussonderungsrechte sind in der Regel im Wege der **Herausgabeklage** geltend zu machen. Bei den Absonderungsrechten ist zu differenzieren: Befindet sich der Gegenstand, auf den sich das Absonderungsrecht bezieht, im Besitz des Insolvenzverwalters, ist der Klageantrag auf **Feststellung** des bestrittenen Absonderungsrechts zu richten (§ 256 ZPO); befindet sich der Gegenstand im Besitz des Absonderungsberechtigten und will dieser selbst verwerten, ist der Klageantrag gegen den Insolvenzverwalter zu richten auf **Duldung der Zwangsvollstreckung.**

D. Die Insolvenzanfechtung

13 Durch die Anfechtungsmöglichkeit soll das das Insolvenzverfahren charakterisierende Verbot der Besserstellung einzelner Gläubiger auch schon für den Zeitraum vor Verfahrenseröffnung (sog. Insolvenzbeschlag) durchgesetzt werden. Die insolvenzrechtliche Anfechtung hat nichts

---

5 BGH NJW 2014, 2358 (2359).
6 Braun/*Bäuerle* InsO § 47 Rn. 60.
7 FK-InsO/*Imberger* § 47 Rn. 33.
8 BGH NJW-RR 2018, 48.

mit der Anfechtung von Willenserklärungen (§ 142 BGB) zu tun. Sie vernichtet nicht die angefochtene Rechtshandlung, sondern bewirkt, dass deren Rechtsfolgen gegenüber der Insolvenzmasse keinen Bestand haben. Sie ist auch kein Gestaltungsrecht, das binnen einer bestimmten Frist ausgeübt werden muss. Bei Vorliegen der gesetzlichen Voraussetzungen entsteht ein schuldrechtlicher Rückgewähranspruch.[9]

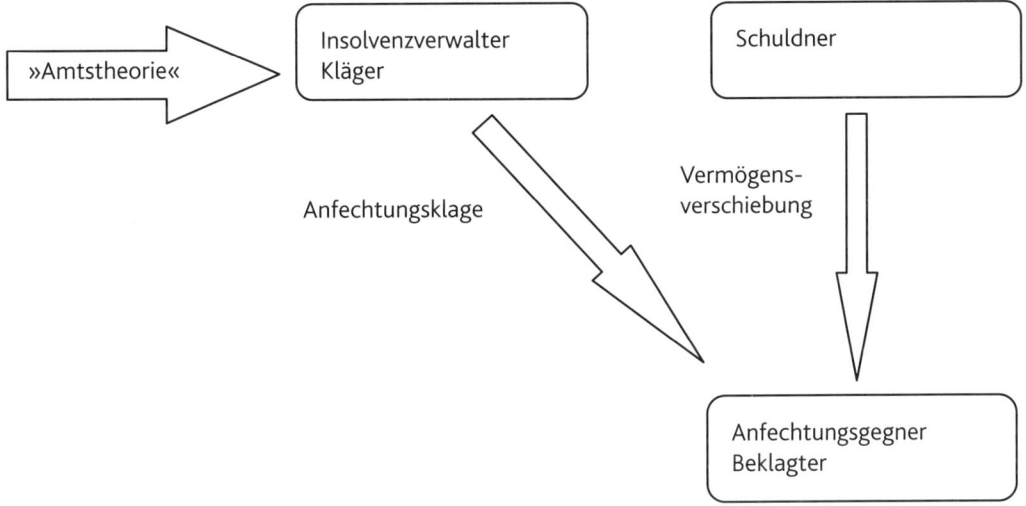

Um die Systematik kennenzulernen, lesen Sie sich die Vorschriften der §§ 129 ff. InsO einmal durch: Die §§ 130–136 InsO enthalten die eigentlichen Anfechtungstatbestände, die §§ 129, 137–142 InsO und § 147 InsO behandeln gemeinsame weitere oder spezielle Anfechtungsvoraussetzungen. Die §§ 143–146 InsO regeln die Rechtsfolgen der berechtigten Anfechtung. Hieraus ergibt sich folgende Prüfungsreihenfolge: **14**

- Rechtshandlung,
- Gläubigerbenachteiligung (§ 129 I InsO) als allgemeine Voraussetzung,
- Vorliegen eines besonderen Insolvenztatbestandes (§§ 130–136 InsO) und
- keine Ausschlussgründe, das heißt kein Bargeschäft (§ 142 InsO) und keine Verjährung (§ 146 InsO).

Die Rechtshandlung ist in § 129 InsO geregelt. Der Begriff ist weit auszulegen. Hierunter fallen alle vom Willen getragenen Handlungen, die in irgendeiner Weise Rechtsfolgen auslösen können.[10] Es kommt aber nicht darauf an, dass der Wille auf die ausgelöste Rechtshandlung gerichtet ist.[11] Demnach sind sämtliche Rechtsgeschäfte, rechtsgeschäftsähnliche Handlungen, Realakte aber auch Prozesshandlungen Rechtshandlung iSd § 129 I BGB. **15**

Gemäß § 129 II InsO kann eine Rechtshandlung aber auch durch ein Unterlassen vorgenommen werden. Maßgeblich hierbei ist jedoch, dass das Unterlassen auf einer Willenstätigkeit beruht.[12] Dies kann beispielsweise das Verstreichenlassen einer Einspruchsfrist oder das Verjährenlassen eines Anspruchs sein. **16**

Weitere Voraussetzung jeder Insolvenzanfechtung ist das Vorliegen einer **Gläubigerbenachteiligung (§ 129 I InsO)**. Von einer Gläubigerbenachteiligung ist auszugehen, wenn die Gläubiger des Insolvenzschuldners im Hinblick auf die gleichmäßige Gläubigerbefriedigung ohne die anfechtbare Rechtshandlung besser stünden als mit der anfechtbaren Rechtshandlung.[13] Nicht erfasst ist also die Anfechtung von Rechtshandlungen, welche dem Gläubiger ohnehin keinen Vorteil verschaffen, beispielsweise die Einräumung einer Grundschuld an einem bereits **17**

---

9 BGH ZIP 2011, 683.
10 Braun/*de Bra* InsO § 129 Rn. 10.
11 Kübler/Prütting/Bork/*Ehricke* InsO § 129 Rn. 36.
12 BGH ZIP 2006, 243.
13 Lesen Sie hierzu unbedingt BGH NJW-RR 2016, 744.

wertausschöpfend belasteten Grundstück oder die Übertragung von Gesellschaftsanteilen an einer vermögenslosen GmbH. Ebenfalls können Verfügungen über unpfändbare Gegenstände keine Gläubigerbenachteiligung auslösen. Denn diese fallen gem. § 36 InsO bereits nicht in die Insolvenzmasse.[14] Ausnahmen hat der BGH bislang lediglich vereinzelt zugelassen, beispielsweise bei der Inanspruchnahme einer geduldeten Überziehung auf die der Insolvenzschuldner tatsächlich keinen Anspruch hat.[15]

18 Bei den in §§ 130–136 InsO geregelten Anfechtungsgründen ist insbesondere die Differenzierung zwischen kongruenten und inkongruenten Deckungsgeschäften in den §§ 130, 131 InsO relevant. **Kongruente Deckungsgeschäfte** (§ 130 InsO) liegen vor, wenn ein Gläubiger genau das erhält, was ihm nach dem zugrunde liegenden Schuldverhältnis zusteht. Ein inkongruentes Deckungsgeschäft (§ 131 InsO) ist hingegen anzunehmen, wenn der Gläubiger mehr oder etwas anderes erhält, als ihm nach dem konkreten Vertragsverhältnis eigentlich zusteht.[16] Beispielsweise ist die Abtretung einer Forderung anstelle der Erfüllung durch Zahlung inkongruent.[17]

> **Beachte:** Die Klassifikation eines Rechtsgeschäfts als inkongruent kann auch außerhalb der §§ 130, 131 InsO von Bedeutung sein. Der Benachteiligungsvorsatz iSd § 133 InsO wird durch das Vorliegen eines inkongruenten Deckungsgeschäftes indiziert.[18]

19 Für die Beurteilung, ob es sich um eine kongruente oder inkongruente Deckung handelt, ist das Ursprungsgeschäft zwischen den Parteien maßgeblich. Soweit die empfangene Leistung dem Ursprungsgeschäft entspricht und mit diesem deckungsgleich ist, liegt eine kongruente Deckung vor. Wird hingegen anders geleistet als ursprünglich vereinbart, handelt es sich um eine inkongruente Deckung.

20 Besondere Bedeutung unter den Anfechtungstatbeständen genießt § 133 InsO. Dies begründet sich daraus, dass die Anfechtungsfristen der §§ 130, 131 InsO äußerst kurz bemessen sind. Denn diese betragen gerade einmal drei Monate, gerechnet ab dem Insolvenzantrag.

21 § 133 InsO regelt die sog. Vorsatzanfechtung. Voraussetzung ist eine Rechtshandlung des Schuldners, die dieser mit der Absicht vorgenommen hat, seine Gläubiger zu beteiligen. Weitere Voraussetzung ist, dass der Leistungsempfänger zur Zeit der Handlung den Vorsatz des Schuldners kannte. Von diesem Vorsatz ist auszugehen, wenn der Schuldner Leistungen an einen Insolvenzgläubiger bringt und hierbei weiß oder zumindest billigend in Kauf nimmt,[19] andere Insolvenzgläubiger aufgrund dieser Leistung nicht mehr »bedienen« zu können. Ein unlauteres Verhalten ist für die Anwendbarkeit des § 133 InsO nicht notwendig.[20] Der andere Teil muss positive Kenntnis von dem Benachteiligungsvorsatz gehabt haben. Hierfür ist es mindestens notwendig, dass ihm Tatsachen bekannt sind, die bei objektiver Betrachtung die Annahme des Vorsatzes rechtfertigen. Die Beweislast hierfür trägt der Insolvenzverwalter.[21]

---

14 Uhlenbruck/*Hirte* InsO § 129 Rn. 98.

15 BGH NJW 2009, 3362.

16 Inkongruent ist beispielsweise die (nachträgliche) Bestellung einer Grundschuld zur Sicherung eines Darlehens, wenn die Parteien bei Abschluss des Darlehensvertrags die Sicherung des Rückzahlungsanspruchs nicht geregelt haben; auf die Bestellung der Grundschuld hat der (Darlehens-)Gläubiger nach dem Inhalt des Darlehensvertrags nämlich keinen Anspruch. Auch die – in der Praxis äußerst relevante – **bankmäßige Verrechnung von Zahlungen auf ein debitorisches Konto** kann inkongruent sein: Nach stRspr des BGH ist die bankmäßige Verrechnung von Gutschriften im ungekündigten Kontokorrent mit Überziehungskredit insoweit kongruent, als die Bank erneute Verfügungen des Schuldners über diese Deckungsmasse zugelassen hat (BGHZ 150, 122 [133] letzter Absatz der Entscheidung = NJW 2002, 1722). Demgegenüber führt die Verrechnung in kritischer Zeit eingehender Zahlungen, denen keine Belastungsbuchungen gegenüberstehen, bei ungekündigtem Überziehungskredit wegen der damit verbundenen Kredittilgung zu einer inkongruenten Deckung, weil die Erfüllung des Rückzahlungsanspruchs noch nicht verlangt werden kann (BGH NZI 2008, 175; 2009, 436).

17 BGH Urt. v. 19.12.2013 – IX ZR 31/12.

18 BGH BeckRS 2016, 13123 = MDR 2016, 1230 (1231).

19 BGH NZI 2003, 597.

20 Braun/*De Bra* InsO § 133 Rn. 12.

21 Braun/*De Bra* InsO § 133 Rn. 26.

Für alle Fälle der kongruenten und der inkongruenten Deckung hat der Gesetzgeber in § 133 II **22** und III InsO Sondervorschriften geregelt. Hierbei gilt die verkürzte vierjährige Anfechtungsfrist des § 133 II InsO für die Fälle der kongruenten und inkongruenten Deckung. § 133 III erfasst lediglich Fälle der kongruenten Deckung. Hierbei ist insbesondere § 133 III 2 InsO zu beachten. Diese Vorschrift stellt eine Abkehr von der bisherigen ständigen Rechtsprechung des BGH dar. Hiernach führt der bloße Abschluss einer Stundungs- oder Ratenzahlungsvereinbarung nicht ohne Weiteres dazu, dass der jeweilige Gläubiger Kenntnis von einer möglichen Benachteiligungsabsicht hat. § 133 III 2 InsO vermutet nämlich das Gegenteil.

Ausgeschlossen ist die Insolvenzanfechtung, soweit ein **Bargeschäft** (§ 142 InsO) vorliegt. **23** Ein Bargeschäft liegt vor, wenn der Leistungsaustausch unmittelbar erfolgt und die Gegenleistung gleichwertig ist (also nicht inkongruent). Ein unmittelbarer Leistungsaustausch setzt einen engen zeitlichen Zusammenhang zwischen Leistung und Gegenleistung voraus.[22] Die Unmittelbarkeit bestimmt sich hier nach dem Einzelfall und dem Branchenüblichen.[23] Ab einem Zeitraum von mehr als einem Monat wird aber das Merkmal der Unmittelbarkeit zumindest für Kaufverträge über bewegliche Sachen abzulehnen sein.[24] Die Vorschrift soll verhindern, dass der Schuldner in der Krise praktisch vollständig vom Geschäftsverkehr ausgeschlossen wird. Relevant wird der Ausschlusstatbestand des § 142 InsO allerdings vor allem bei einer Anfechtung nach § 130 InsO (die Vorsatzanfechtung nach § 133 InsO ist bereits tatbestandlich ausgeschlossen und bei den übrigen Anfechtungstatbeständen ist ein Bargeschäft in der Regel nicht vorstellbar. Der Zeitraum, innerhalb dessen von einem Bargeschäft gesprochen werden kann, wurde in § 142 II InsO für Arbeitsentgelte auf drei Monate festgelegt. Hierbei handelt es sich um eine Ausnahmevorschrift, die nicht auf andere Rechtsverhältnisse übertragbar ist.

Der Anfechtungsanspruch verjährt nach § 146 InsO iVm § 195 BGB nach drei Jahren. Die **24** Verjährungsfrist beginnt nach § 199 I Nr. 1 BGB frühestens mit Schluss des Jahres, in dem das Insolvenzverfahren eröffnet wurde.[25] Die Verjährung nach § 146 InsO darf nicht mit den unterschiedlichen Fristen innerhalb der Anfechtungstatbestände verwechselt werden. Prüfen Sie erst die Anfechtungstatbestände und innerhalb dieser Prüfung, ob die angefochtene Handlung innerhalb der dort bestimmten Frist vorgenommen wurde (beispielsweise eine Vermögensverschiebung innerhalb von zehn Jahren vor dem Eröffnungsantrag bei der Vorsatzanfechtung nach § 133 I InsO). Soweit sich der Beklagte auf die Einrede der Verjährung beruft, prüfen Sie erst dann die Verjährung als rechtshemmende Einrede.

Liegen alle Tatbestandsvoraussetzungen einer Insolvenzanfechtung vor, besteht ein Anspruch **25** gem. § 143 I InsO, der die sog. Rückgewährpflicht des Leistungsempfängers normiert. Hiernach besteht primär ein Anspruch auf Rückgewähr »in natura«. Dieser folgt aus § 143 I 1 InsO.[26] Nur dann, wenn der Anspruch auf Rückgewähr in Natur unmöglich ist, schuldet der Insolvenzgläubiger Wertersatz.[27] Die beiden Ansprüche stehen nicht alternativ nebeneinander. Der Insolvenzverwalter hat daher auch kein Wahlrecht, ob er Rückgewähr in Natur oder Ersatz verlangt.[28]

---

22 Arbeiten Sie im »Klausurfall« mit dem **Sinn und Zweck** der Vorschrift: Dem Schuldner soll die Möglichkeit erhalten bleiben, durch einen gleichwertigen, zeitnah erfolgenden Leistungsaustausch seinen Geschäftsbetrieb aufrecht zu erhalten; dagegen soll eine weitere, gläubigergefährdende, ungesicherte Kreditaufnahme ausgeschlossen sein. Deswegen ist jede Kreditgewährung durch verzögerte Abwicklung nach Sinn und Zweck des § 142 InsO ausgeschlossen. Letztlich können Sie hier (fast) alles vertreten; Sie werden sich schon deutlich von der Masse abheben, wenn Sie die Problematik erkannt und darüber hinaus noch argumentativ bearbeitet haben. Mehr kann im Examen wirklich nicht erwartet werden!

23 Uhlenbruck/*Hirte* InsO § 142 Rn. 14.

24 BGH NJW-RR 2007, 1419.

25 BGH NJW 2016, 1171 (1174).

26 BGH NZI 2005, 453.

27 Uhlenbruck/*Hirte* InsO § 143 Rn. 25.

28 Braun/*Riggert* InsO § 143 Rn. 4.

26 **Geltend zu machen** ist die Insolvenzanfechtung nur durch den Insolvenzverwalter und zwar durch eine Klage oder durch Einrede.[29] Auch an dieser Stelle ist noch einmal auf die grundlegenden Unterschiede zwischen der Anfechtung von Willenserklärungen und der Insolvenzanfechtung hinzuweisen: Die Insolvenzanfechtung kann nicht durch eine Erklärung gegenüber dem Anfechtungsgegner erklärt werden (so aber bei § 143 BGB), sondern nur innerhalb eines Gerichtsverfahrens, also durch eine (Anfechtungs-)Klage oder als Einwendung.

> **Klausurtipp:** Klausuren, bei denen es nur und ausschließlich um die Insolvenzanfechtung geht, sind selten. In der Regel werden im Sachverhalt weitere Umstände enthalten sein, die Anlass geben, sonstige Tatbestände zu prüfen, die zur Rückgewähr der ausgetauschten Leistung berechtigen. Beispielsweise kann die planmäßige Verschiebung von Vermögen von dem einen Ehegatten auf den eingeweihten anderen sowohl nach §§ 132, 133 InsO anfechtbar als auch sittenwidrig und damit nichtig sein (§ 138 BGB).[30] In derartigen Fällen sollten Sie auch ein Scheingeschäft (§ 117 BGB) anprüfen,[31] das jedoch in der Regel nicht vorliegt, weil die Rechtsfolge (Vermögen von dem einen auf den anderen Ehegatten zu verschieben) von den Eheleuten gerade gewollt ist.

27 Die Klage ist vor den ordentlichen Gerichten (und nicht dem Insolvenzgericht) zu richten auf Rückgewähr des anfechtbar erworbenen Gegenstandes (vgl. die in § 143 I InsO geregelte Rechtsfolge). Im Fall einer Klage richtet sich die Zuständigkeit des Gerichts nach den allgemeinen Vorschriften. Hat der Gläubiger – wie meist – Geld erworben, handelt es sich um eine normale Zahlungsklage. Macht der Insolvenzverwalter die Anfechtung als Einrede geltend, handelt es sich meist um den »Dolo-agit-Einwand«.[32] Der Insolvenzverwalter kann dem Gläubiger entgegenhalten, dass er die geforderte Leistung alsbald wieder nach den §§ 129 ff. InsO zurückverlangen kann.

E. Exkurs: Anfechtung nach dem Anfechtungsgesetz

28 Mit der Anfechtung nach den §§ 129 ff. InsO ist die Anfechtung nach dem Anfechtungsgesetz eng verwandt.[33] Auch die Anfechtung nach dem AnfG setzt voraus, dass der Schuldner eine Rechtshandlung vornimmt, die den Gläubiger benachteiligt (§ 1 AnfG). Die Anfechtungsgründe der §§ 133–135 InsO sind mit denen der §§ 3–6 AnfG identisch. Soweit die Anfechtungsvoraussetzungen und -folgen gleich sind, können die Ergebnisse von Rechtsprechung und Rechtslehre zum Anfechtungsgesetz auch auf die Insolvenzanfechtung übertragen werden, und umgekehrt. Der Anwendungsbereich der §§ 130–132 InsO geht über den des Anfechtungsgesetzes hinaus, weil diese Anfechtungsgründe gezielt an einen Antrag auf Eröffnung des Insolvenzverfahrens anknüpfen. Auch die nach § 143 InsO möglichen Rechtsfolgen sind wegen des gemeinschaftlichen Interesses aller Gläubiger umfassender als die des § 11 AnfG.

29 Mit der Gläubigeranfechtung nach dem AnfG kann ein einzelner Gläubiger Vermögensverschiebungen seines Schuldners – bei dem die titulierte Forderung nicht durchsetzbar ist – begegnen und sich so in Ergänzung des Vollstreckungsrechts den Zugriff auf anfechtbar weggegebene Gegenstände beim Anfechtungsgegner wieder erschließen; letzterer muss dann im Regelfall die Zwangsvollstreckung in das erworbene Vermögen dulden (§ 11 I 1 AnfG).

30 **Beachten** Sie, dass es sich bei den Tatbestandsmerkmalen des **§ 2 AnfG** (trotz des etwas verwirrenden Wortlautes und der systematischen Stellung im Gesetz) um **Zulässigkeitsvoraussetzungen** handelt. In der Zulässigkeit der Anfechtungsklage ist zu prüfen, ob

---

29 Eine Anfechtung aus eigenem Recht ist den Insolvenzgläubigern – vom Fall des § 313 II InsO (vereinfachtes Insolvenzverfahren) abgesehen – verwehrt, selbst wenn der Insolvenzverwalter die Anfechtung abgelehnt hat.

30 Zur Sittenwidrigkeit *Kaiser/Kaiser/Kaiser* MatZivilR Rn. 11.

31 Näher zum Scheingeschäft *Kaiser/Kaiser/Kaiser* MatZivilR Rn. 8.

32 Zu den Einreden aus § 242 BGB und insbesondere auch zum »Dolo-agit-Einwand« vgl. *Kaiser/Kaiser/Kaiser* MatZivilR Rn. 19.

33 Umfassend zur Anfechtung nach dem AnfG *Kaiser/Kaiser/Kaiser* MatZivilR Rn. 91.

- ein vollstreckbarer Titel des Gläubigers/Klägers gegen den Schuldner vorliegt,[34]
- die zugrunde liegende Forderung fällig und
- das Schuldnervermögen unzulänglich ist.[35]

In der **Begründetheit** ist zu prüfen, ob   31
- die angefochtene Rechtshandlung des Schuldners dessen Gläubiger objektiv benachteiligt (§ 1 I AnfG) und
- ein Anfechtungsgrund nach §§ 3 ff. AnfG vorliegt.

Die für alle Anfechtungsgründe erforderliche objektive Gläubigerbenachteiligung unterschei-   32
det sich nicht von § 129 InsO.[36] Bei den Anfechtungsgründen kann es darauf ankommen, ob
ein **inkongruentes Deckungsgeschäft** vorliegt:[37] Eine inkongruente Sicherung führt zur
Vermutung der Benachteiligungsabsicht des Schuldners und der Kenntnis von der Benachteiligung des Anfechtungsgegners/Beklagten iSv § 3 I AnfG; es gelten die Grundsätze des An-
scheinsbeweises zugunsten des anfechtenden Gläubigers.[38]

Wie die Insolvenzanfechtung ist auch die Anfechtung nach dem AnfG entweder klage- oder   33
einredeweise geltend zu machen. Die Klage ist nach § 11 I 1 AnfG gerichtet auf Wiederher-
stellung der Zugriffslage (**nicht** auf Rückübertragung des Gegenstandes bzw. des Rechtes),
weswegen die Tenorierung in der Regel auf »Duldung der Zwangsvollstreckung« lautet.

Klausurtipp: Die Anfechtungsgründe nach dem AnfG werden fast ausschließlich eingekleidet in
eine Drittwiderspruchsklage geprüft. Zwei Fälle sind denkbar: Der Dritte (Drittwiderspruchskläger)
macht geltend, der Gegenstand in den vollstreckt wird, sei anfechtbar veräußert worden: Die Anfechtung nach dem AnfG ist auf Duldung der Zwangsvollstreckung in einen bestimmten Gegenstand gerichtet (§ 11 I AnfG), die Vermögensposition also gerade noch nicht bei dem Dritten begründet; deswegen ist die auf das AnfG gestützte Drittwiderspruchsklage nicht statthaft.[39]

Davon zu unterscheiden ist der Fall, in dem der Beklagte (Vollstreckungsgläubiger) die An-   34
fechtung geltend macht (der Kläger sei aufgrund der Anfechtung tatsächlich kein Eigentümer); es handelt sich hier nicht um ein die Veräußerung hinderndes Recht iSd § 771 ZPO; der
Einwand ist also zulässig.[40]

Wird die Anfechtung im Rahmen einer Einwendung geltend gemacht, sind (selbstverständ-   35
lich) die Zulässigkeitsvoraussetzungen (§ 2 AnfG) **nicht** zu prüfen.

Sollte hingegen eine Anfechtungsklage zu formulieren sein, kann der Antrag etwa lauten: 36

Der Beklagte wird verurteilt, die Zwangsvollstreckung des Klägers in den BMW 5er, Fahrgestell-
nummer 1234, zu dulden.

---

34 Das Titelerfordernis soll verhindern, dass Streit über den Bestand der Forderung im Anfechtungsprozess
   ausgetragen wird.
35 Dieses Zulässigkeitskriterium wird in der Klausur häufig durch den Abdruck eines **Vermögensverzeichnis-
   ses (§ 807 ZPO)** »versteckt«.
36 Zu § 129 InsO → Rn. 15 ff.
37 Zur Definition → Rn. 18.
38 BGH NJW 1978, 2032.
39 Str., BGH NJW 1990, 990; aA Thomas/Putzo/*Seiler* ZPO § 771 Rn. 22, ohne nähere Auseinandersetzung
   mit den Argumenten des BGH; für das Insolvenzverfahren allerdings zwischenzeitlich ähnlich wie Thomas/
   Putzo, BGH NJW 2004, 214; vgl. zu dieser Problematik auch *Kaiser/Kaiser/Kaiser* Zwangsvollstreckungsklausur Rn. 38.
40 Vgl. dazu *Kaiser/Kaiser/Kaiser* Zwangsvollstreckungsklausur Rn. 44.

§ 16 Das Wettbewerbsrecht

1 Bezüge zum Wettbewerbsrecht können im Examen in zwei Klausurtypen vorkommen:

- als »echte Wettbewerbsklausur« bei der es um Ansprüche auf Unterlassung, Beseitigung oder Schadensersatz geht und bei der die Anspruchsgrundlage unmittelbar im Wettbewerbsrecht zu finden ist (Klausurtyp 1) und
- in der »normalen BGB-Klausur« vor allem als Maßstab für die Sittenwidrigkeit in § 138 BGB (Klausurtyp 2) oder als vermeintliches Schutzgesetz iSv § 134 BGB.

A. Die »echte Wettbewerbsklausur«

2 Soweit wettbewerbsrechtliche Bezüge im Assessorexamen eine Rolle spielen, ist das UWG von herausragender Bedeutung. Das UWG ist in vier Kapitel unterteilt. Das erste Kapitel regelt in materieller Hinsicht, wann eine unlautere Wettbewerbshandlung vorliegt. Im zweiten Kapitel sind die Rechtsfolgen geregelt und das dritte Kapitel enthält besondere Verfahrensvorschriften; die Straf- und Bußgeldvorschriften aus dem vierten Kapitel können als Schutzgesetze iRv § 823 II BGB herangezogen werden.

I. Zulässigkeitsprobleme im Rahmen des UWG

3 Für die sachliche Zuständigkeit ordnet **§ 13 I 1 UWG** die **ausschließliche Zuständigkeit der Landgerichte** an.[1] In § 13 I 2 UWG ist klargestellt (die Vorschrift ist eigentlich überflüssig), dass es sich bei den im UWG geregelten Wettbewerbsstreitigkeiten um Handelssachen handelt, die vor der Kammer für Handelssachen verhandelt werden können.[2] Die **örtliche Zuständigkeit** ist in **§ 14 UWG** geregelt. Es besteht eine **ausschließliche konkurrierende Zuständigkeit** des Sitzes des Beklagten (§ 14 I UWG) und des Ortes der Begehung der wettbewerbswidrigen Handlung (beachten Sie die Einschränkung des Wahlrechts für Verbände in § 14 II 2 UWG). Für Wettbewerbsverletzungen im Internet ist Begehungsort jeder Ort, an dem das Medium dritten Personen bestimmungsgemäß zur Kenntnis gebracht wird (im Ergebnis also überall).

4 Soweit Unterlassungsansprüche Gegenstand eines Klageverfahrens sind, ist häufig die **Bestimmtheit des Klageantrags** problematisch. Ausgangspunkt der Überlegung ist § 253 II Nr. 2 ZPO, wonach Zulässigkeitsvoraussetzung ein bestimmter Klageantrag ist. Bezogen auf einen Verstoß gegen Bestimmungen des UWG wäre dies die konkret zu unterlassende Handlung. Der Anspruch aus § 8 I UWG richtet sich aber nicht nur gegen eine konkret begangene Verletzungshandlung, sondern auch gegen im Kern gleichartige Verletzungshandlungen.[3] Demzufolge ist der Kläger berechtigt, seinen Antrag über die eigentliche Verletzungshandlung hinaus auszudehnen, soweit der Antrag den Kern bzw. Charakter der angegriffenen Handlung nicht überschreitet.[4] Hierdurch soll verhindert werden, dass ein entsprechend eng gefasster Unterlassungstitel durch ähnliche Verletzungshandlungen umgangen wird. Nach der Rechtsprechung des BGH ist daher eine gewisse Verallgemeinerung von Antrag und Titel zulässig, wenn darin wenigstens das charakteristische der konkreten Verletzungstatbestände zum Ausdruck kommt (sog. Kerntheorie).[5]

5 Bei diesem »Ausweiten« des Antrags sind zwei wesentliche Aspekte zu beachten. Zum einen darf der Antrag nicht zu abstrakt formuliert werden. Denn andernfalls wird dem Beklagten nicht ausreichend klar vor Augen geführt, gegen welchen Vorwurf er sich zur Wehr setzen soll. Außerdem wäre in einem solchen Fall die Frage, welches Verhalten verboten ist, dem Vollstreckungsorgan vorbehalten.[6] Ein derartiger Verstoß gegen die Kerntheorie hätte die

---

1 Von der Möglichkeit der Zuständigkeitskonzentration (§ 13 II UWG) haben bislang lediglich Sachsen und Mecklenburg-Vorpommern Gebrauch gemacht.
2 Zur Zuständigkeit der Kammern für Handelssachen und den Voraussetzungen im Einzelnen → § 3 Rn. 3.
3 Köhler/Bornkamm/Feddersen/*Bornkamm* UWG § 8 Rn. 1.46.
4 BGH GRUR 2010, 454.
5 *Nordemann* WettbR/MarkenR Rn. 1613.
6 BGH GRUR 2007, 607.

Unzulässigkeit der Klage zur Folge. Zum anderen birgt ein zu weiter Antrag die Gefahr, dass das Begehren des Klägers von seinem Anspruch aus § 8 I UWG nicht oder nicht mehr gedeckt ist. Dies kann zu einem teilweisen oder vollständigen Unterliegen mit entsprechender Kostenquote führen.[7]

Klausurtipp: Für die **Urteilsklausur** gilt auch hier, dass die Klage nicht schon an der Zulässigkeit scheitern wird; argumentieren Sie etwa damit, dass

▮ dem Beklagten nach dem Inhalt der Klageschrift bekannt ist, welche Rechtsverletzung ihm vorgeworfen wird

und

▮ Umfang und Prüfung durch das Gericht (noch) hinreichend klar umrissen sind.

In der **Anwaltsklausur** sollten Sie bei der Formulierung des Antrags »verräterische« Floskeln **6** wie »eindeutig«, »angemessen«, »unüberhörbar«, »unübersehbar«, »marktübliche Preise«, »ähnlich wie« oder »insbesondere« vermeiden. Achten Sie auch darauf, nicht lediglich den Gesetzeswortlaut zu wiederholen. Wichtig ist, dass Sie die Problematik der Kerntheorie erkennen und diskutieren. Formulieren Sie einen Antrag, der nur gering über die konkrete Verletzungshandlung hinausgeht, um diese prozessuale Möglichkeit auszuschöpfen. Bringen Sie zum Ausdruck, dass gegebenenfalls auch eine weitere Formulierung des Antrags denkbar ist, Sie aber aus Gründen »anwaltlicher Vorsicht« hiervon absehen.

Die in § 12 I 1 UWG vorgesehene **Abmahnung ist keine Zulässigkeitsvoraussetzung.** **7** Dies ergibt sich aus der Formulierung »sollen«. Sie dient der Vermeidung der Kostenlast durch ein sofortiges Anerkenntnis (§ 93 ZPO). Denn der nicht im Vorhinein abgemahnte Schuldner kann sich im Prozess darauf berufen, dass er auf Verlangen eine strafbewehrte Unterlassungserklärung abgegeben hätte. Durch eine solche Erklärung wäre sodann auch die Vermutung der für einen Anspruch aus § 8 I UWG erforderlichen Wiederholungsgefahr widerlegt.[8]

Die Anspruchsberechtigten sind in § 8 III UWG aufgelistet. Nach hM ergibt sich für den **8** unmittelbar verletzten Mitbewerber (§ 8 III Nr. 1 UWG) die **Prozessführungsbefugnis** jedoch aus den allgemeinen Vorschriften (§ 51 ZPO), während für die in § 8 III Nr. 2 und 3 UWG genannten Verbände die genannten Vorschriften sowohl die Prozessführungsbefugnis als auch die Anspruchsberechtigung regeln.[9] Das bedeutet **für die Klausur,** dass die Prozessführungsbefugnis des verletzten Mitbewerbers nicht angesprochen werden muss und erst im Rahmen der Aktivlegitimation in der Begründetheit auf § 8 III Nr. 1 UWG einzugehen ist (handelt es sich überhaupt um einen Mitbewerber?). Bei klagenden Verbänden sollte § 8 III Nr. 2 und 3 UWG sowohl in der Zulässigkeit als auch in der Begründetheit kurz angesprochen werden.

II. Begründetheitsprobleme im Rahmen des UWG

Die Ansprüche bei Verstößen gegen das UWG finden sich in den §§ 8, 9, 10 UWG und **9** § 12 I 2 UWG. Praktisch und im Examen nehmen die Klagen auf Unterlassung – gegebenenfalls im Rahmen des einstweiligen Rechtsschutzes – bei weitem den größten Raum ein. Hinzukommt der Anspruch auf Erstattung der Abmahnkosten.

1. Der Anspruch auf Unterlassung nach dem UWG

Anspruchsgrundlage für einen Unterlassungsanspruch aus dem Gesetz gegen den unlauteren **10** Wettbewerb ist § 8 I UWG.

---

7 *Nordemann* WettbR/MarkenR Rn. 1617 f.
8 Köhler/Bornkamm/Feddersen/*Bornkamm* UWG § 12 Rn. 1.138.
9 Str.; Doppelnatur, vgl. BGH GRUR 2006, 517 (Blutdruckmessungen); BGH GRUR 2007, 610 (Sammelmitgliedschaft V); eine Aufbereitung des Streites ist regelmäßig nicht erforderlich, weil sich die Auswirkungen im Wesentlichen auf den Aufbau beschränken.

11 Voraussetzung ist

- ein Wettbewerbsverstoß (§ 3 III iVm dem Anh. zum UWG, § 3 I UWG iVm §§ 3a–6, § 7 UWG oder § 3 I und II UWG) sowie
- Wiederholungsgefahr.

12 Das UWG enthält in § 3 I UWG eine »allgemeine« Generalklausel« und in § 3 II UWG eine »Verbrauchergeneralklausel«. Hinsichtlich des persönlichen Anwendungsbereichs enthält § 2 I UWG Legaldefinitionen zu den Begriffen »Marktteilnehmer«, »Mitbewerber« und »Verbraucher«. Der Begriff des Mitbewerbers ist grundsätzlich weit auszulegen und erfasst sowohl horizontale als auch vertikale Beziehungen.[10]

13 Tatbestandliche Voraussetzung des § 3 I und II UWG ist zunächst eine unlautere geschäftliche Handlung. Diese stellt den zentralen Begriff im Rahmen des WEG dar. Denn durch die »geschäftliche Handlung« wird der Anwendungsbereich des UWG eröffnet. Der Rechtsbegriff der *geschäftlichen Handlung* ist legal definiert (§ 2 I Nr. 1 UWG). Voraussetzung geschäftlicher Handlung ist ein beliebiges Verhalten einer Person zugunsten des eigenen oder eines fremden Unternehmens im geschäftlichen Verkehr, welches vor, bei oder nach einem Geschäftsabschluss stattfindet und den Absatz oder Bezug von Waren oder Dienstleistungen fördert bzw. mit dem Abschluss oder der Durchführung eines Vertrags über Waren oder Dienstleistungen objektiv zusammenhängt.[11]

14 Maßgeblich ist daher zunächst das Agieren im geschäftlichen Verkehr. Hierfür genügt jede selbstständige, in irgendeiner Form der Förderung eines Geschäftszwecks dienende Tätigkeit mit Marktbezug.[12] Zu beachten ist, dass gem. § 2 I Nr. 1 UWG nicht nur das Verhalten vor einem Geschäftsabschluss, sondern auch das Verhalten bei oder nach einem Geschäftsabschluss den Anwendungsbereich des UWG eröffnet. Zu solchen Handlungen zählen beispielsweise Gewährleistungsausschlüsse in Allgemeinen Geschäftsbedingungen, da diese geeignet sind, den Verbraucher von der Geltendmachung ihm zustehender Gewährleistungsansprüche abzuhalten.[13]

15 *Unlauterkeit* ist im UWG hingegen nicht definiert. Allerdings konkretisiert das Gesetz den unbestimmten Rechtsbegriff des unlauteren Handelns durch die Regelbeispiele der §§ 3a, 4 UWG und die Spezialtatbestände der §§ 5–6 UWG. Hinzu kommt § 7 UWG als selbstständiger Tatbestand.[14] Achten Sie hier auf die saubere Zitierweise. Die §§ 3a–6 UWG werden iVm § 3 I UWG zitiert (zB §§ 3 I, 3a UWG). § 7 UWG wird alleine zitiert. Dies ergibt sich aus § 8 I UWG.

16 Der Tatbestand des § 3a UWG (§ 4 Nr. 11 UWG aF) steht weiter unter dem Wertungsvorbehalt einer Eignungsprüfung (**Eignung der geschäftlichen Handlung zur Beeinträchtigung** der Interessen von Mitbewerbern, Verbrauchern oder sonstigen Marktbeteiligten) und der Erheblichkeitsschwelle (»*spürbar* zu beeinträchtigen«, sog. Bagatellklausel).

17 Für geschäftliche Handlungen gegenüber Verbrauchern sind in § 3 III UWG in Verbindung mit dem Anhang zum UWG (sog. schwarze Liste) Verbote ohne Wertungsvorbehalt enthalten.

18 Das bedeutet für die **Prüfungsreihenfolge**, dass zunächst festzustellen ist, ob sich die betreffende geschäftliche Handlung gegen einen Verbraucher richtet. Ist dies der Fall, ist weiter zu prüfen, ob die Handlung einen der Tatbestände des Anhangs erfüllt, da dies ohne Weiteres (insbesondere ohne Spürbarkeitsprüfung) nach § 3 III UWG zur Unzulässigkeit führt. Richtet sich die geschäftliche Handlung nicht gegen einen Verbraucher oder ist keiner der Tatbestände des Anhangs zum UWG erfüllt, sind § 3a UWG, die Beispieltatbestände nach § 4 Nr. 1–4 UWG und die Spezialtatbestände der §§ 5, 6 UWG zu prüfen; sodann ist der selbstständige

---

10 **Beispiel:** Mitbewerber eines Lebensmittelmarktes A in Frankfurt ist nicht nur der benachbarte Lebensmittelmarkt B (horizontal) sondern auch der Zulieferer X des Lebensmittelmarktes A (vertikal).

11 Emmerich/Lange/*Emmerich* Unl. Wettbewerb Kap. 1 Rn. 6.

12 BGHZ 19, 299 = NJW 1956, 339.

13 BGH GRUR 2010, 1117.

14 Köhler/Bornkamm/Feddersen/*Köhler* UWG § 7 Rn. 1.

Tatbestand des § 7 UWG zu prüfen. Nur wenn diese nicht eingreifen, kommt ein Rückgriff auf die Generalklauseln nach § 3 I und II UWG in Betracht.

Klausurtipp: In den §§ 3 ff. UWG sind zahlreiche unbestimmte Rechtsbegriffe enthalten. Denken Sie bei deren Konkretisierung auch an die **Grundrechte**. Beispielsweise ist bei der Interpretation des Begriffs der Behinderung in § 4 Nr. 4 UWG durch den gezielten Anruf eines Head-Hunters an Art. 12 GG zu denken.[15]

Darüber hinaus sind bei der Auslegung europarechtliche Vorgaben zu beachten. Auf dem Gebiet des Wettbewerbsrechts gibt es die sog. **Lauterkeitsrichtlinie** (2005/29/EG) über unlautere Geschäftspraktiken zwischen Unternehmern und Verbrauchern. Soweit es auf die Richtlinie in der Klausur ankommen sollte, wird diese im Aufgabentext abgedruckt sein. Lassen Sie sich davon nicht abschrecken: Es geht nicht darum, Europarecht in der Zivilrechtsklausur abzuprüfen, sondern immer nur darum, die zahlreichen unbestimmten Rechtsbegriffe auch (und vorrangig) im Lichte der Richtlinie auszulegen. Sie bewegen sich also weiterhin auf gewohntem Terrain. Von Bedeutung kann die Lauterkeitsrichtlinie beispielsweise bei der Auslegung des Beurteilungsmaßstabs des Durchschnittsverbrauchers nach § 3 II 2 UWG sein: Entsprechend **Erwägungsgrund 18** der Richtlinie ist Durchschnittsverbraucher, wer angemessen gut unterrichtet, angemessen aufmerksam und kritisch ist. **19**

Für die Klausur eignet sich insbesondere § 3a UWG (§ 4 Nr. 11 UWG aF); in diesem Fall ist inzident zu prüfen, ob eine geschäftliche Handlung dem Gesetz zuwiderläuft. Lange umstritten war in diesem Zusammenhang die Frage, ob § 3a UWG auf die Verwendung unzulässiger AGB heranzuziehen ist, oder ob die Vorschrift von § 1 UKlaG verdrängt wird.[16] Der Streit ist insbesondere dann entscheidungsrelevant, wenn es darum geht, dass ein Mitbewerber (Konkurrent) klagt; das UKlaG räumt eine Klagebefugnis nämlich nur für Verbände ein (§ 3 UKlaG). Der Bundesgerichtshof hat nunmehr entschieden, dass es sich bei der Verwendung unzulässiger AGB um geschäftliche Handlungen handelt (§ 3 I UWG, § 2 I Nr. 1 UWG), mit der Folge, dass § 3a UWG anwendbar ist.[17] **20**

Ebenfalls lassen sich sämtliche Verbraucherschutzrechte des bürgerlichen Rechts unter § 3a UWG subsumieren. Denn auch diese Vorschriften sind geeignet, das Verhalten der Marktteilnehmer zu regeln und deren Interessen zu wahren. Generell ist die Rechtsprechung der Auffassung, dass Verstöße gegen zwingendes Verbraucherschutzrecht auch wettbewerbswidrig sind.[18] Dies hat der BGH unter anderem zum Widerrufsrecht (fehlerhafte Belehrung)[19], zum Verbraucherkreditrecht[20] und zu Verstößen gegen § 475 I 1 BGB entschieden.[21] Zur Begründung führte der BGH aus, dass ein Verhalten, welches Verbraucherschutzregelungen zuwiderläuft mit dem Sinn und Zweck eines Leistungswettbewerbs und den guten Sitten kaufmännischen Verhaltens nicht im Einklang steht.[22] **21**

Ebenfalls unter § 3a UWG fallen Verstöße gegen das Rechtsdienstleistungsgesetz.[23] **22**

Besonders zu prüfen ist im Rahmen des § 3a UWG das Merkmal der Eignung zur spürbaren Marktbeeinträchtigung. Bei dieser sog. Spürbarkeitsklausel sollen Verstöße aus dem UWG herausgenommen werden, die keine nennenswerten Auswirkungen auf das Verhalten der Marktteilnehmer haben.[24] Die Eignung liegt dann vor, wenn eine objektive Wahrscheinlichkeit besteht, dass die konkrete Handlung Interessen spürbar beeinträchtigt.[25] Eine tatsächliche **23**

---

15 BGH GRUR 2004, 696 (Abwerbeanruf durch Personalberater); NJW 2006, 1665 (Direktansprache am Arbeitsplatz II); wichtig ist hier nicht *wie* Sie sich entscheiden, sondern *dass* Sie überhaupt die Problematik erkennen.
16 IdS etwa OLG Köln NJW 2007, 3647.
17 BGH NJW-RR 2011, 335.
18 BGH NJW 2011, 76; OLG Naumburg NJW-RR 2017, 1389 (1390).
19 BGHZ 121, 54 = NJW 1993, 1013.
20 BGH GRUR 2003, 622.
21 BGH GRUR 2010, 492.
22 BGHZ 121, 54 = NJW 1993, 1013.
23 BGH WRP 2016, 861.
24 Köhler/Bornkamm/Feddersen/*Köhler* UWG § 3a Rn. 1.95.
25 OLG Hamburg GRUR-RR 2017, 65.

Beeinträchtigung ist gerade nicht erforderlich. Spürbarkeit liegt dann vor, wenn der Verletzer sich einen Wettbewerbsvorteil verschafft oder verschaffen kann.[26] Ist ein Verbraucher Adressat der Handlung, ist der Verstoß nur dann spürbar, wenn der Verbraucher die ihm vorenthaltene wesentliche Information je nach den Umständen benötigt, um eine informierte Entscheidung zu treffen, und deren Vorenthalten geeignet ist, ihn zu einer andernfalls nicht getroffenen geschäftlichen Entscheidung zu veranlassen.[27]

24 Haben Sie bei der Prüfung dieses Tatbestandsmerkmals im Blick, dass hierdurch lediglich Bagatellverstöße aus dem Anwendungsbereich des UWG herausgenommen werden sollen.

25 **Wiederholungsgefahr** iSv § 8 I 1 UWG wird bei einem Verstoß gegen § 3 UWG bereits vermutet.

2. Schadensersatzansprüche

26 Rechtsgrundlage für wettbewerbsrechtliche Schadensersatzansprüche können vor allem § 9 UWG und § 823 II BGB in Verbindung mit einer Strafvorschrift der §§ 16 ff. UWG sein.[28] Hingegen ist § 823 I BGB (eingerichteter und ausgeübter Gewerbebetrieb) subsidiär gegenüber § 9 UWG.

27 Der Schadensersatzanspruch aus § 9 UWG ist verschuldensabhängig. Der Vorsatz muss sich auf das Bewusstsein der Unlauterkeit erstrecken; bloße Kenntnis der unlauterkeitsbegründenden Umstände genügt demnach nicht. Abzustellen ist dabei auf eine »Parallelwertung in der Laiensphäre«, nach welcher sich die Rechtswidrigkeit (Unlauterkeit) des Tuns aufgrund der Kenntnis der diese begründenden Tatsachen geradezu aufdrängt.[29] Die Bedeutung des Tatbestandsmerkmals der Fahrlässigkeit beschränkt sich im Wesentlichen auf die Irrtumsfälle: Hält der Täter sein Handeln für erlaubt, ist zwar Vorsatz ausgeschlossen, jedoch kommt Fahrlässigkeit in Betracht.[30]

28 Ersatzfähige Schadenspositionen des § 9 UWG sind üblicherweise der entgangene Gewinn, die Rechtsverfolgungskosten sowie der Marktverwirrungsschaden.[31] Da dem Gläubiger regelmäßig keine Anhaltspunkte für die Berechnung seines entgangenen Gewinns zur Verfügung stehen, hilft ihm die Rechtsprechung über eine sog. Lizenzanalogie (fiktive Lizenzgebühren).[32] Die Rechtsverfolgungskosten sind ohne Weiteres bezifferbar, können aber auch über § 12 I 2 UWG geltend gemacht werden. Unter dem Marktverwirrungsschaden versteht man regelmäßig den Aufwand der notwendig ist, um bei einer irreführenden Werbung über den wahren Sachverhalt aufzuklären.[33]

29 Aufgrund der Schwierigkeiten, die mit der Schadensberechnung einhergehen, werden Sie im Examen regelmäßig mit der Schadensposition der Rechtsverfolgungskosten konfrontiert werden.

30 Beachten Sie, dass für die Ansprüche der §§ 8 ff. UWG die kurze Verjährung des § 11 I UWG (sechs Monate) gilt. Achten Sie hierbei aber auch auf die Voraussetzungen, die an den Lauf der Verjährungsfrist geknüpft sind. Ähnlich der Regelung des § 199 II BGB knüpft der Gesetzgeber in § 11 II UWG subjektive Tatbestandsmerkmale an den Beginn der Verjährungsfrist. Achten Sie bitte auch darauf, dass § 11 UWG auch für Parallelansprüche aus den §§ 823 ff. BGB gilt.

---

26 Köhler/Bornkamm/*Feddersen/Köhler* UWG § 3a Rn. 1.100.
27 BGH GRUR 2019, 82.
28 Ob es sich bei § 3 UWG um ein Schutzgesetz handelt, ist umstritten.
29 BGHZ 160, 151 (156) = NJW 2004, 2971; OLG Stuttgart GRUR 2007, 435; OLG Hamm GRUR-RR 2008, 435.
30 Die Unterscheidung zwischen Vorsatz und Fahrlässigkeit kann vor allem bei der Prüfung der Pressehaftung nach § 9 S. 2 UWG bedeutsam werden.
31 Emmerich/Lange/*Lange* Unl. Wettbewerb Kap. 5 Rn. 11, 12.
32 BGHZ 119, 20 = GRUR 1993, 55.
33 *Nordemann* WettbR/MarkenR Rn. 947.

3. Die wettbewerbsrechtliche Abmahnung

Häufig sind die **Kosten einer vorprozessualen Abmahnung** Gegenstand der Klausurprü- 31
fung. Wird der Gläubiger vorprozessual von einem Rechtsanwalt vertreten, so fällt bei diesem
für das Verfassen des Abmahnschreibens regelmäßig eine Geschäftsgebühr nach Nr. 2300 VV
RVG an.[34] Diese Kosten kann der Gläubiger nach § 12 I 2 UWG ersetzt verlangen. Voraussetzung ist, dass die Abmahnung berechtigt und wirksam ausgesprochen wurde. Bedient sich der
Gläubiger anwaltlicher Hilfe, wird der Gegner häufig das Fehlen einer Originalvollmacht
rügen, um die Abmahnung anzugreifen. **Wichtig** ist, dass § 174 BGB auf die wettbewerbsrechtliche Abmahnung in der Regel nicht anwendbar ist. Nach der Rechtsprechung des BGH
ist eine Abmahnung nämlich kein einseitiges Rechtsgeschäft, sondern ein Angebot, das auf
den Abschluss eines Unterwerfungsvertrags gerichtet ist.[35] Denn der Gläubiger bietet dem
Verletzer an, bei Abgabe einer strafbewehrten Unterlassungserklärung auf die Einleitung
gerichtlicher Schritte zu verzichten. Gibt der Verletzer eine entsprechende Erklärung ab,
kommt der angebotene Unterwerfungsvertrag zustande.

Darüber hinaus hat die Abmahnung im Zivilprozess kostenrechtliche Relevanz. Der Einlei- 32
tung gerichtlicher Schritte – gleich, ob im Klageverfahren oder im einstweiligen Rechtsschutz
– soll eine Abmahnung vorausgehen, § 12 I 1 UWG. Geschieht dies nicht, setzt sich der
Gläubiger des Risikos eines sofortigen Anerkenntnisses mit der daraus resultierenden Kostentragungslast des § 93 ZPO aus.[36] Gleiches gilt, wenn der Gläubiger eine zu kurze Frist gesetzt
oder gerichtliche Schritte vor Fristablauf eingeleitet hat.[37] Außerdem droht die Kostenfolge
des § 93 ZPO, wenn der Schuldner bestreitet, die Abmahnung erhalten zu haben. Dass der
Zugang der Abmahnung notwendig ist, um die mit ihr beabsichtigten Rechtsfolgen auszu-
lösen, steht außer Frage.[38] Im Rahmen des § 93 ZPO führt der fehlende Zugang aber dazu,
dass der Schuldner keinen Anlass zur Klageerhebung gegeben hat und löst die für diesen
günstige Rechtsfolge der Befreiung von der Kostentragungslast aus. Aufgrund dessen trägt
der Beklagte die Beweislast dafür, dass die Abmahnung nicht zugegangen ist.[39] Da es sich
hierbei um eine negative Tatsache handelt, muss der Gläubiger im Rahmen einer sekundären Darlegungs- und Beweislast zum Zugang vortragen, damit der Beklagte hierzu Stellung
nehmen und Beweis antreten kann.[40] Das Risiko des Verlusts des Abmahnschreibens trägt
der Gläubiger.[41]

III. Antrag auf Erlass einer einstweiligen Verfügung

Für die Durchsetzung von Unterlassungsansprüchen hat die einstweilige Verfügung[42] eine 33
außerordentlich große Bedeutung. Denn regelmäßig benötigt der Gläubiger umgehend
Rechtsschutz, der mit einer Klage im Erkenntnisverfahren nicht rechtzeitig zu erreichen ist.

Die einstweilige Verfügung setzt nach §§ 935, 940 ZPO allgemein das Vorliegen eines Ver- 34
fügungsanspruchs und eines Verfügungsgrundes voraus. In Wettbewerbssachen ist die Darlegung eines Verfügungs**grundes** nach **§ 12 II UWG** entbehrlich, wenn Gegenstand der
begehrten Verfügung ein Unterlassungsanspruch ist.[43] Demnach enthält § 12 II UWG eine
widerlegliche Dringlichkeitsvermutung. Diese Vermutung kann allerdings durch zu langes
Zuwarten vor der Einleitung rechtlicher Schritte widerlegt werden.[44] In der Regel ist ein

---

34 Der Gebührenrahmen liegt zwischen 0,5 und 2,5 Gebührenpunkten; als angemessen haben sich für Abmahn-
    schreiben 1,3 Gebührenpunkte, idR aber keinesfalls mehr als 1,5 Gebührenpunkte (Mittelwert) heraus-
    kristallisiert.
35 BGH NJW-RR 2011, 335.
36 Emmerich/Lange/*Lange* Unl. Wettbewerb Kap. 6 Rn. 2.
37 OLG Bamberg NJW 2018, 1251 = MDR 2018, 460.
38 BGH GRUR 2007, 629.
39 BGH GRUR 2007, 629.
40 Köhler/Bornkamm/Feddersen/*Bornkamm* UWG § 12 Rn. 1, 43.
41 Köhler/Bornkamm/Feddersen/*Bornkamm* UWG § 12 Rn. 1, 43.
42 Zum einstweiligen Rechtsschutz im Zivilverfahren *Kaiser/Kaiser/Kaiser* Anwaltsklausur ZivilR Rn. 73.
43 Der Wortlaut des § 12 UWG ist zu weit geraten: Auf die Darlegung eines Verfügungsanspruchs kann nicht
    verzichtet werden.
44 BGH GRUR 2000, 151; OLG Koblenz GRUR 2011, 451.

Zeitraum von einem Monat zwischen Kenntniserlangung und Antragstellung noch ausreichend.[45] Wird dieser Zeitraum überschritten, lehnt eine Vielzahl der Oberlandesgerichte die Eilbedürftigkeit ab.[46]

35 Mit der Abmahnung verwandt ist das **Abschlussschreiben**. Dieses versendet der Gläubiger nach dem beendeten Verfügungsverfahren, um ein Hauptsacheverfahren entbehrlich zu machen. Mit dem Abschlussschreiben fordert der Gläubiger den Schuldner nach Erlass einer einstweiligen Verfügung auf, die Verfügung als endgültige Regelung anzuerkennen, um eine Hauptsacheklage überflüssig zu machen. Die Kosten für dieses Schreiben sind nach den Grundsätzen der Geschäftsführung ohne Auftrag (§§ 677, 683, 670 BGB) zu ersetzen.[47] Unterlässt der Gläubiger vor Klageerhebung in der Hauptsache ein Abschlussschreiben, droht ihm ebenfalls die Kostenfolge des § 93 ZPO, wenn der Verletzer den Anspruch sofort anerkennt.[48] Die Beweislast ist gleichermaßen verteilt wie bei der Abmahnung.[49]

IV. Kennzeichen-, firmen- und namensrechtliche Ansprüche

36 Mitunter spielen auch die speziellen Kennzeichen-, Firmen- und Namensrechte eine Rolle.

- Spezielle Unterlassungs- und Schadensersatzansprüche wegen der Verletzung **kennzeichenrechtlicher Ansprüche** sind beispielsweise in §§ 4, 14 II, IV und V MarkenG geregelt. Eine Anwendung von § 3 UWG neben § 15 MarkenG ist nunmehr vom BGH ausdrücklich zugelassen.[50] Begründet hat der BGH dies mit der ins deutsche Recht umgesetzten Bestimmung des Art. 6 II lit. a Richtlinie 2005/29/EG. Soweit es um firmenrechtliche Ansprüche geht, ist **§ 15 MarkenG** die wichtigste (und vielen Kandidaten völlig unbekannte) Anspruchsgrundlage. Wenn diese Vorschrift eine Rolle spielen sollte, wird in der Regel schon das bloße Auffinden der richtigen Anspruchsgrundlage honoriert. Sie sollten den Sachverhalt sauber unter die Voraussetzungen des § 15 MarkenG subsumieren (wichtig: »Verwechslungsgefahr«). **§ 37 II HGB** ist als weitere Anspruchsgrundlage nur einschlägig, wenn die Firma »unbefugt« benutzt wird. Dies setzt aber voraus, dass die Benutzung nach den §§ 18 ff., 30 HGB unzulässig ist. Hier spielt vor allem § 30 I HGB eine Rolle. **Unterlassungsansprüche aus §§ 12, 823, 1004 BGB analog** kommen nur dann zum Tragen, wenn § 15 MarkenG nicht greift. Beispiel: private Benutzung der geschützten geschäftlichen Bezeichnung durch einen Dritten. Der Schutz der Firma kann auch bei einer bereicherungsrechtlichen Gewinnabschöpfung relevant sein (Eingriffskondiktion sowie § 687 II BGB möglich).
- Unterlassungs- und Beseitigungsansprüche aufgrund einer **unberechtigten Namensanmaßung** können sich aus **§ 12 S. 1 BGB** ergeben. Gebrauchen iSv § 12 S. 1 BGB setzt allerdings voraus, dass die Verwendung geeignet ist, eine *namensmäßige Zuordnungsverwirrung* hervorzurufen; dafür genügt, wenn der falsche Eindruck entstehen kann, der Namensträger habe dem Benutzer ein Recht zur Verwendung des Namens erteilt.[51]

B. Die »unechte Wettbewerbsklausur«

37 Häufig wird das UWG jedoch nur inzident zu prüfen sein. Typische Einfallstore ist die in der Klausur meist im Sachverhalt enthaltene Behauptung, einem Vertragsschluss sei ein Wettbewerbsverstoß vorausgegangen; deswegen sei er nach §§ 134, 138 BGB nichtig. Beachten Sie in diesem Zusammenhang, dass § 3 UWG nur das *Zustandekommen* des Vertrags sanktioniert und nicht dessen *Inhalt*.[52]

---

45 Köhler/Bornkamm/Feddersen/*Köhler* UWG § 12 Rn. 3.15b.
46 KG WRP 2011, 640; OLG Hamburg WRP 2007, 675.
47 Mangels Regelungslücke keine analoge Anwendung von § 12 I 2 UWG; BGH WRP 2010, 1169 (str.).
48 *Nordemann* WettbR/MarkenR Rn. 1595.
49 Köhler/Bornkamm/Feddersen/*Köhler* UWG § 12 Rn. 3.72.
50 BGH GRUR 2013, 1161.
51 BGH MMR 2012, 376 (Landgut Borsig).
52 BGH NJW 1991, 287.

Deswegen handelt es sich bei § 3 UWG nach weit überwiegender Ansicht in Rechtsprechung **38** und Literatur nicht um ein gesetzliches Verbot iSv § 134 BGB.[53]

Aus dem gleichen Grund lässt sich aus einem unlauteren Verhalten (§ 3 UWG) allein noch **39** keine Sittenwidrigkeit nach § 138 BGB ableiten.[54] Es müssen in jedem Fall weitere Umstände als die aus § 3 UWG herzuleitende unzulässige Willensbeeinflussung hinzutreten, die das Geschäft seinem Gesamtcharakter nach als sittenwidrig erscheinen lassen.

---

53 Palandt/*Ellenberger* BGB § 134 Rn. 24.
54 BGH NJW 2008, 982 (Lockvogelangebot).

Sachverzeichnis